芸文庫

フーコー・コレクション I

狂気・理性

ミシェル・フーコー
小林康夫　石田英敬　松浦寿輝　編

筑摩書房

フーコー・コレクション1【目次】

1 ビンスワンガー『夢と実存』への序論　石田英敬訳――9
2 心理学の歴史 1850―1950　石田英敬訳――116
3 科学研究と心理学　石田英敬訳――144
4 『狂気の歴史』初版への序　石田英敬訳――180

5 狂気は社会のなかでしか存在しない　石田英敬訳――198
6 ルソーの『対話』への序文　増田 真訳――204
7 父の〈否《ノン》〉　湯浅博雄・山田広昭訳――244
8 狂気、作品の不在　石田英敬訳――277
9 哲学と心理学　慎改康之訳――296
10 宗教的逸脱と医学　松村 剛訳――319
11 十七世紀の医師、裁判官、魔法使い　松村 剛訳――339

12 文学・狂気・社会　M・フーコー＋清水 徹＋渡辺守章——361
13 狂気と社会　神谷美恵子訳——408
編者解説　小林康夫——423

フーコー・コレクション1　狂気・理性

・本書は、一九九四年にフランスのガリマール社から刊行された Michel Foucault *Dits et Ecrits 1954-1988*, Edition établie sous la direction de Daniel Defert et François Ewald, Paris, Ed. Gallimard, Bibliothèque des sciences humaines, 1994, 4 volumes.
の日本語版『ミシェル・フーコー思考集成Ⅰ〜Ⅹ』(一九九八年一一月一〇日〜二〇〇二年三月二五日刊行。以下、『思考集成』と略記)より、文庫版としてテーマ別に再編集したものである。『思考集成』におけるテクスト番号は、「――『思考集成Ⅰ』No.1」のように各論の書誌に付記した。

・(1)、(2)、……と( )付数字で指示した註は、フーコー自身による原著者註である。

・＊1、＊2、……とアステリスク付数字で指示した註は、原書編者註である。

・〔1〕、〔2〕、……と〔 〕付数字で指示した註は日本語版の訳者註である。なお、本文中の訳者による補足は〔 〕で示してある。

1 ビンスワンガー『夢と実存』への序論

L・ビンスワンガー『夢と実存』（J・ヴェルドー仏語訳）への序論、パリ、デスレ・ド・ブルウェール社、一九五四年刊、九―一二八ページ。
Introduction, *in* Binswangar (L.), *Le Rêve et l'Existence* (trad. J. Verdeaux), Paris, Desclée de Brouwer, 1954, pp. 9-128.

――『思考集成Ｉ』No. 1

「人間の時代に、私は、生と死を隔てる壁の上に、次第に裸形の度を深めるむき出しの一本の梯子が立ち延びていくのを見た。その梯子は、比類ない引き抜きの力を帯びていた。その梯子こそ、夢であったのだ……。かくして、暗闇は遠ざかり、〈生きる〉ことは、過酷な寓話的禁欲の形をとって、異常な諸力の征服となる。われらは、それらの力に横切られていることをひしひしと感じてはいる。だが、われらは、誠実さ、厳しい分別、忍耐を欠くがゆえに、それを不完全にしか表現しない。」

ルネ・シャール『断固たる分割』

I

以下の序論では、序文というものによくありがちな逆説に従って、『夢と実存』のなかでビンスワンガー自身が辿った道筋を繰り返して述べることがめざされるのではない。ビンスワンガーのテクストの難解さは確かにそうした誘惑を起こさせはする。だが、その難解さは、著者が繰り広げる考察にとって極めて本質的なものであって、それを、「王太子用の簡略版（ad usum delphini）」を提供せんとするような熱意によって緩和することは、いかに「心理学者」とはつねに反省の王国の王太子なのだとしても、出来ないことなのである。思考の独創的な形式というものはそれ自身が自分で入門を準備しているものである。独創的な思考形式が許す唯一の解釈とは当の思考形式の歴史以外ではなく、また思考が許す唯一の批判の形式とはその思考の宿命そのものに他ならないのである。

われわれがここで解読を試みようとするのは、しかし、そのような歴史ではない。別の著作が後日、実存分析を人間についての同時代の考察の展開のなかに位置づけることになるはずである。その著作のなかでわれわれは、現象学の人間学への転回を跡づけながら、人間についての具体的な考察にいかなる根拠付けが提出されたかを示そうと試みるつもりである。今日のところは、以下の頁はひとつの意図をしか持ちあわせていない。その意図とは、哲学を企図するわけでもなく、心理学を目的とするわけでもないようなひとつの分析の形式を提示しよう、というものである。それは、具体的、客観的あるいは実験的なあらゆる認識に対して、最も根本的であるものとして指し示されるべきような分析の一形式を示してみせることでもある。それはまた、そもそも、その原理と方法とが、分析の対象の絶対的な特権性、すなわち人間、いやむしろ、人間‐存在（Mensch-sein）と呼ばれるその対象の比類なき特権性によってのみ規定されるような分析の形式なのである。

ひとは人間学に飛翔の力を与えている核心的な部分をそのように特徴づけることが出来る。(1) そうした企ては、自然的人間（homo natura）という還元的概念に人間の意味内容を汲み尽くすことができると考えるような心理学的実証主義のあらゆる形式と、人間学を対立させることになる。同時に、それは、存在への現前、実存、現存在（Dasein）などを主要なテーマとする存在論的考察の脈絡の中に人間学を位置づけなおすことにもなるのである。もちろん、人間学が有効性を主張することが出来るためには、人間存在の分析はいかにして実存の分析論に分節しうるものなのかが示されねばならないだろう。後者においてて前者の可能性の条件を規定するという根拠付けの問題、および、人間学に固有な次元およびその独自の意義を証明するという正当化の問題を、それは含んでいる。今のところ暫定的に、そしてそれを後に修正するかも知れないという留保をつけたうえで、今からそれを定義するとすれば、人間存在とは、結局、存在論が、現存在、すなわち世界への現前、の超越論的構造として分析するものの現実的で具体的な内容に他ならない。実証的認識や実験的分析や自然主義的考察といったかたちをとる人間的事実の学に対する人間学の根源的な対立はしたがって、人間学を哲学的思弁の先験的な一形式へと追いやるものではない。「事実」という概念によってひとが自然的世界のあれやこれやの客観的領野を理解するのではなく、自らの投企の充溢であると同時に自らの状況の「境位」であるようなひとつの世界にあって、自己を生き、自己を経験し、自己を認め、あるいは自己を喪失するようなひとつの実存の現実的内容を意味するのであれば、この人間学の探求のテーマとは人間的「事実」そのものである。人間学はしたがって、それが世界への現前の実存的内容を厳密に記述するものであるというかぎりにおいて、それ自身「事実の学」であると主張することも出来るのだ。人間学を前にして、それが哲学でも心理学でもないからといって、あるいは科学としても思弁としてもそれを定義できないからといって、あるいはまた実証的認識の体裁も先験的認識の内容も持たないからといって、最初から無効を宣告してしまうのは、人間学の企図の根源的な意味を無視してしまうことになる。(2)われわれは、「一時的」にせよ人間学のそうした反省の道程を辿ってみることには意義があると考えた。人間の現実は心理学的なものと哲学的なものの区別の外においてしか接近し得ないのではないか、様々な存在形式における人間こそまさしく人間に到達するための唯一の方法なのではないかということを、人間学的考察とともに、探ってみるべきだ、と考えたのである。

今日の人間学において、ビンスワンガーがとっている方法は、まさしく王道を行くものと、われわれには思われた。彼は、具体的な実存へと、すなわち実存の展開およびその歴史的内容へとまっすぐに向かう。そして、そうすることによって、存在論と人間学の問題を斜めに間接的に扱うのである。実存——すなわち、これこれしかじかの名前を持ち、しかるべき歴史を通過してきたそこにある具体的な実存——の諸構造を直《じか》に分析することによって、実存の人間学的諸形態から存在論的諸条件へと往還するという方法を彼はたえず作り出してゆくのである。分割線をはっきりと引くことがひどく困難な人間学と存在論の区別を、ビンスワンガーはそのようにして常にいともたやすく踏み越えてしまう。あるいはむしろ、〈人間存在〉と〈現存在〉との現実の境界が現れるような具体的実存にあっては、その分割線が、絶えず踏み越えられてしまうものであることを、彼は見て取るのである。ビンスワンガーの分析に、実存哲学の概念と方法の、臨床的経験の「所与」への、「適用」を見ることほど誤った見方はない。彼にとっては、具体的な個人を扱うことによって、実存の諸形態と諸条件とが分節される地点を明らかにすることが目指されているのである。人間学が、自分を哲学と心理学とに配分するようないかなる試みも容認しないと同様、ビンスワンガーの実存分析は、存在論と人間学との先験的な区別を避けようとする。しかし、それは回避であって、区別自体を廃止したり不可能にするものではない。そのような分割からまず出発するのではなく、具体的な実存との遭遇から出発した検討の後へと、その区別を持ち越すのである。

もちろん、そうした具体的な遭遇も、そしてまた、実存の存在論的諸条件に最終的に付与されるべき資格もけっして自明ではない。だが、われわれは、そうした問題を別の機会に扱うことにする。ここでは、ただ、ひとはビンスワンガーの分析にいきなり入ることが出来るのだ、ということ、そして、ビンスワンガー自身が彼の患者たちの具体的な実存に接するやり方と同じほどに原初的でかつ根源的なやり方で、われわれも彼の分析の意味に接することが出来るのだ、ということを、われわれは示してみたいのだ。多かれ少なかれハイデガー的なひとつの哲学を経由することこそが、現存在分析という秘伝に到達する道を開く入門儀礼だなどということは決してない。哲学的諸問題は、現存在分析に確かにつきまとってはいるが、先立つものではないのである。

このことは、『存在と時間（*Sein und Zeit*）』を段落ごとに要約するような序文を書くという手間を、われわれに省かせる。そのような厳密さを離れてより自由に書いてみることを促すのである。それは、単純に、『夢と実存（*Traum und Existenz*）』の余白に書いてみるということなのだ。

この一九三〇年に発表された論文(3)――それはビンスワンガーが書いた厳密な意味で現存在分析（*Daseins-analyse*）(4)に属するテクストとしては最初のものだが――のテーマは、夢と実存というよりは、夢において立ち現れるものとしての実存、夢においてひとがそれを解読することができるようなものとしての実存である。実存が意味深い仕方で己れを告知するあの夢という存在の様態において実存を論ずることこそがテーマなのだ。だが、実存の積極的内容を、夢という、世界の中に最も希薄にしか組み込まれていない実存の様態の一つを参照しつつ画定しようなどと目論むことは、そもそも無謀な企てではないのか。人間存在（*Menschsein*）が固有な一連の意味作用を持っているものであるとしても、それらの意味作用は、それらの意味作用の網目がひしめき合うかのごとく圧縮されたかに見え、また、それらの意味作用の自明性がぼやけ、現前の諸形式が最も希薄になる、あの夢という瞬間において特権的に自己を開示するというのだろうか。

この逆説こそ、われわれの眼には、『夢と実存』の最大の興味をなすものなのである。ビンスワンガーが夢的なものに与えている意味作用上の特権性は、二重の重要性を持っている。夢的なものの特権性は、ビンスワンガーにおいて、まず、実存の根本的な形式へと向かう分析の具体的な手順を規定している。夢の分析は象徴の解釈学のレヴェルに尽きるのではない。それは、解読の次元に属す外的な解釈から出発して、何らかの哲学に逃げ場を求めることもなく、実存の諸構造の了解へと達し得るものだ、と考えられているのである。夢の意味は、見かけの暗号文字から実存の諸様態へと、連続的に繰り広げられてゆくものとされるのである。他方、夢の経験のこの特権性は、この論文においてはまだ目立たないとはいえ、想像力についてのまさにひとつの人間学の可能性をはらんでもいる。それは、意味と象徴、イマージュと表現、との間の諸関係の新たな定義を要求するものだ。つまり、意味作用がいかに出現するのかについての新たな考え方を要請するのである。

問題のこれら二側面こそ、以下の文章においてわれわれが注意深く扱おうとするものである。それは、ビンスワンガー自身がむしろそれらの側面を明らかにしなかっただけになおさらである。それは、評価を定めようというような関心にもとづいてのことではない。それ自身が語るよりもより多くのことを教えてくれる一つの思考を「再認する」とは一体いかなることなのかを明らかにするためなのだ。そして、それは、その思考の歴史に対する謙虚さにもとづいている。

II

フッサールの『論理学研究（*Logische Untersuchungen*）』[*1]が一八九九年の出版であり、フロイトの『夢判断（*Traumdeutung*）』[*2]が一九〇〇年であるという日付上の符合は少しは強調されるに値する。それらの著作は、人間が、自分自身の様々な意味作用を把握し、また意味作用において自分自身を把握しようとする、二つの試みを指し示しているからである。

『夢判断』とともに、夢は、初めて、人間の意味作用の領域の中にはっきりと場所を占めることになった。それまでは、夢経験においては、諸々の行動の意味は曖昧なものとなると見られていた。覚醒した意識が暗くなり、消えるのであるから、夢は諸々の意味作用の結び目を緩め、ついには解《ほど》いてしまうもの、と思われていたのである。夢は、いわば意識にとっての無意味だったのである。ひとは、どのようにして、フロイトがこの命題を転倒させ、夢を無意識にとっての意味であるとしたかを知っている。夢の無意味性から、夢の隠された意味の顕在化へのこの移行について、また、それら一連の解釈の作業については、多くのことが述べられてきた。また、心的審級そして潜在内容としての無意識の実現に、人々は大きな意義を与えてきた。それらの点にたいして、非常に大きな、過大すぎるともいえる意義を与えてきたのである。また、そのことによって、問題の別の側面を見逃しかねなかったのである。そしてまさに、その側面こそ、本論考と深く関わるものである。というのも、それこそ意味作用とイマージュとの諸関係の問題を提起するものだからである。

夢の想像的諸形式は無意識の暗黙裡《インプリシット》の意味作用を担っている。夢の生活の暗がりのなかで、夢の想像的諸形式はそれら無意識の暗黙裡の意味作用に疑似的な現前を与えるのである。しかし、まさに、夢におけるそのような意味の現前は、完全な明白さにおいて実現するような意味そのものではない。夢は意味を実現すると同時に、それを裏切るのである。夢が意味を与えるとしても、それは、意味を霧散させつつ、そうするのだ。性的炎上を意味する火災の夢は、単にその興奮を指示するためにだけあるのか、それとも、新たな炎の光輝によって、かえって興奮を緩和し、隠ぺいし、あるいは曇らせるためのものなのだろうか。この問いに対しては二つの答え方がある。ひとは、機能主義的な考え方によって、意味は、夢の領域の全表面を覆うに必要なだけの〈逆‐意味〉によって包囲されるのだ、と考えることも出来る。夢は欲望の成就〔願望充足〕である。だが、まさしく、それが夢であって、成就した欲望ではないとすれば、それは、夢が、その欲望自体に対抗する〈逆‐欲望〉をも同時に実現するからなのである。夢の火は、性的欲望の燃え上がる充足ではある。しかし、欲望が火という微細物質の姿をしてあらわれる、という事態を作り出しているのは、まさしく、その欲望を拒否し、その欲望を常に消そうとするすべてのものなのである。夢は機能的混合体である。意味作用がイマージュのかたちをとってあらわれるとすれば、それはある過剰によってであり、また、それは、お互いに重なり合い、対立矛盾する意味の複数化として、実現するのである。夢の想像的造形性とは、そこに現れる意味にとっては、自らの矛盾の形に他ならないのである。

それ以上ではない。イマージュは、意味の複数性に汲み尽くされる。そして、イマージュの形態構造、それが繰り広げられる空間、その時間的展開のリズム、などといった、イマージュが自ら保持している世界は、そうした要素が様々な意味を暗示しているのでないかぎりは、度外視してよいとされる。換言すれば、夢の言葉は、その意味論的機能においてしか分析されていない。フロイト的な分析は、夢の言葉の形態論的および統辞論的機能を未解明のまま放置しているのである。意味作用とイマージュとの距離は、精神分析的解釈においては、意味の過剰によって以外にうめられることは決してない。イマージュは、その充溢において、多元決定性によって定義されるのである。意味表現に固有の想像的な次元は完全に除外されているのである。

しかしながら、ある特定のイマージュがある特定の意味作用を具現する——性欲が、水と表されるにせよ、火と表されるにせよ、あるいは、父が、地下に住まう魔《ダイモン》とされるにせよ、太陽のような力とされるにせよ——ということは、実はどうでもよいことではないのである。イマージュが、それ自身に固有な力動的諸能力を持つものであることは、とても重要なことなのだ。夢にあらわれるのが、自由で光に満ちた空間である場合と、暗く息苦しい監獄の空間である場合とでは、それぞれ想像空間の異なった形態論的体系が存在しているのである。想像的世界は、固有の法則を持ち、特有の構造を持っているのである。イマージュは、意味の非媒介的実現という以上のものであって、それ自体の厚みを持っている。そこに支配している諸法則は、ちょうど、世界の諸法則が、たとえ神のものにしても一つの意志が下した命令でないのと同様に、単に意味作用を表す諸命題ではないのである。フロイトは、想像界を〈欲望〉が住まう場所としたが、それは、古典的形而上学が、形而下の世界を、神の意志と悟性が住まう場所としたのに似ている。真理が、自らの表現を先取りし、その表現を丸ごと構成してしまうような、意味作用の神学が、そこには見うけられるのである。真理がそれを通して自らを告知する世界の現実性は、諸々の意味作用に尽くされてしまうのである。

精神分析は、夢に、言葉《パロール》としての資格をしか与えてこなかったのだ、と言うことも出来るだろう。精神分析は、夢をその言語活動《ランガージュ》としての現実において認めることを知らなかったのだ。だが、それこそがまさに、精神分析の賭けでもあり、逆説でもあったのだ。夢の言葉《パロール》が、それが表そうとする意味作用の中に解消されるように見え、夢によって、あるいは、夢のためにのみ、存在するものだと見えるにしても、その言葉は、統辞的規則の厳密性と形態的要素の安定性をそなえた一つの言語活動《ランガージュ》を通してしか可能ではないのである。個々の言葉が何かを表すためには、その言葉に先立ち、その言葉を支え、それが言おうとするところのものに実体を与えることを許す、ひとつの表現の世界が存在することが前提なのである。

夢の経験が、全ての表現事象と同じく包摂しているこうした言語活動としての構造を見誤ったために、夢のフロイト的精神分析は、意味の了解的な把握では決してないのである。フロイト的精神分析にとって、意味は、言語活動としての構造を通して現れることがないのである。意味は、それ自身において理解されるべき個々の言葉《パロール》から出発して、取り出され、演繹され、見抜かれるべきものなのである。そして、夢の解釈の方法は、当然、文法を知らない一つの言語《ラング》を前に、その言語の一つの単語の意味を見い出そうとする際に人々が使うやり方となる。つまり、考古学者が、失われた言語に対して使うような照合《クロスチェック》の方法や、暗号の解読のために用いられる確率的裏付けによる方法、最も伝統的な占い術に見られるような意味の符合にもとづく方法などである。そうした方法の大胆さやそれに伴う危険は、それらの方法がもたらす成果を無効とするものではない。しかし、そうした方法がその出発点において持つ不確かさは、分析の内部で進行する確率の絶えざる向上によってても、なお完全に払拭されることはないのである。その不確実性はまた、最も頻度の高い象徴化作用に関して個人間に共通な語彙集を作ることを許すような症例の多さによっても、完全に消し去られることはないのである。占いの近道を通るにせよ、確率の回り道を行くにせよ、フロイト的分析は、可能な複数の意味のうちの一つを把握するにすぎないのだ。表現行為それ自身は、決してその必然性において再構成されることがないのである。

精神分析は蓋然性にしか到達しない。そして、おそらく、そこにこそ、イマージュについてのフロイトの考え方の最も根本的な逆説の一つがある。分析が、イマージュの全内容を、イマージュが隠している意味のなかに汲み尽くそうとする時に、そのイマージュと意味との結びつきは、つねに、可能的で、蓋然的、偶発的な結びつきであると定義されるのである。何故、心理的意味作用が、暗黙《インプリシット》の意味にとどまるのか、言葉による表現の自明性のなかに自己を翻訳する代わりに、イマージュという姿をとって現れるのか。何によって、意味は、イマージュの造形的な運命のなかに編入されるのか。この問いに対して、フロイトは、二つの答えを与えている。意味は、抑圧の結果、明白な言葉による表現へと到達することが出来ないが、イマージュの濃密さの中に暗示的に自己を表現するすべを見いだすのである。イマージュは、言葉による表現なしに表現する言語《ランガージュ》活動であり、話される言葉よりも意味に対して透明度の低い一つの言葉《パロール》なのだ、というのである。また他方では、フロイトは、欲望の充足が持つ原初的に想像的な性格を想定している。原始的で、古層的な、あるいは、幼児の意識においては、欲望はまず幻想《ファンタスム》のナルシシックで非現実的な様態において満足させられる。そして、夢の退行状態のなかで、こうした原初的な欲望充足の形式が再び姿をあらわすというのである。ひとは、フロイトが、自分の理論的神話体系のなかに、自分の夢解釈の解釈学的方法が排除してしまっていた諸々の主題を再び見いださざるを得なくなっているのを目の当たりにするのである。彼は、イマージュと意味との必然的で原初的な結びつきという観念を回復する。また彼は、意味がイマージュの表現的諸形態のなかに身を隠すのであるから、イマージュの構造が、意味には還元できない統辞法と形態論を持つものであることを認めるのである。これら二つの主題の存在にもかかわらず、フロイトがそれらの主題に与える全く抽象的な形式ゆえに、彼の著作には、想像力の様式に関する文法も、あるいは、必然性において理解された表現行為の分析も見当たらないのである。

フロイト理論のこうした欠陥の原因にはおそらく象徴の概念の練り上げが不十分である

という事情がある。象徴は、フロイトによって、自明な意味作用と、イマージュの素材とが、一瞬そこで出会う接点のようなものと考えられている。その場合、イマージュの素材は、知覚が形を変えて残ったもの、あるいは、形を変え得るものとしての知覚の残滓である。象徴とは、内部世界と外部世界、無意識的欲動の領域と知覚的意識の領域、暗黙の言語活動のモーメントと感覚的イマージュのモーメントといった両者を、同時に、接合しつつ分離する一つの薄い接触面、薄膜とでもいうべきものなのである。

シュレーバー控訴院長の分析においてほど、フロイトがこの接触面を定義する努力を行ったことは他にない。[*3] 妄想の特権的な症例が、じっさい、想像的世界において働いている意味作用の恒常的な存在を明かし、また意味への関与を通して明らかになるその想像的世界がもつ固有な構造を明かしていたのである。しかし、フロイトは、結局、彼の分析の途上でそのような努力を放棄し、彼の考察を、二つの分離したレヴェルへと分けてしまったのである。フロイトは一方で、太陽神のイマージュの下に〈父〉の形象を、そして、アフリマンのイマージュの下に患者自身の形象を見抜くことを許すような象徴的な相関関係を打ち立てる。同時に他方では、この幻想的な世界が、意味作用にとってはひとつの可能な表現以上のものとして扱われることなく、フロイトの意味作用の分析は行われるのである。フロイトは、それらの意味作用を最も透明な言語表現へと還元し、パラノイア的妄想の魔術的仕組みとして、あの驚くべき情動的格変化の形式のもとに純化して取り出してみせるのである。すなわち、その格変化とは、「私は彼を愛してはいない。彼を憎んでいる」、「私が愛しているのは、彼ではない。私が愛しているのは、彼女だ。彼女は、私を愛しているのだから」、「その男を愛しているのは、私ではない。彼を愛しているのは、彼女だ」、というようなものである。それらの情動的格変化の、最初の形式であり、また最も単純な段階は、「私は彼を愛している」であり、その対極には、矛盾のあらゆる語尾変化をとおして獲得された究極の形式、「私はまったく誰も愛していない、私は、私だけを愛している」(5)が、述べられることになるのである。

シュレーバー症例の分析が、フロイトの仕事においてかくも重要なものだとすれば、それは、言語活動の心理学へと書き直された意味の心理学と、幻想の心理学にまで拡張されたイマージュの心理学との間の距離が、これほどまでに縮められたことはないからである。しかし、同時に、精神分析において、それら二つの分析の次元の間の接点を見いだすことの不可能性が、これほどまでに決定的なものとして確実なものとなったことはなかったのである。あるいは別の言い方をすれば、「イマーゴ」という用語で、意味作用上の諸関連の総体とともに把握されたひとつの想像的構造を定義するとすれば、それは、精神分析において、イマーゴの心理学を扱うことの不可能性がはっきりしたということでもあるのである。

精神分析の歴史は、われわれのこうした見方が正しいことを証明しているように見える。

なぜなら、こうした距離は、現在でもなお縮められてはいないからである。一時は相互に統合されかけた、それらの二つの傾向が、つねにお互いの距離をひろげつつあるのを、人々は目の当たりにしている。一方では、メラニー・クライン流の分析が、いわば心理的経験の原初的素材と見なされる諸々の幻想《ファンタスム》の生成、発達、結晶化を解明しようとする。他方、ラカン博士流の分析は、言語活動の中に、実存の意味作用の総体が構成されるような弁証法的な境位《エレメント》、対話として成立する〔分析の〕言葉《ヴェルブ》が、意味作用の止揚（Aufhebung）の運動を通して、それら意味作用の解放と価値転換とを行わないかぎりは、実存の意味作用が自らの宿命を成就してしまうような弁証法的境位を探るのである。メラニー・クラインは、意味の生成を、幻想の運動によって跡づけようと、おそらく最大限に試みてきた。それにたいして、ラカンの方は、イマーゴのなかに、言語活動の意味作用の弁証法が固定化する地点、自ら作りだした対話の相手によって、その弁証法が幻惑され捉えられる点を示そうと可能な限りの試みをしてきたのである。メラニー・クラインにとっては、意味とは、根本的には、イマージュの運動性にすぎず、イマージュの運動が残す軌跡のようなものにすぎない。ラカンにとっては、イマーゴは、一瞬の沈黙状態におかれた包まれた言葉にほかならない。精神分析の探究領域においては、したがって、現前の場を特徴づけるイマージュの心理学と、言語活動の潜在性の領域を定義する意味の心理学との間の統一は見出されなかったのである。

精神分析は、ついにイマージュを語らせることに成功しなかったのである。

＊

『論理学研究』は、『夢判断』の解釈学と奇妙にも同時代である。この著作の第一研究と第六研究を通じて行われた分析の中に、われわれはイマージュへの意味作用の内在を、その必然性において回復させるような象徴と記号の理論を見出し得るであろうか。

精神分析は「象徴」という言葉を、その直接的妥当性を決して概念的に練り上げるでもなく、また正確に規定することもなく使用してきた。夢のイマージュがもつこの象徴的価値のもとに、フロイトは基本的には二つのほぼ異なったことを理解していたのである。一方において、「象徴」は、暗黙の諸構造、潜在的諸条件、語られずにおかれた諸々の経験などを、イマージュの中に印づける客観的な指標（indices）の総体と理解される。形態学的な様々の類似、力動的アナロジー、音節の一致や、あらゆる種類の言葉遊びなどは、どれもイマージュの中にあらわれる客観的な指標であり、イマージュがその色彩をほどこされた充実性においては明かそうとしないことがらへの暗示である、と考えられる。他方では、夢の素材の意味を根拠づけ、夢の素材を近親相姦的欲望や幼児退行やナルシシズム的回帰や包み込みなどの夢として構成する、包括的な意味作用上の結びつきが存在する、と考えられる。夢の意味作用が進行し統一されるにつれて、無限に数が増えうる指標の総体は、したがって意味作用そのものと混同されてはならない。それらの指標は、確率的な帰納に基づいて明らかになるのであり、夢の潜在内容や始源的な意味の再構成の方法にほかならない。そして、この始源的な意味そのものは、ひとつの了解的な把握においてしか、われわれには明るみに出すことが出来ないものだ。その意味は、自分自身の運動によって夢のイマージュの象徴的価値を打ち立てるのである。こうした〔象徴の二つの意味の〕混同は、ややもすれば、夢の形成のメカニズムとは、その再構成の諸方法の裏がえしにして相関項である、とみなす傾向を精神分析に生みだした。精神分析は、意味作用の成就と、指標の帰納とを混同したのである。

『論理学研究』の第一研究[6]において、フッサールはまさしく、その指標と意味作用とを区別したのだった。たしかに表現の様々な現象においては、それら両者は絡み合い、ひとびとはそれらを混同する傾向さえある。ひとりの人物が話すとき、彼が話すことがらをわれわれは、彼が使用する語や彼が働かせる文の構造の意味作用上の把握によってのみ理解するわけではない。われわれは、ここでは低くなりふるえるようになり、あそこでは反対に、われわれがそこに怒りをみとめるあの堅固とした調子と、かん高さを帯びるといった声の旋律《メロディー》によっても、われわれは導かれているのだ。だが、こうした全体的な了解においてそうした二つの態度は、混在しているものであるとはいえ、同一ではない。それらの態度はお互いに正反対であり、相互補完的なものである。なぜなら、距離や雑音や声のしわがれ具合によって聞き取りにくくなり、言葉が私の理解を逃れてしまいそうになるときこそとくに、指標の帰納が意味の了解に取って替わるときだからである。声の調子、言葉の発し方、沈黙、そして言いまちがえさえもが、私に、話し相手が怒りに息をつまらせているのだ、ということを推定させるのである。

指標はそれ自体では意味作用をもつことは出来ない。指標は、それを目じるし、指示、あるいは道しるべとして使用するひとつの意識という間接的な道を通して、二次的に意味作用をもつのみである。

私は雪の中に凹みを、規則的な星形のようなもの、影の結晶の形のようなものを見出す。猟師であれば、そこに一匹の野ウサギが残したまま新しい足跡を認めるであろう。その場合、そこには二つの異なった生きられた状況があるのだということになる。そして、一方が他方よりもより多くの真実を含んでいるのだなどと考えるのは無駄である。ただ、第二の構図においては、指標作用の本質が明かされているのに対し、第一の構図においてはそうではない。雪の中にうがたれた小さな星形がひとつの記号であるのは、猟師にとってだけである。このことが意味しているのは、猟師の方が私よりも多くの連想の材料を有していて、ひとつの知覚をきっかけとして、同一の状況において私には欠けている野ウサギのイマージュを彼が自ら連想したということではない。ここにおいて、連想は指標作用の構造に対しては派生的なものにすぎないのである。連想は、指示する指標と指示されるものの本質の中にすでに記入されているひとつの構造を、点線の状態から実線の状態へと移行させるにすぎないのだ。「連想は意識に諸々の内容を思い出させるが、連想はそれらの内容に、それぞれの内容がもつ本質法則に従って、所与の諸内容へと再び結びつくことを伴いつつ、それを行う(7)」のである。

連想という心理学的で偶然的で派生的な契機を根拠づけているこの本質的な構造は、それでは何の上に根拠を持っているのだろうか。存在しているか、やがて存在するか、あるいは今しがた存在したばかりの現勢的《アクチュアル》状況の上にである。雪の上の痕跡は、今しがた逃げ去った現実の野ウサギを示しているのである。震える声は、その抑揚によって、爆発する怒りか昂ぶってゆく怒り、あるいはかろうじてこらえられ落ち着きつつある怒りの指標なのである。それに対して本来の記号は、意味あるものとなるために、いかなる客観的な状況に根拠をもつ必要もない。私が野ウサギという語を発するときには、亀と競走するウサギを指すことも出来るのである。私の怒りの話をするときにも、私はその振りをしたり、演技をしたときにのみ経験したにすぎない情念の動きを語ることも出来るのである。「野ウサギ」や「怒り」という語は、意味作用的なものであって、それに対してしわがれた声や、雪の上に残された痕跡は、指標なのである。

夢の現象学が厳密であるためには、分析者にとって、客観的状況に目印をつけつつ指し示す指標作用の要素と、夢の経験を内部から構成する意味作用的内容とが区別されねばならないのである。

だが、意味作用的内容とは何なのか。そしてそれは想像的内容とどんな関係を持つものだろうか。この点についてもまた、『論理学研究』のいくつかの分析がわれわれの出発点として役立つ。精神分析と共に、象徴という唯一の概念のもとに統合された、意味とイマージュとの直接的同一性を認めることは正当ではない。意味作用的行為の本質は、その行為がそこにおいて具体化し得る言語表現とかイマージュ構造の彼方に、そしてそれらよりも以前にこそ求められるべきなのだ。「言葉による表明とか、想像とか、知覚などの行為は、意味作用が、ある時にはそれらのうちのある行為において、他の時には別の行為において尽くされるものだ、と考えるためにはお互いに相違がありすぎる。われわれはこの意味作用という機能を、どこにおいても同一である唯一つの行為、そして、われわれに欠けていることもままあるあの知覚というものの限界から解き放たれた、ある一つの行為へと帰す考え方を取るべきである。(8)」こうした根本的な行為の性質とは何だろうか。否定的な言い方をすれば、われわれはすぐに、それは一つあるいは複数のイマージュの関係付けということではない、ということを理解する。フッサールが他の場所で述べているように(9)千角形を思い浮かべるとき、われわれは多くの辺をもつ任意の多角形を想像する。より積極的に言うならば、最も基本的で、最も素朴で、未だなお知覚的な内容の中に完全に組み込まれているものであっても、意味作用的行為は新たな地平に向かって開かれているのである。私が「このしみは赤い」と言ったり、あるいは感嘆文で「このしみ」と言ったときでも、さらにまた私が言葉を失い、指で私が自分の前にあるものを指示するときでさえも、そこでは知覚の直接的地平との断絶をもたらし、知覚的体験の意味作用的本質を暴露する思念（＝意味志向）行為が生まれているのである。それこそが *Akt des Dies-meinens*「コレ－ヲ－思念（＝意味志向）スル行為」なのである。

この行為は何らかの「判断活動」によって定義されることはなく、（われわれが取った例はそれを十分に証明している）、意味作用的指示作用において思念されているもののイデア的な統一によって定義される。この統一は、意味作用行為がくり返される度に、使われる用語や、それらの用語を発する声や、紙の上にそれを書きとめるインクが何であれ、同一である。象徴が意味しているのは、個体的な特徴でも、反復の性質でも、フッサールの用語に従った「自己と同一に再び現れる」という性質でもない。われわれは意味作用の統一として、象徴を通して自己を告知するイデア的な内容を前にするのである。

だが、意味作用的行為を単なる志向的思念に還元したくないのならば、さらに先にまで論を進める必要がある。思念をそれが具体化する意味作用的充実に向けて超え出るという超脱は、いかにそれを考えればよいのか。われわれはフッサールの分析に文字通りに従い、それに補完的行為の意味、『論理学研究』の第六研究で「充実化の行為」と名付けている行為の意味を与えるべきなのだろうか。そうすることは根本的には問題を名付けるだけのことであり、意識の活動の内部においてその行為に一つの場所を与えることではあるにしても、その行為の根拠を見出すことにはならない。

それは、一九一四年に書いた『論理学研究』第六研究の改稿(10)において、フッサール自身がおそらく感じとっていたことである。そのテクストを通して、われわれは意味作用の現象学が何であり得たかを予想することが出来る。言葉や象徴が発せられるにせよ書かれるにせよ、われわれが言説の展開に身をゆだねるにせよ、想像力に身を任せるにせよ、同じひとつの特徴が、象徴（例えば数学記号のような）、言葉あるいはイマージュを印づけ、新らしい何ものかがわれわれの外に出現する。それはわれわれが予期していたものとは少しちがったものであり、しかもイマージュ的、言語的、あるいは象徴的素材が示すあの抵抗感、また今では意味作用的なものとして構成された物が示す諸々の意味合いによって、ちがうと感じとられるのである。意味するものの現勢性において実現しつつ、志向的な潜勢性は、新たな諸々の潜勢性へと自己を開くのである。この現勢性は、じっさい、空間的－時間的コンテクストの中に位置づけられている。言葉たちはわれわれの環境世界の中に記入され、言葉による意味付けの地平に、対話の相手たちを指し示すのである。そしてそこにおいてこそ、われわれは、その逆説において、意味作用的行為そのものを理解することになるのだ。それが言葉のようにひとつの文化的なものとしてであるにせよ、イマージュのように準－知覚として現れるにせよ、意味作用的行為は、ひとつの客観的な主題《テーマ》を再度取り上げて反復するのであって、しかも、その反復行為を、「私は語る」、「私は想像する」という事態が、白日のもとに明らかになる主題的活動としてそれを行うのである。言葉《パロール》とイマージュとは、それが客観性の形態をとって実現されるまさにその瞬間において、一人称で活用するのである。フッサールが言語活動について次のように書いたとき、言わんとしていたのはおそらくそのことなのだ。「ひとつの事は確かである。それは、意味されるものは〔意味作用の〕行為に参加するということである。語る者は単に語を産み出すのではなく、表現をその全体性において産み出すのである」(11)。結局、現象学的な分析が意味作用的諸構造の多様性のもとに明るみに出すのは、表現行為そのものなのである。

このことは、多くの点で本質的なことであるとわれわれには思われる。なぜなら、従来の伝統的な解釈に反して、意味作用の理論はわれわれにはフッサールの意識の形相学の究極の拠り所とは思われないからである。フッサールの形相学《エイデティック》は、実際はひとつの表現の理論へと行きつくのであり、その理論は包み隠されたままとなっているにせよ、その要請はフッサールの分析の全体を通して明らかなのである。現象学が表現の理論の方へと発展せず、また表現の理論を常に影の部分へと放置し、意味作用の理論にのみ光を当てようとしてきたことは驚くべきことである。だがおそらく表現の哲学は、現象学の乗り超えにおいてしか可能ではないのである。

現在のところ、一つのことがわれわれの注意をひくに値する。われわれがフッサールにもとづいて素描したこうした現象学的分析の全体は、象徴的事象について、精神分析のまったく別な区切り方を提唱するものだということである。じじつそれは、客体的な指標作用の構造と、意味作用的諸行為の構造との間に、本質的な区別を打ち立てるものである。やや無理な用語法をあえてするならば、それは徴候学に属することがらと、意味論に属することがらとの間に、最大限の距離を作り出すのである。精神分析はその反対に、常々それら二つの構造を混同してきた。精神分析は、諸々の客観的記号を突き合わせ、解読作業の様々な一致をみることによって意味を定義する。そしてこのことによって、意味と表現との間に、フロイトの分析は人工的な関係、欲望充足の幻覚的本質という関係をしか認めることが出来なかったのである。その対極において、現象学は意味作用を、それを基礎づける表現行為のコンテクストにおいて把握し直すことを可能とする。この限りにおいて現象学的記述は、想像的内容における意味の現前をはっきりと明かすことが出来るのである。

だが、そのように表現の基礎に位置づけなおされたとしても、その意味行為は客観的指標作用のあらゆる形式から切り離されてしまっている。いかなる外的コンテクストも、その行為を真理において構成し直すことをゆるすわけではない。その行為がそれ自身にとどめている時間や空間は、すぐさま消え去る航跡のようなものをかたちづくるにすぎない。そして他者は、実際の遭遇の可能性なしに、表現行為の地平に、イデア的に考えに入れられているにすぎない。了解は、現象学においてはしたがって、内面性の様態において行われる表現行為の繰り返し、表現行為に住まう新たなやり方と定義されるのみである。この了解は、表現行為のなかに自己を再構成するための方法であって、その表現行為それ自体を位置付けるための試みでは決してないのである。この了解の問題は、すべての意味作用の心理学においては最も中心的なものであり、あらゆる精神病理学の核心をなす問題なのである。しかし、純粋現象学の系統にあっては、この問題は解決の原理を見出すことが出来ない。その不可能性を、ヤスパースは他の誰よりも強く実感していたのであり、だからこそ彼は、患者と医者との関係を、コミュニケーションの神秘学[12]（mystique de la communication）という考え方によってしか正当化することが出来ない、としたのである。ヤスパースは表現の感覚的（sinnlich）形式に、表現の意味的（sinnhaft）形態を対比させ、有効な了解は後者によってのみ可能であると考えていた[13]。

現象学は、イマージュに語らせることには成功した。しかし現象学は、そのイマージュの言語を了解する可能性を誰にも与えなかったのである。

われわれは、この問題こそ実存分析の最大の課題のひとつであると定義して、おそらくまちがいはない。

現象学は、全ての意味作用の表現的基礎に充分な光を当てることには成功した。だが了解を正当化するためには、フロイトの分析が詳しく研究したような指標作用の契機をも考察に取り入れる必要があったのである。指標作用の客観的構造、意味作用の集合、表現の行為、それらすべてに共通した基礎を見出すこと、それこそが現象学と精神分析という二つの伝統が提起していた問題だったのである。フッサールとフロイトの比較からは、二重の問題系が生まれたのである。すなわち、表現の行為をその充実性において回復させるような解釈の方法が必要だ、ということであった。解釈の道は、精神分析が注目したような事件の書かれ方の問題に終始すべきではなく、表現それ自体が自己を指標作用の本質的構造のうちに客体化する、その決定的瞬間にまで解釈が遡るところまで行かねばならなかったのである。解釈には、事実の確認以上のもの、つまりその基礎付けが要求されていたのである。

意味作用が結ばれるこの根本的な瞬間、『夢と実存』の中でビンスワンガーが明らかにしようとしたのは、まさにそれなのだ。

われわれのこのような問題の位置づけにたいして、ひとはフロイトとフッサールの著作の字義通りの理解を超え出てしまっているばかりか、ビンスワンガー自身がかつて定式化したこともないし、彼のテクストには暗示されてもいないような問題系をでっち上げたと非難するかもしれない。そうした非難をわれわれはほとんど意に介さない。なぜならば、実存が問題とされるときには、われわれはしなくもまだ歴史そのものを信じているからだ。ビンスワンガーの著作の訓詁註釈を示そうというのではなく、その客観的な意味を抽出しようというのがわれわれのねらいなのだ。われわれはビンスワンガーの仕事がそういう意味を持つに十分なほど重要であると考えているのだ。それが、この著作の実際の問題系のみがわれわれの注目をひく理由である。ひとは個々のテクストの中に、彼自身が自己に問うた問題を見出すだろう。われわれは、われわれなりに、かれが答えてきた問題を描き出そうと望んだのである。

III

「夢みる者には何も大ごとでない」（キケロ）

夢と表現が持つ、かくも根本的な造形性を明るみに出すことによって、ビンスワンガーはひとつの伝統を回復させたのである。それは、フロイトもまた乗り超えることに必ずしも成功したわけではなかった十九世紀の心理学によって、影の部分に置き去りにされていた伝統である。精神分析は夢の心理学を打ち立てた、というか少なくとも夢にその心理学的事象としての権利を回復させることに成功した。だが、それはむしろ夢にその効能の全領域を認めるまでにはいたらなかったのである。フロイトにおいては、夢は動機付けの表現形式と心理学的解読の方法との双方に共通した要素であり、「象徴体系」（la Symbolique）であると同時に、心理学の文法なのである。そのようにしてフロイトは夢に心理学的次元を回復させた。だが彼は夢を経験の固有な形式として認識することが出来なかった。

フロイトは、夢をその本質的な様態において、覚醒した思考の様々な断片や様々な象徴的翻訳、そして様々な暗黙の言語から成るものとして再構成した。そしてそれら総体の論理の分析は、言説の論理に基づいて行われ、そこに発見される動機付けや構造は、覚醒した意識がとる諸形態と同じ心理学的横糸の上に織りなされているとされたのである。フロイトは夢を心理学化したのである。そしてフロイトが心理学の領域で夢に与えた特権は、概して夢から経験の固有の形式としての特権性を取り除いてしまうのである。

フロイトは十九世紀の心理学によって堅固に打ち立てられた公準を乗り越えるにはいたらなかった。その公準とは、夢はイマージュの狂詩曲《ラプソディー》だというものだ。もし夢がそうでしかないとしたら、その分析が、心理 - 生理学的な機械論的なスタイルによるにせよ、意味作用の探究というようなスタイルによるにせよ、夢はひとつの心理学的な分析によって汲み尽くされてしまうであろう。しかし、夢は、それがひとつの想像的な経験であるという単純な理由によって、イマージュの狂詩曲とはおそらくまったく違うものなのである。そして夢が、われわれが上に見たように、心理学的分析によっては汲み尽くしえぬものであるとすれば、それは夢が認識論に属する問題だからでもあるのである。

十九世紀までは、事実、夢の問題は認識論の問題として考えられていた。夢は絶対に固有な経験の一形式として描かれ、もし心理学を構想し得るとしても、それはあくまで二次的で派生的であって、夢を経験の型として位置付ける認識論から出発して可能だとされていたのである。『夢と実存』におけるビンスワンガーが復活させようとするのは、この忘却された伝統なのだ。

ビンスワンガーが回復するのは、夢の意味作用上の価値は、ひとが夢に関して行うことが出来る心理学的分析の尺度を超え出ている、という考え方である。それどころか、夢の経験が持つ内容は極めて豊かなものであって、ひとがそれを編入してしまおうとするような諸々の心理学的決定には、その内容は還元しえないものであることがわかるというのである。唯一「朝の夢」こそが有効な意味を持つのだという、文学や神秘思想の伝統に古くから存在してきた考えが示しているのはそのことである。「健全な人間の夢は朝の夢である」とシェリング[14]は述べている。こうした考えは、ギリシア・ローマの伝統にまで遡る。ひとは、その理由付けをヤンブリコスに読むことが出来る。その理由とは、夢が消化の発散気《のぼせ》のなかで生じた場合、夢は神的なものと認め得ない、発散気がないのは食事の前か消化の完了した後であり、宵か朝方の薄明時のみだ、というものである。ド・ミルベルは『眠りの王子』[15]の中で、「最も純粋な夜の時とは、明け方、〝眠リト覚醒ノ間〟(inter somnum et vigilicum)であると言わねばならない」と述べている。また、テオフィル・ド・ヴィオーは『ピュラモスとティスベ』[*4]の登場人物の一人に次のように語らせている。

下品な発散気が取りついたわれらの身体が、

われらの五感に人をまどわせるような動きを引き起こす時は
すでに過ぎ去り、平穏を取り戻したわが脳髄は、
眠りが蒸留するケシの花に酔いしれていた、
夜がやがて終わる、
曙の馬車が未だ来たらんとするその時刻

夢が意味を持つのは、したがって、ただ諸々の心理的動機付けや様々な生理学的決定が、夢においては無数のやり方でお互いに交わり、重複するからというだけではない。夢はその反対に、その客観的コンテクストが貧しければそれだけ豊かである。夢は、それが存在理由を持たなければ持たないほど、より大きな価値を持つのである。そしてそれこそが、以上に見た、それら朝の夢の奇妙な特権性を作り出していた理由なのである。それらの夢は曙のように、正午の覚醒がもはや知りえぬような明晰のなかの深みをもって、新たな日を告げるのである。

眠る精神と覚醒する精神の間にあって、夢見る精神は、他のいかなる経験からもその光や精髄を借りることのない一個の経験をするのである。バーダーはこの意味において、明察力に等しく、器官の媒介なしの対象への直接的回帰である、あの「眠れる覚醒」や「覚醒する眠り」のことを語っていたのである。(16)

だが、夢の経験の独自の次元という主題は、単に文学の伝統や神秘主義の伝統や民間伝承に見られるだけではない。ひとは労なくデカルトやデカルト以後のテクストに、それを読み取ることも出来るであろう。

神秘主義の伝統と合理主義的方法との交点において、『神学‐政治学論考』は預言の夢の問題を提起している。「本当の事がらだけでなく、たわ言や空想でさえ有用でありうる[17]」とスピノザはボクセルに書き送っている。またピエール・バーリングに宛てた他の手紙で[18]彼は、夢、予兆、奇跡的な知らせにおいて、二種類の想像力を区別していた。ひとつは、体質と体液の動きといった身体にのみ理由をもつ想像力である。そしてもうひとつは、悟性の諸観念に感性的身体を付与する想像力であり、その想像力の中にひとは、軌跡であると同時に記号として、真理の痕跡を見出すことが出来るとされる。想像力の第一の形式は、ひとが錯乱において出会うものであり、夢の生理学的横糸を成すのもこの想像力の形式である。しかし第二の形式は、想像力を認識の一個の固有な形式と化す。『倫理学《エチカ》』が、想像力を、観念と魂の構成に本質において結びついたものとして示すときに語っているのは、この想像力の形式のことなのである。[19]『論考』における預言の夢の分析は、それら二つの水準の双方に位置している。一方において身体の運動に結びついた想像力があり、それは預言者たちのそれぞれの夢に個人的な色彩を与えている。それぞれの預言者は、彼の気質に応じた夢を見たのである。例えばエレミヤの悲嘆やエリヤの怒りは、外部からしか説明することが出来ない。それらの感情は、彼らの身体や彼らの体液の運動の検証によって解明すべき事がらなのである。けれども、それらの預言者の夢の方は、いま解釈が明るみに出すべき意味を、それぞれ持っていたのである。想像力と真理との間の絆《つな》がりを示すこの意味こそは、神が人間たちに彼の命令と真理とを知らせるために話した言語であるとされる。想像の民であるヘブライ人たちは、イマージュの言語《ヴェルブ》〔＝真言〕をしか理解しなかったのであり、また情念《パシヨン》〔＝受難〕の民である彼らは、恐怖と怒りの夢によって伝えられた情念《パシヨン》〔＝受難〕によってのみ従えられていたのである。預言の夢は哲学の斜めの道のようなものとされる。それは同じ真理の別の経験なのであり、「というのも、真理はそれ自体と矛盾することが出来ないから[20]」である。預言の夢は、イマージュと喩《フイギユール》によって人間たちに自己を開示する神なのである。夢も想像も、啓示の具体的な形式なのである。「誰も、神の啓示を想像力の助けなしに受けとったものはいない[21]」のである。

　この点においてスピノザは、想像力と超越の関係をめぐる古典的な大テーマと交わるのである。マールブランシュと同様、スピノザが見出すのは次のような考えである。すなわち、想像力は、それが持つ謎めいた暗号や、それに固有な知の不完全性、その中途半端な光、それが形象化しはするが常に回避する現前性において、人間的経験の内容や、また人間が統御し得る言説的な知の彼方に、あらゆる点において人間を超えたひとつの真理の存在を指し示すのだ、という考えである。この場合、その真理は人間の方へと屈折し、人間の精神にイマージュの具体的な姿をとって現れるのである。全ての想像的経験と同様、夢はしたがって、心理学的分析によっては完全に再構成され得ない経験の固有な一形式であり、その経験の内容は、人間を超越される存在として指し示しているのである。想像的なものとは、超越の兆し（signe）であり、夢は想像的なものの兆しの下での、こうした超越の経験にほかならない。

ビンスワンガーが彼の夢の分析において暗黙のうちに回復させたのは、古典主義心理学のこの教えなのである。

*

けれどもビンスワンガーは、この第一の伝統の中に含まれるもう一つ別の伝統をも回復させている。キリスト教神学は超越的な真理の経験としての夢の中に、神の意志の縮図と、神が、己の証し、命令、警告をそれに沿って配する近道を見出す。夢とは、決定付けられてしまうことなく方向付けを受け、決して拘束されきってしまうことなく啓蒙され、明証性へと還元されることなく警告を受ける、という常に不確定な、あの人間的自由の表現のようなものなのである。夢に関する古典主義的文献を通して、ひとは恩寵をめぐる神学論争の全てを見出し得るのである。夢は言うならば、想像力に対して、恩寵が心や意志に対して持っている関係と同じ関係を持っているのである。古典悲劇において夢は、恩寵の喩えのようなものである。夢の悲劇的な意味は、十八世紀のキリスト教的意識に対して、恩寵の神学的意味と同じ問題を提起するのである。トリスタン・レルミットは、ヘロデにも、不吉な夢の後、次のように語らせている。

運命が記すことは消されえぬ
その秘密の罠からひとは自由になれぬ
それから身をそらそうとすればそれだけ
われらはまっすぐにその罠にはまるのだ。*5

フェリエの『アドラスト王』の中で、ある人物は夢のあと宣言する。

いえ、主よ、天にわれらの死は記されている
人間はこの予め記された境界を超えられぬ
そして、彼の用心もまた、彼が免れんとする
同じ不幸の中へと彼を投げ入れる
神々の至高なる偉大さは、そのようにして、
人間の弱さを弄ぶことを好むのだ。*6

夢の「ジャンセニスム（le jansénisme）」とは以上のようなものである。それに対して、夢の「モリニスム（le molinisme）」とは次のようなものだ。そこでは夢はもはや予定（prédestination）ではなく、警告あるいは合図であり、決定をはっきりと印すというよりは、運命の決定に前もってそなえさせるためにある。

バンセラードの戯曲中、ブリセイスはアキレスに向かって言う。

アキレスよ、あなたの喜びをかき乱すものたちはみな、
天があなたに送りとどける助言なのです。[*7]

『オスマン』においては、この教えはなおいっそう明確である。

だが天はしかし、眠りの間に
われらに助言を与えんとして、われらの精神を驚かすことも出来る
われらの宿命の決定は
天の意によってつねに決定されてはいず、
ざわめく稲妻は、つねに落ちるわけでもない

心の運動はその行方を変え遠ざけるのだ。[*8]

しかし誤ってはならない。悲劇から悲劇へと登場人物たちがお互いに応酬し、神学書から借りてきた議論を仕掛け合う、このおそらくは極めて文学的な論争の下には、より本来的に悲劇的な運命の問題が隠されているのである。古代以来、人間は、夢の中で、彼がそうであるものと、未来にそうなるであろうものとに出会うのであり、あるいはまた、彼がしていること及び彼が未来にするであろうことに出会うのであること、を知っている。人間は夢において、彼の自由と世界の必然とを結びつけるこの繋がりを発見して来たのである。夢とその個別の意味作用の中に、クリュシッポスは、世界の普遍的連関と世界の統一を形成し、世界のそれぞれの断片を同じ一つの精神の火で動かすことに寄与する、あの*συμπάθεια*（共感）の効果を見出したのだった。もっと後になって、ルネッサンスがこの考えを継承することになる。カンパネッラにとっては、普遍的統合の原理としての世界の魂こそが、人間に同時に彼の本能、欲望、そして夢を吹き込むものなのである。こうした夢にまつわる神話と、全宇宙が瞬間的でゆらめくイマージュの中で共に息吹いているように見える幻想的な宇宙創成論の最後の段階を示すものとして、シェリング[(22)]や、「世界は夢となり、夢は世界となる。そして自分が信じている出来事が、遠くからやって来るのをひとは見ることが出来るのだ」[*9]と語ったノヴァーリスを挙げることが出来るのだ。

時代によって変わったのは、夢における運命のこうした読解でも、解読の方法でもない。変化を受けたのは、むしろこうした夢と世界との関係の理由付けであり、いかに世界の真理が、その真理をあいまいな姿でしか再構成出来ないようなイマージュにおいて、自己を予告し、自己の未来を要約し得るのかを説明するやり方なのである。

そうした理由付けは無論、哲学的というよりは想像的なものであって、詩と抽象的思考の境界において、神話を高揚させるのである。

アリストテレスにおいては[23]、夢想の価値は魂の平穏と結ばれており、魂が身体の動揺から離れる夜の夢へと結びつけられる。夜の夢の沈黙において、魂は世界の最も微妙な運動や、最も遠くの動きにまで敏感になる。そして、水の表面がその中心において、より平穏でより静かであればあるだけ、その縁における動揺によって波立つように、眠りの間、覚醒の間よりも魂は遠くの世界の運動により敏感になるのである。水の上を波は拡がってゆき、やがて水面全体を揺り動かすような大きさにまで成長する。それと同じように、最も微弱な興奮も魂の鏡面の全体をかき曇らせるにいたるのである。覚醒した耳にはかろうじて聞き取れるような小さな音でも、夢は鳴りわたる雷鳴に変えてしまう。かすかな熱も火事と化す。夢においては、肉体から解き放たれた魂は κόσμος（宇宙）に潜り込み、その中にすっかり没入し、一種の液体的合一状態において、その宇宙の運動と混ざり合うのである。

他の思想家たちにとっては、夢と世界とを結びつける神話的元素は水ではなく火である。夢においては、魂の微細物体が世界の秘められた火に燃え上がり、その火とともに万物の内奥に貫入するとされる。それは、πνεῦμα（火気＝息吹き）によって世界の統一はもたらされ、普遍的炎上によって終わるという、ストア派のテーマでもある。それはまた、中世の錬金術から十八世紀の「前科学的」精神にいたるまで、恒常的な魂の熱元素《フロギストン》説ともいうべき夢占いの秘教的テーマでもある。さらにまたそれは、火の正確なイマージュは次第に薄れ、もはやその精神的性質や運動的価値をしかとどめないようになっているとはいえ、ロマン派のテーマでもある。そこでは火のイマージュは、微細さ、軽やかさ、揺らめき影をはらむ光、変形し燃やし破壊し明るさと喜びとがあったところに灰をしか残さない灼熱、などといった精神的性質、運動的価値へと変えられている。ノヴァーリスは次のように書いている。「夢はわれわれに、事物たちの間に分け入り、同時にそれぞれの事物と化す、われわれの魂の微細性について見事に教えてくれる」[*10]と。

水と火との相互補完的な神話は、夢の時間における魂と世界との統一という哲学的テーマを支えるものである。けれども夢の歴史のなかには、夢の想像力の超越的な性格に関する理由付けの別の流儀をもまたひとは見出すことが出来る。それは、夢は、夜ひとが自分の周囲に予感する事がらの暗い一瞬の知覚だとする考えや、その反対に、光の一瞬の閃きであり、その輝きにおいて成就する直観の極度の明るさだ、とする考えである。

夢をそうした直観の明るさによって定義したのは、特にバーダーである。彼にとって夢は、内なる幻視《ヴィジョン》を運ぶ閃光であり、感覚とか言語の媒介を超えて、その光は一気に真理にまで到達するとされる。バーダーは「外的な感覚によって媒介されておらず」、「われわれが普段の夢において経験する」「内的で客観的な明察」を語っている。眠りの始まりにおいては、内部的感性は外部的感性と対立している。しかし結局は、眠りのまっただ中では前者が後者より優位に立つ。その時、精神は、客体たちの世界よりもずっと深遠で、より重大な意味を帯びた主観的世界において開花するというのである。(24) 覚醒した意識とその認識とに伝統的に与えられている特権性は、「不確実性であり偏見である」にすぎない。夜の最も暗い奥底に輝く夢の閃光は、昼の光よりもさらに明るく、その光がもたらす直観こそ認識の最も崇高な形式だとされるのである。

カルス(25)にも、同様の考えをひとは見出す。夢は、彼方へ、客観的認識の方へと運んでゆく。夢とは、自分自身から世界を迎えに行き、世界と自分との一体性を見出すような精神の運動のことなのである。事実カルスは、世界の覚醒した認識とは、そのような世界に対する対立であると説く。感覚の受容性や諸々の対象の影響を受ける可能性とか、そうしたすべてはそうした世界に対する対立 (Gegenwirken gegen einen Welt) にすぎない。夢はその逆にそのような対立を断ち、それを乗り超える。しかも閃光の輝く一瞬の間にではなく、無意識の夜のなかへのゆっくりとした精神の潜入によってなのである。意識的な自由の状態においてというよりは、もっとずっと多くの無意識のなかへのこの奥深い潜入によって、魂は全宇宙の絡まり合いの中に自らも参与し、〈無意識〉の境位においてはそうであるように、空間的及び時間的なあらゆるものに完全に浸されるのでなければならない。そしてその限りにおいて、夢の経験は「Fernsehen（千里眼）」すなわち世界の果てにおいてのみ限りをもつあの「千里眼」のようなものであり、ライプニッツからハルトマンにいたるまで、人間が自分自身のなかに聴きとる、自らが置かれた世界のかすかな残響と考えられてきた、あの無意識の謎めいた探検と考えられたのである。

以上の考え方は、夢の想像力に関する哲学の中に、二つの極を形づくっている。水—火という極と、光—影という極である。われわれはのちほど、ビンスワンガー[*11]が、いわば経験的に、彼の患者たちの夢の中にそれらの極を見出していることを見るであろう。エレン・ヴェストの分析[26]は、光の世界への飛翔の幻想と、冷たく暗い土中への埋没の幻想とを記述している。夢についての反省の歴史には、不思議にもこうした想像的テーマのそれぞれが、様々な学説に共有され、分布しているのが見受けられるのである。夢の研究史は、想像的布置のあらゆる潜在的可能性を探りあて活用したかのようであり、あるいはまた、おそらく想像力は、文化の生成によって構成され明るみに出されたテーマを、再び取り上げて結晶化するのだとも言えるかもしれない。

目下のところ、一つのことだけを採り上げてまとめておくことにしよう。夢はすべての想像的経験と同様に、超越の人間学的な印である。そして、その超越において、夢はそれ自体が世界と化し、それ自体が光や火、水や闇の形を取ることによって、人間に世界を告知するのである。夢の歴史が夢の人間学的な意義に関してわれわれに教えるのは、夢はその超越においては世界の開示者であると同時に、その実質において物質性の元素に基づいて移り行くこの世界の変容の運動でもある、ということである。

われわれはこれまで故意に、夢の歴史の最もよく知られた側面の一つ、夢の歴史家たちによって最も頻繁に引き合いに出されて来たテーマの一つを扱わないできた。『夢判断』以来、『国家』の第九の書を引用しないでよいと考えるような夢についての研究はほとんど皆無である。ひとはプラトンを引用することで夢の歴史の儀礼を果たすのであり、そうした博学のアピールは、乳児の心理学についてクインティリアヌスの引用をすることと同じ程の心のやすらぎを与えてくれるものなのである。[27] ひとはまた、あの『国家』の中の有名な一節が表している、フロイトに先駆するような――あるいはオイディプスの発見以後のような――響きを指摘することを忘れはしない。「私は、理性的で穏やかで他人に指図するために出来ている魂の部分が休息するときに、目を覚ます欲望たちについて語ろうと思う。それは食べ物と酒からこしらえられた獣的で野蛮な魂の部分で、眠りを揺り動かした後、自らの欲望の満足を求めて動き始めるのである。われわれはこのような場合、その魂の部分はあらゆる恥辱やあらゆる慎みから解き放たれて、何でもやってのけるということを知っている。その魂の部分は想像の中で、母親であれ男であれ神であれ獣であれ、相手が誰であれ恐れず交わろうとし、いかなる殺害に身を汚すことも、またいかなる食べ物を食べることも厭わない。ひとことで言えば、それがなしえないような狂気や破廉恥は何もないのだ。[28]」夢による欲望の顕現という現象は、十九世紀までは医学、文学、そして哲学によって最も頻繁に扱われて来たテーマのひとつである。一六一三年、「夢の原因のすべて」を探究した国王の侍医アンドレ・デュ・ローランは、夢の中に四大体液の運動とそれぞれの体質の特徴を見出している。「怒りの状態にある者は、競技とか戦いとか大火のことをしか夢に見ない。冷淡な人間は、常に水の中に浸っていることを思い描く[29]」。文学は博学ぶりを発揮して、医学部のこうした教えを取り入れる。トリスタンは悲劇『マリアンヌ』の中で、登場人物の一人に言わせている。

そういうわけで、各人は眠りながら
自分の気質の秘密の印を見つけるのだ。

この登場人物は、続いて原理から実例の泥棒の魂の描写へと移行する。

〔夢の中で泥棒は〕自らの運命に先回りして、

奉行に出会い、あるいは盗みの品を得る
同様に、高利貸しはまどろみながら
集めた金を夢で思い出し、手で撫でる。
危惧か欲望にとらえられた恋人は
夢の中で苦難を経験し、また喜びを味わう*12

ロマン主義は同じテーマを取り上げ、それを無数の形に多様化する。ノヴァーリスにとって夢は、われわれに「われらの精神の深み(30)」への扉を開く「あの秘密の道」である。シュライアーマッヒャーは夢のイマージュの中に、個々の人間のものであるためには余りに広大で深遠な欲望を読み取っている。ボーヴェはユゴーの『レ・ミゼラブル』中の次の一節を指摘している。「われわれの肉眼に他人の意識の中を見透す能力が与えられているとしたら、ひとは一人の人間を、彼が考えることによってよりは彼が夢見ることによって、もっと判断することになるだろう。意図というものが全く関与しない夢は、われわれの精神の姿をとり、またとどめているのである。われわれの無反省で桁はずれの願望ほど、われわれの魂の奥底から直接に、しかも真摯にほとばしり出るものはないのだ。われらの幻想こそ、われら自身に最も似たものなのだ(31)。」

しかし、類似が余りにもはっきりしているからといって、アナクロニズムの誤謬を犯してはならない。プラトンやヴィクトル・ユゴーにフロイト的要素が見られるからといって、あるいはまたシュライアーマッヒャーにユング的な要素を予感することが出来るからといって、それを科学的な先取りであると見なすわけにはいかない。そうした数々の直観の機能の仕方や根拠は、自分をまだそれとははっきりと認識していない精神分析が、そうした数々の直観の働きを説明し、またその根拠をつくっていると考えられるべきではないのである。内面性における魂の発現としての夢というこのテーマの起源に、ひとはむしろ、「目覚めた人間は認識の世界に生きているが、眠る者は自分自身の世界へと向かっている」というヘラクレイトスの原則を見出すのである。『夢と実存』の他に、ビンスワンガーは何度もこの原則に立ち戻って、その根源的な広がりを測定し、その人間学的な意義を明らかにしようとしている[32]。この文句は直接には陳腐な意味を示しているように見える。つまり、イマージュの内なる開花の中に閉じ込もって夢を見ている者には知覚の道は閉ざされている、という意味だ。そのように理解されれば、ヘラクレイトスのこのアフォリズムは、さきほど明らかにされた夢の経験の超越性というテーマと完璧に矛盾することになるであろう。そのアフォリズムは夢のイマージュ群における感覚的豊かさに関わる全ての事物、あの温かみを帯びた充実性、ランダーマンに「われわれが五感に身を任せるとき、その時こそわれわれは夢の中にとらえられているのだ[33]」と言わせた、感覚的色彩における夢の充実性の全てを無視しているということになるであろう。夢見る者の「*ἴδιος κόσμος*（固有な世界)」を構成しているのは、知覚しうる諸内容の不在ではなく、それら諸内容をひとつの孤立した宇宙へと作り上げることによってなのである。夢の世界が固有の世界であるのは、主観的経験がそこでは客観性の規範を寄せつけないという意味ではなく、その世界が私に、私固有の孤独を同時に告げつつ私に属するという、世界の原初的様態において構成される、という意味においてなのである。

夢に対して、内在と超越、主観性と客観性、といった古典的な二分法を適用することは出来ない。われわれがこれまでに問題にした夢の世界の超越性は、客観性の用法で定義することは出来ないし、その超越性をそれが持つ主観性の名において、内在性の神秘化された一形式に還元することもまた無駄であろう。実存が自らの還元不可能な孤独の中で、自己の歴史の場として構成される一つの世界に向けて自己を投企する原初的運動をこそ、夢はその超越性において、またその超越性によって開示するのである。世界はその中で自己を投企する実存を指さすと同時に、実存の経験に対しては客観性の形式にしたがって現れる。世界の持つこの両義性を、夢はその本源において開示するのである。覚醒した意識を幻惑するあの客観性と断絶し、人間主体にそのラディカルな自由を取り戻させることにより、夢は逆説的に世界に向かう自由の運動、そこから始まって自由が世界となる根源的な始まりの地点を開示するのである。夢の宇宙の創生が表しているのは、実存そのものの起源なのである。ヘラクレイトスが有名な「*ἴδιος κόσμος*(固有な宇宙)」という言葉で指していたのは、おそらくこの根源的な孤独と責任の運動なのである。

このヘラクレイトスのテーマは、全文学、全哲学を貫いている。それはわれわれが先に引用したような、一見精神分析に非常に近いように見える様々なテクストに再び浮上して来ている。しかし、あの〈精神〉の深みであるとか、夢において出現するとされるあの「魂の深淵」といったものがじっさいに指しているのは、リビドー的本能の生物学的なシステムではなく、自由のあの根源的な運動、実存の運動それ自体の中での世界の誕生なのである。他の誰よりもノヴァーリスはこのテーマの近くに立っていた。そして、彼は絶えずそのテーマを神話的表現の中にとらえようと試みたのである。ノヴァーリスは夢の世界の中に、その世界を支えている実存が指示されていることを見てとっている。「われわれは全世界をへめぐる旅を夢見るが、この世界の全てはわれわれの中にこそあるのではないか。永遠性が、その様々な世界と過去及び思い出とともに住まうのは、自己の内にであって、どこか他の場所にではないのだ。外部の世界は影の世界であって、光の帝国にその影を投げかけるだけである。(34)」だが夢の時《モーメント》は、主観性へのアイロニカルな還元の曖昧な瞬間にとどまるわけではない。ノヴァーリスはヘルダーから、夢が世界創生の根源的な時《モーメント》であるという考えを継承している。夢は詩の最初のイマージュであり、詩は言語の原初的な形式、「人間の母語(35)」であるのだ。かくて、夢は生成と客観性の本源に位置するのである。ノヴァーリスはさらに言う。「自然は、無限の動物、無限の植物、無限の鉱物である。そしてこれら自然の三つの領域は、自然の夢の三つの像《イマージュ》である。[36]」

この限りにおいて、夢の経験はその倫理的内容と切り離すことが出来ないのである。それは夢の経験が、秘められた性癖や明かしえぬ欲望を露わにし、本能の群れを舞い上がらせるからでも、あるいはまたカントの神のように「腎臓や心臓を探る（本能や感情をみてとる）」力を持つからでもない。そうではなく、夢の経験が自由の運動をその本来的な意味において回復させ、自由がどのようにして基礎付けられるのか、あるいは疎外されるものなのか、どのようにしてその自由が世界の中でのラディカルな責任性として構成されるものなのか、あるいはその自由が忘却され、因果律への頽落のままにゆだねられるものなのかを、明らかにするからなのである。夢は倫理的内容の絶対的開示、赤裸の心なのである。プラトンが『国家』の第九の書において指していたのはこうした意味作用であり、前フロイト的なスタイルにおいて語られた、本能の秘められた顕現のことではないのである。事実、賢者は粗暴な男と同じ夢を見ることはない。粗暴な男とは、「暴君的な」男、すなわち彼の欲望の専制に従うことにより、誰であれトラキマコスのような政治的圧制にたやすく与する傾向を持つような男である。そうした欲望の男は破廉恥な夢、狂気の夢を見るのである。「健全な肉体をもち節制を守る男が、彼の魂の分別的な要素を呼び醒まして眠りについたときには、そしてその男が休息し、より良き原則に混乱をもたらさぬために、情欲をよびおこす要素を餓えさせたり過度に満たすことも避けるときには、また、その男が同様に怒りの要素をしずめ、誰かに対する憤怒で肉体を動揺させたりせず眠りにつくときには、つまり、それら魂の二つの要素を落ち着かせ、叡智が住まう第三の要素を促すとき、そして彼が休息するとき、そのときこそ、お前も知るとおりその男はどのときにもまして最もよく真理と触れ合うのだ。そして、彼の夢のもたらすヴィジョンは、錯乱していることなど全くないのだ[37]。」(『国家』IX, 572 a)

文化の歴史は、この夢の倫理的価値というテーマを丁寧に保存してきた。多くの場合夢がもつ前兆としての効能は、この倫理的価値に比べれば二次的なものにすぎない。夢が夢見る者の将来に関して告げる予言は、夢見る者の諸々の自己拘束すなわち彼の自由を縛っている諸々の拘束について夢が明かすことから、たんに派生的に導き出されるにすぎない。イエザベルは、アタリアの夢に迫り来る不幸を予言しに来るのではない。「ユダヤの民の過酷な神は、お前を打ちひしぐ」〔ラシーヌ『アタリー』、第二幕五場〕ことが彼女に口早に告げられるがイエザベルは、アタリアに夢の中で自分が犯した諸々の罪によって縛られ、正義を回復する復讐に救いようもなく任ねられた彼女の自由を示して見せつけるだけなのである。二種類の夢が特に有意味なものとみなされている。そのひとつは頑なに心を閉ざした罪人の見る夢で、彼は絶望の中にくずおれそうになった瞬間に眼前に救いの道が開かれるのを見るのである(しばしばこの種の夢は、より分別を失っていずにその意味を把握しやすい位置にいる別の人物に転移されている。たとえば、夢の中に自分の息子が神に召されたことを読み取ることが出来た聖セシルの有名な夢の場合がそれである)。もうひとつは殺人者の夢であって、殺人者は夢の中で彼自身が与えた死と出会うと同時に、彼を待ち受けている死にも出会い、血の盟約でもって自ら死へと結びつけた実存の恐怖を発見するのである。悔恨の反復のうちに過去を現在に結びつけ、それら両者ともを運命の統一のなかで結びつけてしまうこうした夢こそ、マクベスの夜々を満たしている夢なのである。古典悲劇に非常にしばしば見受けられるのも、そうした夢である。

蒼白き体、硬くなった体、冷え冷えした一塊の白骨よ、
私の満ち足りた安らぎをかき乱し、
恐怖をいっぱいに満たした物、恐るべき姿、
ありとあらゆる恐怖の混合物よ、
ああ、私に近づくな。[38]

そして、シラノは『アグリッピーヌの死』の中で書いている。

私が喪に服すのは
空しき棺の響きがうめくのを耳にするから、

悲嘆にくれた影が、語りかけようとする姿が、
その震える手で私の服にしがみつき、
私は寝台の枕もとで、夜の恐怖の中に描かれた亡霊の
そのすすり泣きを聞くばかり。[39]

夢が最も深い人間的意味作用をもたらすものだとすれば、それは夢がそうした意味作用の隠れたメカニズムを明かしたり、その非人間的な仕組みを示して見せるからではない。まったく反対に、それは夢が人間の最も根源的な自由を明るみに出すからなのである。そして、倦むことなき反復によって夢が運命を語るとすれば、それは自ら自分自身を破滅させた自由、消すことの出来ない過去、自分自身の運動によって決定する規定性の中に頽落してしまった実存を、夢が嘆いて泣いているということなのである。どのようにしてビンスワンガーが、文学表現にはつねに現れ続けて来たこのテーマを賦活させているのか、いかに悲劇詩人の教えを継承しつつ、彼が夢の軌跡を通して人間的自由の全オデュッセイアを再現してみせているかをわれわれはのちに見てみることにしよう。

＊

ヘラクレイトスの「ἴδιος κόσμος（固有な宇宙）」に与えるべき意味とは、以上に見た通

りである。夢の世界は空想の内なる庭ではない。夢見る者がそこで自分自身の世界に出会うとすれば、それは彼がそこで自分の運命の顔だちを認めることが出来るからなのである。彼はそこで自己の実存の根源的な運動と、成就された、あるいは疎外された自らの自由を見出すのである。だがそうであれば、夢は実存の暗号がそこに読み取れるような、ひとつの矛盾を映しているのではないだろうか。夢は超越的世界の内容を指すと同時に、自由の根源的な運動を指しているのではなかったか。夢は、先程見たように、その不透明な内容と、解読され得ぬ必然性の諸形式とを隠し持つ世界において繰り拡げられる。だが同時に夢は、自由な創成、自己の成就、個人の中における最も個的なものの出現でもある。この矛盾は、その夢が繰り拡げられ、言説による解釈へと差し出されているときには、夢内容において顕在化する。死の不安がつきまとっているような全ての夢においては、この矛盾はついに夢の窮極の意味として突然立ち現われることさえある。そうした夢においては、死はこの矛盾の最後の時として体験され、死こそがその矛盾を運命に変えるのである。そのように理解すれば、悲業の死、無惨な死、恐怖におののく死、などの一連の死の夢の意味がわかる。それらの夢には、結局のところ、自由の世界との対決が表されているのである。睡眠において意識が眠り込むとすれば、夢においては実存が目を醒ます。眠りは、それが準備し、区切りをつけ、優遇する、生の方へと向かう。もしもそれが、見かけ上はひとつの死であるとしても、それは自ら死にたくはない生の奸智によるのだ。眠りは「死をよそおう」が、それは「死の恐怖」からなのだ。眠りは生の次元に属しているのである。

夢は、こうした眠りとはいかなる共犯関係も持っていない。夢は眠りが生にむかって降りてゆく坂を登り、実存の方へ向かい、そこで白日のもとに死を、自由の運命として見る。夢は、それ自体において、そしてそれが伴う実存のあらゆる意味作用によって、眠りとまどろんでいる生とを殺害するのである。眠りが夢を可能にすると言ってはならない。夢こそは、死の光により眠りを醒まさせることによって、眠りを不可能にするのだから。夢は、マクベスの場合のように眠りを殺害する。「けがれない眠り、われらの憂苦でもつれた糸をもとに編みなおす眠り。眠り、毎日の生のおだやかな死、辛い仕事をいやしてくれる沐浴、病める魂を慰める香薬、われらを守護する自然の掟、生を守護する宴の主たる糧である眠り」[40]、そのような眠りを、夢は殺すのである。

自身の夢の最も奥深いところで人間が出会うもの、それは自分の死である。死は、その最も非本来的な形式においては、生の突然の、そして血まみれの中断にすぎないが、その最も本来的な形式においては、彼の実存の成就である。フロイトが彼の夢解釈において、死の夢の反復に注目したのもおそらくは偶然ではない。それらの夢はじじつ、欲望の充足という生物の原則に対して、ひとつの絶対的な限界を画するものであったからである。フロイトはそれを十二分に感じ取っていたのだが、それらの夢はひとつの弁証法の要請を示していたのである。しかし、それは実際は、夢の内部にまでその葛藤が表れるといわれるような、有機体と無機体との単純な対立のことではなかった。フロイトは、二つの外在的原則の一方を他方に対立させ、その一方のみが死の全機能を担うと考えていた。だが死は、ひとつの対立の片方の項とはまったく異なったものである。死は、自由が、世界内で、そして世界に抗して成就し、かつ運命として自己を否定する、その矛盾そのもののことなのだ。ひとはこの矛盾と葛藤を、夫シーザーの死を告げるキャルパーニアの夢に見出すことが出来る。その夢はディシャスが解釈したように、皇帝の全能と世界を屈伏させる彼の自由を表していると同時に、キャルパーニア自身が解釈したように、シーザーの身にふりかかる危険と迫り来る暗殺を表していたのである。[*13]

ここに透けて見える死は、背後から泥棒のように近づいて来て生を奪い取り、自由を世界の必然性の中に縛りつけてしまうような死である。「私を脅かした事どもは、必ず私を背後から不意に襲ってきた。[41]」

けれども、死は別の顔立ちをもって夢の中に現れることもある。自由と世界の間の矛盾という顔立ちではもはやなく、それら両者の根源的な統一、あるいはそれらの新たな結びつきがそこに読み取れるような顔立ちである。死はそのとき和解の意味を持ち、その死が形象化されている夢は、ひとが持ちうる最も根本的な夢である。夢はもはや生の中断を示すのではなく、実存の成就を表し、まさに今閉じんとする世界の中で、実存が自らの充実性を完成する瞬間を示しているのだからである。そして、だからこそそうした夢は、すべての伝説において智者にもたらされる報いであり、もはや彼の実存の完成は、彼の生の運動をこれ以上必要としないのだという至福の前兆となるのである。死を告知することにより、夢は今や実存が到達した存在の充実性を明かすのである。

第一と同様この第二の形態において、死の夢は、実存がそれ自身について教え得る最も根本的なものとして現れる。不安の死であれ、穏やかな死であれ、この死において夢はその窮極の使命を遂げるのである。したがって、眠りこそが見かけ上の死であるとする自然主義的伝統ほど誤ったものはない。そこにあるのはむしろ夢それ自身の弁証法であって、というのも夢は実存に向かう生の炸裂であり、その光に照らされて、夢は自己の死すべき運命を発見するのだからである。一瞬の間、フロイトの精神分析をたじろがせた死の夢の反復と、それらの夢に伴う不安は、それらの夢の中で、対決され、拒絶され、罰であるなどと冒瀆されたひとつの死、むしろひとつの矛盾を明かしている。だが成就を示す穏やかな夢においても、死はまたそこにあるのである。死は、治癒した病人における復活の新たな顔立ちをとることもあれば、ついに得られた生の平穏としてあることもある。だからいずれの場合にも、死は夢の絶対の意味なのである。

バンコー、ドナルバン、マルコム、目を醒ませ！
死の猿まねにすぎぬその静かな眠りを揺り動かせ！

そして、死自身を眺めに来い。*14

「人間において重みを持つもの、それは夢である」(ベルナノス)

Ⅳ

文学や哲学、そして神秘思想が書きとめているような記述のみに題材をとった、以上の夢の経験を通して見ただけでも、ひとはすでに夢の人間学的な意味付けを読み取ることが出来る。ビンスワンガーが『夢と実存』で、別の角度からまたまったく異なったスタイルの分析によって把握しようと試みたのも、これと同一の意味付けなのである。われわれはこの分析を要約するつもりも、またその註釈を行うつもりもない。ただ、いかなる程度においてそれが想像力の人間学に貢献しうるのかを示してみようとおもうのである。ひとつの夢の人間学的分析は、フロイトの方法が想定させるよりもさらに多くの意味作用の層を明るみに出す。精神分析は夢の宇宙のひとつの次元、すなわち象徴的語彙の次元をのみ探索するのであり、決定的な過去がそれを象徴化する現在へと転換されるのは、その象徴的語彙の次元に沿ってであるとされる。フロイトによってしばしば「多元決定」として定義される象徴の多義性は、確かにこの図式を複雑化するし、またこの図式にその恣意的性格を和らげる豊かさを与えるものではある。しかし象徴的意味作用の複数性という見方は、それぞれお互いに独立した意味作用をまとめあげる概念の新たな軸を浮かび上がらせてはくれない。フロイトはしかし、自らの分析の持つ限界を感じ、その限界を越える必要に気づいていた。しばしばフロイトは、夢のドラマの内部で、夢見る人自身が状況の中に置かれていることを示す様々な徴があるという事実に出会ったのである。あたかも夢は過去の経験の歴史を象徴化し、イマージュの語によって語るということに満足せず、主体の実存全体の回りを一周し、演劇的な形式のもとにその劇的本質を回復させようとしているかのようなのである。それがたとえばドラの第二の夢のケースであり、フロイトは後になって、自分がその夢の全ての意味を把んではいなかったことを認めざるをえなかったのである。(42)その夢は単に、ドラのK氏に対する愛着を語っていたのではなかったし、また彼女の感情の、精神分析家に対する、現在の感情転移を語っていたわけでさえもない。じつは、その夢が、K夫人に対する同性愛的固着のあらゆる徴を通して語っていたのは、男たちの男性性に対する彼女の嫌悪、自分の女性としての性を引き受けることの拒否であり、また、その夢は、まだ輪郭の曖昧な状態においてではあるが、ドラにとっては男たちの濃厚な共犯関係の新たな徴としか見えないこの精神分析に終止符を打つという決心をすでに告げていたのである。彼女の失声症や咳の発作と同様、ドラの夢は単に彼女の生の歴史と関連していたばかりでなく、その生の歴史が、厳密に言えば、その年代記にすぎないようなひとつの実存の在り方と関連するものであったのである。ドラの実存においては、男性の異質な性は、敵意、強制、強姦によって完成する闖入といった徴の下にしか現れない。またその実存はとても身近で並行的な女性の性において実現されることさえもない。だがその実存は、自らの最も深い意味作用を一連の絶縁の身ぶりのなかに記すのであり、そうした行動のひとつであり最も決定的なものが、精神分析を終わらせることになるのである。ひとは、ドラは治ったのだということが出来る。そしてそれは、精神分析治療の中止にもかかわらず治ったというのではなく、まさしく治療を中止するという決定をすることで、それまでの自分の実存が孤独の優柔不断な歩みにすぎなかった、その孤独をドラが完全に引き受けたからこそ治ったと言えるのだ。

その夢の全ての要素は、この決心が実現された絶縁であると同時に、同意された孤独であることを示している。実際ドラは、夢の中で「両親の知らぬ間に外出した」自分を見ていた。彼女は自分の父の死を知る。そのあと彼女は森にいて、そこでひとりの男に出会うが、ついて来られるのを断る。帰宅すると、家政婦から彼女の母と他の人たちが既に墓地にいることを告げられる。彼女は悲しいとはちっとも思わないで寝室に昇ってゆき、そこで分厚い本を読み始める。(43) この孤独の決心が夢の明白な言説の中に表明されていることに、フロイトは気づいていた。それが、はっきりとした言説としては「私はあなたを棄て、たった一人で自分の道を続けます」(44)というものだ、とフロイトは想定していなかっただろうか。精神分析における精神分析家の役割について関心がある者ならば、おそらくこのフロイトの失敗、あるいは少なくとも彼の理解の限界の原因を、この夢の言葉がK氏に対してと同じほど彼にも向けられていたことを見ようとしなかった点に帰すことはまちがいない。だが、それらのことは付随的なことである。われわれにとってフロイトの分析の本当の欠点は、そこに夢の諸々の可能な意味作用のひとつを見たことであり、その夢を数ある意味のひとつとして、夢の多くの意味論的潜勢性のうちのひとつとして、他の数ある夢と意味作用との比較分析をしようとしたことである。こうしたタイプの方法は、夢見る主体のラディカルな客体化を想定するものであり、主体は、数ある人物の役柄のひとつとしての自分の役柄を、彼が象徴的な形姿をとるような舞台の上で演ずるにすぎない。フロイトの意味での夢の主体は、常に矮小化された主体性であり、言うならば代表された主体性、投影され、他者の演技との間の仲介項にとどまり、夢見る者と彼が夢見ていることとの間の何処かに宙吊りにされている主体性にすぎない。その証拠に、フロイトによれば、この演技は他者化する同一化によって実際に他者を代行でき、別の人物が一種の自他錯視症によって夢見る者自身を代表することもできるのである。

しかし、夢の経験の根源的な主体性を実際に担うのは、こうした半‐主体ではない。そうした主体は構成された主体性にすぎず、夢の分析は夢の主体性を構成する契機をこそ明るみに出さねばならないのだ。フロイトの方法が不十分となるのは、ここにおいてである。フロイトの方法が象徴関係によって取り出す一次元的な諸々の意味作用は、この根源的な主体性に関わることが出来ないのである。主体が自分自身の運命をドラマとして生きるような夢のことを語っていたユングは、多分この主体性を見て取っていた。しかし、夢の主体とは何であるのかをひとが最もよく理解することが出来るのは、ビンスワンガーのテクストによってである。そこでは、夢の主体は人物たちのひとりがもちうる意味付けのひとつとして描かれてはいず、夢のあり得べき全ての意味付けの根拠として記述されている。そしてその限りにおいて、その主体は、人格の以前のかたちやアルカイックな段階が再び刷り直されたものではないのである。主体は、実存そのものの、生成と全体性として出現するのである。

以下に紹介するのは、『夢と実存』を書いた時よりも大分前にビンスワンガーが行った夢分析の一例である。[45] それは、怒りの発作と性的抑制を伴う、強度の鬱病の治療を受けている三十三歳の女性の症例である。五歳の時彼女は性的精神外傷を受けた。ひとりの少年が彼女に言い寄ったのである。彼女は最初は興味と好奇心をもって接したが、後には防御と激しい怒りの行動を示すようになった。精神療法全ての時間を通して、彼女は非常に数多くの夢を見た。そして治療の開始から一年を経た時、彼女は次のような夢を見た。彼女は国境を通過しようとしていると、税関吏が彼女の荷物を開けるように言う。「私は持ち物すべての包装を解いて、開けて見せる。その税関吏はそれらのものをいろいろ手に持って調べ、最後になって私は薄葉紙《うすようし》にくるまれた銀のカップを取り出す。すると税関吏は私に『なぜ最後になって一番大切なものを出すのか』と尋ねる。」

この夢が生じた時点で、精神療法はまだ最初の精神的外傷を発見するには至っていない。銀のカップについて医師が患者に連想を行うように言うと、彼女は不快感を覚える。彼女は動揺し、動悸が激しくなり、不安を感じ、そしてついに、祖母がそのような銀製の品を持っていたと述べる。彼女はそれについてそれ以上の説明をすることが出来ない。しかし彼女は、次の日は一日中、彼女に言わせれば「意味のない」不安感を抱き続ける。やがて夜になって、いざ眠りにつこうとした瞬間、精神的外傷となった光景が戻って来る。それは彼女の祖母の家で起こったのだった。彼女は、食物の置いてある部屋に入ってリンゴを一個手にとろうとしていた。そしてそれは彼女にきつく禁止されていたことであった。まさにその時、ひとりの少年が窓を押し開けて室の中に入り彼女に近づいて来た。次の日、彼女がこの光景を医者に物語っている最中に、その室には動かなくなった使い古しのオルガンがあり、その上に銀紙に包まれた銀製のティーポットが置いてあったことを、突然思い出した。「ほら、これが薄葉紙に包まれた銀なのよ、これがそのカップなのよ」と彼女は叫んだのだった。

象徴的レヴェルにおいて、この夢が患者を舞台にのせていることはわかっている。税関の通過は、患者が自分の荷物を開けて見せねばならず、自分が持って歩いているものの全てを見せねばならないという精神分析的状況を意味している。銀のカップは患者を自己史の以前の段階へと連れ戻し、彼女を彼女自身にもはやかろうじて属するにすぎないような、より小さな実存において指し示している。だがこの夢の本質的な点は、それが過去からよみがえらせることにあるというよりは、それが未来について告げていることにあるのである。この夢は、患者がついに分析家に対して、彼女自身もまだよく知らず、それにもかかわらず彼女の現在にとって最も重たい重荷であるその秘密を明かす時の予兆となり、それを予告しているのである。その秘密を、夢は、詳細で精密なイマージュによってその内容にいたるまで示して見せている。夢は解放の時を先取りしているのである。夢は精神外傷的過去の強制的な反復である以上に、歴史の予兆なのである。

しかしそのようなものとしての夢は、過去の歴史の半ば客体化されてしまった主体を、主体として持つわけではない。その主体を構成する契機は、時間を通して自己を作り出すあの実存、未来に向かう運動の中にあるあの実存以外ではあり得ないのである。夢はまさに自己を作り出しつつある未来、自己を解放しつつある自由の最初の契機、自らの生成の総体の中に自分自身を取り戻そうとする一個の実存の、未だ秘められた胎動なのである。

夢が反復という性格を持つとすれば、それはただ反復がまさに未来に向けて自己を開き、自己を自由として構成するひとつの時間性の経験だからにほかならない。反復が本来的なものでありうるのは、この意味においてであって、それが正確であるという意味においてではない。夢におけるある細部の歴史事実的正確さは、その細部がもつ本来性にとって年代記的側面にすぎない。史実的正確さは、象徴体系の水平的な意味作用を結び付けるのをゆるすのに対し、本来性の方は、反復の深い意味作用を明るみに出すことをゆるすのである。前者が逸話的諸状況に関わるのに対し、後者は個人史を構成する運動に、その運動のまさに根源において触れるのである。本来性が明るみに出すのは、諸々の時間的契機を通して姿を現す実存の様態である。

ビンスワンガーが『夢と実存』において示した夢のヘーゲル的弁証法を、このような意味において解釈しようとすることは、ビンスワンガーの思想を歪めることにはならないと私は信じる。彼がそこで分析を行っている夢は、われわれが右に述べた女の患者が見たものである。荒れ狂う海から、死の停止の中で動かなくなった状態へ、そして最後には、歓喜に満ちた自由の状態へと戻される海の三段階の運動は、実存の運動そのものである。すなわち最初は自分自身をしか識らず、その自由は不統一、幻想、そして無秩序にすぎないような主観性へ、カオスへと打ち棄てられ、次にはこの自由を死んだ事物の沈黙の中に服従させ疎外するにいたるまで固定する客観性の中に包囲され、そして最後にはその自由を復活と解放として再び見出すにいたるという、実存の三段階の運動である。客観性の中に自己を失うという苦痛に満ちた運動を一度経験したあとでは、自由は、今や不安、喧騒、

「響きと怒り」ではもはやなく、自らを客観性の運動の中に再認するすべを知っている自由の喜びとなるのだ。だがこの解釈が正しいとすれば、夢の主体とは「私」という人物（現在の場合、海のはてしない岸辺に沿って歩く散歩者）のことではなく、実際は夢の内容の総体としてある夢全体のことであるということになる。夢を見ている女性患者は、確かに不安にかられた夢の中の人物ではある。だが同時に、彼女は海でもあり、死をさそう網を投げる不気味な男であり、そしてとりわけ、最初は喧騒状態にあり、次に静止と死の状態に凝固され、そして結局生の快活な運動へと復帰する、あの世界そのものでもある。夢の主体、あるいは夢の第一人称は、夢それ自身、夢全体なのである。夢の中では、物であれ動物であれ、空虚な空間であれ、幻想を満たす遠く奇妙な物たちであれ、全てが「私」で語るのである。夢、それは穴を穿たれて無人の空間へと変貌したり、カオスの状態へと砕け散ったり、巨大な轟きを発して破裂したり、瀕死の獣と化して死の網の中に捕らえられたりする、実存そのものなのである。夢、それは最初の分裂が訪れんとする黎明にある世界、世界がまだ実存それ自身であり、世界がすでに客観性の宇宙と化してはいない時点の世界なのである。夢見ることは、もうひとつ別の世界の経験をするための、もうひとつのやり方ではない。それは夢見る主体にとって、彼自身の世界の経験をする根源的なやり方であり、そのやり方がかくも根源的であるのは、実存がそこでは世界そのものであるとは自らを告知したりしないからである。夢は、実存がまだ自分自身の世界である窮極の時点に位置し、その彼方に目覚めの曙光が現れるやいなや、すでに実存はもはや自分自身の世界ではなくなってしまうのである。

だからこそ夢の分析は、実存の根本的な意味作用を明らかにするために決定的な重要性をもつのである。それでは、それらの意味作用とは何であろうか。

＊

ひとはそれらの意味作用を、自由の基本的な諸運動とその根源的な方向に見出すのである。夢が実存の意味作用を示すためにかくも重要であるのは、夢がその基本的な座標の中に、実存そのものの軌跡を描き出しているものだからなのである。ひとは夢の時間的な欲動、その固有のリズム、その持続の錯覚や逆説について多くを語ってきた。それに対して、夢の空間に関して語られることはわずかである。

ところが空間性の諸形式は、夢において実存の「意味＝方向《サンス》」そのものを開示するものなのである。シュテファン・ゲオルゲは「空間と現存とはイマージュの中にのみ滞在する」（"Raum und Dasein bleiben nur im Bilde."）と言っていなかったか。その根源的なレヴェルにおける体験では、空間は同時性の幾何学的な構造として与えられてはいない。自然科学が客観的現象の統一[46]をその中で繰り拡げるこのようなタイプの空間は、オスカー・ベッカーが心理学的側面から、またフッサールが歴史的側面[47]からその契機を分析したような、ひとつの生成を通してしか構成されないのである。幾何学的である、あるいはまた地理学的であるというより以前に、空間は最初から一挙にひとつの風景として現れる。[48] 空間は、根源的には色彩を帯びた充実性の距離として、あるいは地平線に消えてゆく遠方の距離として、それを囲い込む距離に包まれ差し出されているのである。あるいはまた空間は、私の手の中でごつごつした手触りのものとして、そこにある物たちの空間であり、私の右にあったり左にあったり、私の背後の暗がりとして、あるいは私の目の前の透明として在るのである。一般的平面という形で全面的に明らかにされている地理学的標定の空間とは逆に、風景は、逆説的にも、地平線が無限に開かれているということによって閉じられている。そしてこの地平線につきまとっているありうべき彼方の全てが、此方の親密さ、習慣に跡づけられた全ての道がもつ親密さを限定しているのである。地平線はそのようにして、家庭の、Heimat（故郷）の、すなわち生まれた土地の、あらゆる情動的な力を集めた状況がもつ絶対性を指し示しているのだ。そして地平線に消えゆくそれらの道の各々は、すでに回帰の道のようなもの、*τὴν ὁδὸν οἴκαδε*（家路）を見出すための親しげな指標の道のようなものなのである。地理学的空間においては、運動は決して移動以外ではあり得ない。前もって決められた軌跡に沿っての、一つの点からもう一つの点への位置の変更なのだ。道はその時、一点から他の点へと行くために必要不可欠な中間項、時間の下限にまで最大限に短縮された中間項にすぎない。体験される空間においては、移動は原初的な空間的性格を保持している。この移動は、横断してしまうのではなく、経めぐるのである。それは停止する瞬間まで、確かな知としてはその出発点をしか知らず、いつでも変化しうる軌跡であり続ける。移動の未来は、平面の地理によって前もって決められてはいない。未来は、それがもつ本来的な歴史性において待たれているのである。そして、出会いが行われるのもまたこの空間においてである。単に一点から他の点への最も短い距離を示す線が相互に交差するのではなく、道は複雑に重なり合い、交錯し、地平線上の同一点へと収斂して向かい、ゲルマント家の方への道のように、最も遠い回り道をたどるときに、突然生まれた家の前へと辿り着いているのだ。夢が繰り拡げられるのは、こうした風景の原初的な空間性においてであって、夢はその主要な情動的な意味作用を再び見出すものなのである。

「空間、それは私の力の徴」。この言葉が、生きられた空間に関して真実であるのは、この空間の諸々の価値がお互いに秩序づけられた配置を持つ限りにおいてである。空間が与える安全、空間が私の力に付与するしっかりした援助、といったものは、近くの空間と遠くの空間との分節に基づいている。遠くの空間とは、それによってひとが〔この場を〕離れ逃れる空間、あるいは、ひとが探検しまた征服しかけている空間である。近くの空間とは、休息と親密さの空間、ひとの手の届くところにある空間である。だが、ある種の経験においては、この関係は混乱したものになっている。そうした場合には、遠くの空間は近くの空間へとのしかかり、それをいたるところで圧倒し、振りほどくことができぬほどの締めつけをおこなうのである。あるときは、遠くは、近くの空間の虚ろな穴の穿たれた現前にゆっくりと入り込み、遠近法を完全に廃して、それと混ざり合ってしまう。緊張病《カタトニー》患者たちの場合がそうである。彼らは「自らの周囲」で起こっている事がらに「立ち会っている」かのごとくに振る舞い、すべてが遠くにあるかのように無関心でありながら、同時にすべてが近くにあるかのように心を配り、視界の地平線上の事物の移動を自分たちの身体の運動と混同したりするのである。またあるときは、遠くの空間は、主体の直接的な圏域に流星のごとく貫入する。ビンスワンガーが報告しているある患者の例[49]は、それを証している。彼は、空間における適当な方向感覚を持ち合わせてはいる。だがベッドに横たわると、部屋の窓のむこうに見える鉄道線路の一部分が、地平線からはずれて部屋の中に闖入し、部屋を横切って自分の頭蓋骨に穴をあけ、杭のように脳に打ち込まれるという思いにとらわれる。これら全ての遠くと近くとの位置転換においては、空間はその安定性を失って、息苦しい脅威、突如の危険を帯び、様々な闖入によって縦横に横切られている。空間は、私の不能力の徴となるのである。光と影との対立は、近くと遠くとの対立とは、常に区別されるとは限らないとはいえ、同じではない。ミンコフスキー[50]氏は、同時に遠くからも近くからも聞こえる幻覚の声が、反響し合い混じり合うような闇の空間を記述している。そうした闇の世界では、空間的な関連付けは隣接の法則というやり方では実現せず、包含あるいは融合という特殊な様式に基づいて成立する。空間はその時、もはや位置区分したり、お互いを分離したりするという役割を持たない。それはもはや諸々の形象と諸々の音の運動にすぎず、それら諸々の形象や音の出現の、潮の満ち干のような運動に従うばかりである。こうした夜の空間性との対比において、ミンコフスキーのように、ひとは主体の前に穿たれる明るい空間、私がそこでは能動性に基づいて、私の運動の全ての潜在的可能性を感じ取り、それぞれの事物はその機能と用法に応じた一定の場所をもつといった平準化され社会化された空間を分析して見せることも出来る。だが、闇の空間に対してさらにラディカルに対立するのは、純粋な明るみの空間である。そのような空間では、空間の全次元が同時に成就され廃絶されるかに見え、すべての事物が一瞬の間の出現物たちの融合の中にではなく、眼差しにあまさずさらし出されたひとつの現前の閃光の中に自分たちの統一を見出すかに見えるのである。

　リュムケ[51]が描き出しているのは、この種の諸経験である。彼の女性患者のひとりは、自分の中に何か巨大な水面の拡がりのように、とても広大で静かなものを感じ、自分自身がその光輝く透明性の中に拡がってゆくように感じるのである。もうひとりの女性患者は証言している。「ある瞬間には、私の見るものの全ては、並外れた大きさを持つに至りました。人々は巨人と化し、あらゆる事物、あらゆる距離は望遠鏡を覗いたときのように私には見えました。眼鏡を通して、もっと多くの広がり、奥行き、明るさが全ての事物の中に開けたかのようでした。」

またビンスワンガー自身が、空間の垂直軸をその実存としての意味作用において分析して見せている。昂揚の主題、喜びの主題、長く厳しい努力の主題、また、そこにおいては影と混ざり合った明るさが絶対の光の中に純化され、運動が瞬間の平穏の中に成し遂げられ憩うような、輝く頂上の主題などである。しかし、高みへと向かう運動は、昂揚において自己を超越する実存の諸々の意味作用のみを含んでいるのではない。それは、人間が自己から離れ、フィンクに従えば、最大の存在者としての、テイオン[52]〔Theion〔神的なもの〕〕へと至るあの自己超越の運動の方向を、単に示しているだけではないのである。垂直軸は地上に住み家を失い、棟梁ソルネス〔イプセン『棟梁ソルネス』〕のごとく、天上で神との対話を再開するために昇ってゆくような、ひとつの実存のヴェクトルでもあり得る。そのとき垂直軸は、桁はずれなものの中への逃避を示しているのであり、その出発点からすでに、自らの失墜の眩暈をはらんでいるのである。「あいつはやりませんよ。自分で建てたほど高くは昇ろうとせず、また昇ることもできない。」しかしそれでも彼は、彼の家を焼き、彼の子供たちを奪い去った者、「彼がその者以外いかなる拠り所も持たない」ことを欲する者によって、天上に召喚されることになる。そして彼が天上に昇るのは、その者の方へであり、その者に向かって彼はついに人間たちの愛へと降りるのだと告げるためにそうするのである。だがそのような高みから再び降りるとなれば、ひとは眩暈におそわれ墜落してしまうほかないのである。

これらの対立の総体が、実存の本質的な諸次元を定義する。夢の原初的な座標を、夢の宇宙創成の神話的空間として形成し、しかもそれを構成するのはそれら実存の本質的諸次元なのである。夢や幻想や妄想の分析においては、ひとはそれらの次元が組み合わさり、相互に象徴化の関係を作り出し、ひとつの宇宙を構成している様子を目の当たりにする。精神分裂症の一症例、エレン・ヴェストの症例[53]を研究することによって、ビンスワンガーはそうした諸々の想像的な大集合を明るみに出したのである。それら想像的諸集合の現象学的な諸々の意味作用は、それらに表現内容を与える具体的で個別の諸々のイマージュに先立つものとして明らかにされたのである。エレン・ヴェストの世界は、お互いにいかなる和解もあり得ぬような二つの宇宙的な力の間に分かたれている。一方は、墓の冷たい暗がりによって象徴される、埋没を意味する地下の世界であり、患者は、肥え太ること、年老いること、自分の家族の下劣で物質的な生活にとらえられてしまうことなどを拒否することによって、この世界を必死で忌避しようとする。そしてもう一方は、軽やかで光に満ち、一瞬のうちに全面的に自由な実存が動きまわることが出来るような世界であり、そこでは実存は生の重さをもはや識らず、瞬間の永遠の中に愛が全体化するような透明性に遊ぶのみであると語られるのである。この女性患者にとって、生はこの遠く気高い光の空間に向かっての飛翔、という形においてのみ可能となったのである。そして、地上はその暗い近さにおいて、迫り来る死を隠し持つのみである。エレン・ヴェストにおいては、現実の運動の堅固な空間、すなわち生成の進行が次第に成就されてゆくような空間、そのような空間は消え去ってしまっている。そうした空間は、それ自身の限界の中に完全に再吸収されてしまい、その空間自体がそれ自身の消去と化してしまっている。その空間は、それ自身がその統一の契機を形づくっていた二つの矛盾の中に、逃れ去ってしまったのである。空間はもはやそれがまだ存在しないかのごとく、と同時にもはや存在していないがごとく、それ自身の彼方において存在するのみである。エレン・ヴェストの実存的空間は、死の欲望という点でも、また第二の生誕の神話という点でも、消し去られた生の空間である。その空間は、それによってエレン・ヴェストが自らの実存の実現に到達せねばならなかった、あの自殺の刻印をすでに宿しているのである。

＊

しかしこうした現象学的なスタイルの分析は、それ自体で事足りるというわけではない。それは仕上げられ、根拠付けられなければならないのである。仕上げられねばならないというのは、上に述べた実存の原初的諸次元に具体的な形象を与える表現行為の解明によってである。根拠付けられねばならないというのは、実存の軌跡の諸方向が構成されるあの運動を解明することによってだ。

われわれは目下のところ、表現の分析に関しては考慮の外におき、それを将来の研究にまつことにしようと思う。ただ簡単に抽出しうる要素のみを指摘しておくことにしよう。

個々の表現行為は、以上に見た原初的諸方向を下地として理解されるべきである。個々の表現行為は、自らの方向を無から（ex nihilo）作り出すのではなく、それらの諸方向が描き出す軌跡の上に位置しているのである。そしてひとは、ひとつの曲線上の諸点から出発するのと同時に、その軌跡から出発して、運動の総体をその全面的な成就において復元してみることが出来るのである。そして、いかなる意味でも心理学的に還元しえない芸術の人間学があり得るのは、この限りにおいてなのだ。じっさい問題となるのは、表現の諸々の構造を無意識的動機付けをめぐる決定論へと還元することではなく、人間の自由が運動する線に沿って、それらの表現の諸構造を復元してみることなのである。近くの空間から遠くの空間へと向かうこの線の上で、われわれは表現の固有の形式に出会うことになるのである。勝利への輝かしい出発の曙光、数々の航海と長大な巡歴、驚くべき数々の発見、都市の攻囲、先々で罠におちてしまう流謫、帰還への固い意志、再び見出された動かず老いた事物を前にした苦々しさ、実存がそうした体験をするその軌跡の線上に、実存のこのオデュッセイアに沿って、「夢と現実との織りなす一大絵巻」の上に、叙事詩的表現は表現行為の根本的な構造として位置付けられるのである。

反対に叙情詩的表現は、実存が演じられるあの光と闇との繰り返される交替においてのみ可能なものである。その本性からして、――また、それが選ぶ題材だとか使用する隠喩といったものを、それら両者ともしばしば有意味な価値を持つものだとはいえ、考慮しないとしても、――叙情詩《リリスム》は季節的なもの、あるいは〈夜‐昼的な（nyct hemeral）〉ものである。叙情詩は、太陽の下で輝くものであると同時に夜の闇の中のものであり、その本質からして薄明的な価値を内包するものである。叙情詩は、距離を越えて行くことはない。叙情詩にとって、旅立つのは常に他者たちである。この追放は回帰することの無いものであり、というのも、叙情詩はすでに自らの故郷において追放されたものだからである。叙情詩は、自らの視線のもとに世界の運動の全てを見出し、不動のままに、世界の全ての方向性を探査することができる。なぜなら、叙情詩は、事物たちのゆれ動く表層のうえで事物たちの変わらぬ真理を語っている影と光の戯れ、あの昼と夜との脈動において、世界の運動と方向性をとらえるからなのである。

最後にいえば、悲劇的表現の軸が位置づけられるのは、実存の垂直軸の上にである。悲劇的運動は、常に上昇と落下に関するものであり、その運動の特権的な印を帯びた点とは、上昇の動きが転落の寸前で停止し、微かに揺れうごく均衡が達成される点である。それ故、悲劇は、時間や空間の中に拡がりをもつことをほとんど必要としない。悲劇は、異邦の土地も、夜々の平穏をも必要としない。悲劇の役割とは、運命の垂直的超越を顕現するものだからである。(54)

悲劇的表現、叙事詩的表現、叙情詩的表現のそれぞれに固有な構造には、したがって、人間学的な基礎が存するのである。表現行為それ自体が何であるかを示すと同時に、その表現行為がどのような人間学的な必然性によって支配され統括されているのかを示すために、そのような分析は行われなければならない。また、そのようにして人は、流謫や冥界降り、山や牢獄などの表現形式を研究することができるであろう。

われわれが考慮すべき唯一の問いに立ち戻ることにしよう。それは、実存の全歴史の人間学的構造といったものを形づくる、それらの実存の本質的方向性はどのように構成されるのか、という問いである。

第一に留意されるべきなのは次のことである。われわれが描き出した三つの極はそれぞれ同じ普遍性、同じ人間学的深さを持つものではない。各々はそれぞれ独立したものであるが、そのうちの少なくとも一つはより根本的で、より根源的なものなのだ。そして、ビンスワンガーは、おそらくこの理由によって、また、かれは様々な表現形式の問題を扱わなかったがゆえにこそ、ほとんど上昇と落下との対立だけを集中的に論じたのである。この垂直の次元の人間学上の特権性は何ゆえに成り立つのだろうか。

その特権性は、第一には、垂直の次元がほとんど剝き出しの状態で時間性の諸構造を明かすことにある。近くと遠くとの水平の対立は、時間性というものを空間的進行の経過推移《クロノロジー》においてしか与えることがない。時間は、そこでは出発点と到達点との間に展開するだけであり、その移行の運動において尽きてしまう。時間が更新されるときにも、それは反復、回帰、そして新たな出発といった形をとるのである。この実存の方向においては、時間はその本質においてノスタルジックなものである。時間は自らの上に閉じようとし、自らの始まりと再びつながりをもつことによって自らを再開しようとする。叙事詩の時間は、循環的であるか反復的なのである。明と暗との対立においてもまた、時間は本来的な時間性ではない。そこで問題とされるのは、振り子運動のリズム的で拍子で区切りをつけられた時間、季節的な時間にすぎず、そういう時間においては、不在は常に回帰の約束、死はつねに再生の証にほかならないのである。

それと正反対に、上昇と落下の運動によって、ひとは時間性をその原初的な意味において捉えることが出来るのである。

エレン・ヴェストの症例をもう一度見てみよう。彼女の実存の全運動は、墓の中への落下の恐怖症的な恐れと、エーテルの中を滑空し純粋な運動の不動性の中に自らの喜びを得ようという、錯乱的な欲望に尽きてしまう。だが、そうした方向付けが指し示しているもの、及び、その方向性がはらんでいる情動的な極は、実存がそれに従って自己を時間化する形式そのものなのである。未来はこの女性患者によって、自らの充実性の開示と死の予期として引き受けられてはいない。死を、彼女はすでにそこにあるもの、老いゆき毎日が新たな重みで重たくしてゆく彼女の身体の中に感じ取るのである。死は彼女にとっては、肉体の現在的な重みにすぎないのであり、彼女の身体の現前と同じひとつのものにすぎないのだ。彼女の病気が続く十三年の間、エレン・ヴェストは自らの肉体にまといついたこの死の間近さを逃れるためにのみ生きた。自分の身体が死の脅威に変えてしまう生を、その身体に与えることを拒否するために、彼女は、食べることを拒否しようとしたのである。身体の現前に、堅固さ、持続性、重みを与えるものはすべて、その身体を含んでいる死の力を増やすことになる。彼女はあらゆる食べ物を拒絶し、また同様に、自己の過去を拒否する。彼女は、過去を本来的な反復の形式において再び生きるのではなく、自分がそうであったところのもの全てを消し去ってしまうような新たな誕生の神話によって、過去を廃棄してしまうのである。だが、迫り来る脅威という形を取るこの死の現前化によって、未来は充実性から解き放たれている。未来はもはや、それによって実存が自らの死を先取りし、自己の孤独と事実性とを同時に引き受けることになるものではなく、逆に、それによって実存が自らを有限な実存として基礎付ける一切のものから身を引き離すことになるものになっているのである。実存が自らを投企する未来は、世界の中にある実存にとっての未来ではない。それは、世界の上にある実存、上空を飛翔する実存、にとっての未来なのである。そこにおいては、実存の充実性が自らを閉じ込めている限界は廃絶され、実存は永遠性の純粋存在に到達するのである。むろんそれは、空疎な、内容のない永遠性である。ヘーゲルが語る主観的な無限が、悪無限であるごとく、それは「悪い永遠性」である。エレン・ヴェストにおけるこの実存の時間化は、非本来性の時間化であったのだ。

じっさい、実存の本来的な形式と非本来的な形式との区別が最もよく行われるのは、こうした実存の垂直の方向性にもとづいてであり、また、時間性の構造によってである。時間性の運動における存在者の自分自身に対するこの超越、そしてまた、想像的なものの垂直軸が指し示すこの超越は、実存自身の諸基盤からの離脱として生きられることもある。その時には、不死とか、死後の生、純粋の愛、意識間の直接的な交感といったあらゆるテーマが結晶化することになる。反対に、この超越は、括弧つきの「超越」として、現在時の危うい頂上からの間近に迫った失墜として生きられることもある。その時には、想像力は破局の幻想世界の中に繰り広げられることになる。宇宙はもはやそれ自身の消滅の瞬間にほかならなくなるのである。それが「世界の終わり」の譫妄《せんもう》経験を構成している契機なのである。時間性がもつ超越の運動はまた、空間の擬似的超越によって覆いかくされたり、隠蔽されているということもある。その時には、垂直軸は全て、実存の水平な軌跡によって吸収されてしまう。未来は空間的遠方性に囲い込まれることになるのである。未来がそのうちにはらんでいる死の脅威に対して、実存は、呪術的な障害によって世界の自由な道を塞ぐような、あらゆる種類の強迫症的な儀式を作り出すことで防御するのである。人はまた、瞬間の不連続性においてのみ生きられ、自己の自己に対するたえざる絶縁によってしか己を告知しないような実存を描き出すことも出来る。ビンスワンガーが「躁病的実存[55]」として描き出したのは、そのようなものである。

こうした本来性と非本来性の相異なる諸構造が示しているのは、実存の歴史性の諸形式である。実存が非本来性の様態で生きられている時には、実存は歴史というような様態で生成することがない。実存は、その譫妄《せんもう》の内なる歴史の中に吸収されてしまうか、あるいはまた実存の持続は全面的に事物の生成の中に解消されてしまうかである。実存は、その本質的な自由が自己を全面的に疎外してしまうような、あの客観的決定論に身を委ね自己放棄してしまうことになるのである。そして一方のケースにおいても、また他方においても、実存は、自分で、また自らの運動によって、あの病気の決定論の中に自己を記入してしまうことになる。その決定論とは、精神医学者がかれの診断の確証をそこに認めるようなものであり、またそれによってかれが病気をひとつの「客観的なプロセス」であり、患者とは、そのプロセスがそれに内在的な決定作用にしたがって展開する惰性的なものである、とみなすことが正しいのだと感じてしまうようなものなのである。精神医学者は、実存それ自身こそが、その歴史性の非本来的形式としてのこうした病気の自然史を構成しているのであって、彼が病気の即自的な現実であるとして描き出すものが、じつは自己自身を時間化するときに自らの歴史性を創設する、あの実存それ自体の運動の一瞬をとらえたスナップショットにすぎないのだ、ということを忘れているのである。

したがって、実存の意味作用のあらゆる次元のうちで、上昇と墜落の次元に絶対的な特権性を与える必要があるのである。なぜなら、実存の時間性、本来性、そして歴史性が読み取られうるのは、唯一この次元においてのみだからである。他の方向性の水準にとどまるならば、ひとは決して実存を、その構成された諸形式においてしか把握することができないのである。ひとは、実存の状況を認め、その構造とその存在様態を定義することは出来るであろう。ひとは、実存の人間存在（Menschsein）の諸様態を研究することになるであろう。だが、自己を作り出しつつある実存を、現存在が自己を限定づけるあの絶対的に本源的な現前の形式においてとらえるためには、垂直の次元をこそ研究する必要があるのである。そのことによって、ひとは人間を人間とし、その人間的世界の内部で分析するという人間学的な考察のレベルを離れ、実存の世界への現前としての存在様態に関わる存在論的な考察へと達することになるのである。人間学から存在論への移行はこのように行われるのであり、その移行がアプリオリな分割にもとづくものではなく、具体的な考察の運動にしたがうものであることがここで確認されることになる。実存それ自体こそが想像力の根本的な方向性において、自らの存在論的な基盤を指し示すのである。(56)

「詩人はかれの夜の命令に従う。」(コクトー)

V

慣れ親しんだ物の見方は、逆転される必要がある。厳密な意味において理解するなら、夢は、アルカイックなイマージュ、幻想《ファンタスム》、あるいは遺伝的神話などをその構成要素として示すのではない。夢はそうした要素を第一の素材とするものではないし、それらの要素自体、夢の究極的な意味作用を成すものでもない。逆に、全ての想像力の行為は、潜在的には夢に帰されるものなのである。夢は、想像力の一様態なのではない。夢こそが想像力の可能性の第一条件なのである。

古典的には、イマージュはつねに現実との参照関係によって定義される。その参照関係は、イマージュを知覚の名残りと考える伝統的な考え方においては、イマージュの起源と実証的な真実をしるすものであるとされる。あるいは、それはまた対象を非現実のものとして定義するサルトルの考える「想像的意識」におけるように、イマージュの本質を否定的に定義するものであることもある。そうした分析の双方において、イマージュはそれ自身のうちに、そしてその本性的必然によって、現実へのほのめかし、あるいは少なくとも知覚内容の蓋然性を保持している、とされる。サルトルはたしかに、極めてあざやかに、その知覚内容が「そこにはない」ことを示して見せた。私は、それが不在なものとして、その内容へと向かうのであり、はじめから非現実のものとしてそれは与えられており、私の視線に対してそれは全面的に開かれており、私の魔術的呪文をやすやすと受け入れ従順に従うものであり続けるのだ、ということをサルトルは示してみせたのである。ピエールのイマージュとは、ピエールの喚起された知覚であるのだが、その知覚は、ピエールが不在なものとして現れる非現実性のうちにおいて実現し、限界づけられ、汲みつくされるものである。「最初に、私が見たいと欲するのはピエールだけである。しかし、私の欲望は、これこれの微笑、これこれの表情の欲望となる。そのようにして、私の欲望は限界づけられるとともにますます募らされる。非現実の対象とはまさしく（…）この欲望の限界づけと昂進にほかならない。かくしてそれは、幻影にすぎず、欲望は想像するという行為において、自己自身を糧に育つのである。」(57)

じっさいは、われわれはイマージュが、サルトルがそう望んでいるように現実そのもの――たとえ否定的で非現実的な様態におけるものであっても――指示であるのかどうかを問わねばならないのである。私は今回、ピエールがこれこれしかじかの知らせを知ったときにするであろうことを想像してみる。たしかに彼の不在は、私の想像力の運動を取り巻き、囲い込んでいる。だがその不在は私が想像する以前にすでにそこにあったのであり、しかもその不在は潜在《インプリシット》的な様式においてでなく、一年以上も前から彼に会っていないという悔恨の痛切な様式において、すでにあったのである。その不在は、今日でもまだ彼が満足したというしるしをとどめている親密な諸々の事物においてまでも、すでに現前していたのである。この不在は私の想像に先立ち、それを色づけている。だがその不在は、想像力の可能性の条件でも、本質的《エイデティック》な指標でもない。もしもつい昨日私がピエールに会い、彼が私のことをいらだたせたり侮辱したりしたというのであれば、私の想像は、今日彼を近すぎるものとし、彼の直接的すぎる現前によって、私をうんざりさせることであろう。一年の不在ののち、ピエールを想像するというのは、非現実性という様態において彼を私に告知することではなく（そのためには想像力は必要ではない。ちょっとした苦々しい思いがあれば十分である）、まず私自身を非現実化すること、私にとってもはやピエールに出会うことの出来ないこの世界から、私自身が不在になることなのである。それは私が「もうひとつ別の世界へ向かって逃避する」ことをも意味しないし、あるいはまた、現実世界の可能性の余地のなかを私がさまようことを意味するのでさえもない。そうではなくて、私は、私の現前する世界の道筋を遡るのである。そのとき、ピエールがそこから除外されているこの必然の輪郭はぼやけ、この世界への現前としての私の現前は消え去ることになる。私は、私の自由の運動が、それが向かうこの世界のなかに未だとらえられていなかった現前の様態を、身にまとおうと試みる。世界が私の実存に構成的に所属していることをすべてがまだ示していた、その様態を身にまとおうとするのである。われわれ二人に関するこのような状況において、今日ピエールがしていることを想像するというのは、ひとつの知覚とか現実とかを喚起するということではない。それはまず、すべてがまだ第一人称で活用されるような世界を再び見出そうと試みることなのである。想像において、部屋にいる彼を私が眺めるとき、私は彼を鍵穴から覗いている自分を想像するのでもなければ、戸外から彼を視つめている自分を想像するのでもない。それはまた、私がそこでは目に視えないものとしてとどまり続ける彼の寝室のなかに、自分を魔術的に送り込むことだというのも完全には正しくない。想像するというのは、小ねずみの神話を実現することでも、ピエールの世界に自らを転位することでもない。想像するとは、彼がそこにいる世界と化すことなのだ。私は彼が読んでいる手紙であり、私は私のうちに彼の注意深く読みすすめる眼差しを受けとめるのである。私は、彼のことをあらゆるところから観察しており、まさにそれゆえに彼を「視る」ことのない彼の部屋の四つの壁となるのである。私は彼の眼差しでもあり、彼の注意でもある。私は彼の不満であり、また彼の驚きでもある。私はたんに彼がすることの絶対的主人であるのではない。私は彼がすることであり、彼がそうあるところのものなのだ。だからこそ、想像力は私がすでに知っていることに何もつけ加えないのである。だが想像力が私に何ももたらさないし何も教えない、というのは正しくない。想像的なものは、内在性と混同されてはならない。想像的なものは、非現実なものとして現れるものの形式的超越に尽きるものでさえもない。想像的なものは超越的である。

それは、もちろんシラージのいう意味での「客観的な」超越ではない。というのも、私がピエールを想像する瞬間、彼は私の命令にしたがうのであり、彼のしぐさのひとつひとつは私の期待に応え、結局は、私が望むなら、彼は私に会いに来さえするのである。想像的なものが超越として告知されるのは、まだ知らないことを何も知ることがないとしても、私はそこに私の運命を「再認」することができるからである。想像においてさえ、あるいは、むしろ、とくに想像においては、私は私自身に従うわけではなく、私は私自身の主人でもない。それは、ただ、私が私自身のとりこになっているという理由によるのである。私が想像するピエールの帰還にあっては、私は彼と顔をつきあわせてそこにいるというわけではないのだ。私は、いたるところに、彼の周囲にも彼の中にも遍在しているのである。私は彼に語りかけるというのではなく、彼に話して聞かせるのである。私は彼とともにいるのではなく、彼に「文句をふっかけてみる(=場面をつくる)」のである。そして、この想像のなかで、私はいたるところに自分を見いだし自分を再認するがゆえに、私は、自分の心の法則を解読し自分の運命を読みとることができるのだ。つまり、私の孤独を必然的に指し示す、これらの感情、この欲望、もっとも簡単なこともダメにしてしまうようなこの執念が何であるのかは、想像のなかで私がその孤独を断ち切ろうとするまさにその瞬間に解読されることになるのだ。想像するとはしたがって、他者に関わる行為、不在を本質的な背景に、ひとつの半-現前として他者を志向するという行為というわけではないのである。想像するとは、むしろ、自己自身を、己の世界の絶対的な意味として自ら志向することであり、自ら世界となり、ついには、自らの運命であるこの世界のなかに錨を降ろす自由の運動として、自らを志向することなのである。したがって、意識は、それが想像することがらを通して、夢の中に開示されるあの起源の運動を志向しているのである。夢見るとは、したがって、想像することの、とりわけ強く活発な一様態であるというのではない。逆に、想像することこそが、夢の時間《モーメント》において自己自身を志向することなのである。それは、夢見ている自らを夢見ることなのである。

死の夢が、夢の究極的な意味を顕現させるように私たちには思えたのと同様に、想像するとはいったい何かということを最も鮮明に示すような、死に結びついた想像の諸形態がおそらく存在している。想像の運動においては、この特定の世界への現前として私が非現実化するのは私自身である。そして、私は、世界を（別な世界ではなく、この特定の世界を）、私の現前に対して差し出された全く新たな世界、私の現前に浸透され私に固有に属する世界として経験するのである。そして、私の実存の宇宙創成に他ならないこの世界を通して、私は自分の自由の全軌跡を再び見出すことができるのであり、その軌跡の両方向に線を引き延ばすことによって、その軌跡を一つの運命の曲線として全体化することができるのである。ピエールの帰還を私が想像するとき、肝心なのは、戸口を入ってくるピエールのイマージュを私が持つということにあるのではない。肝心なのは、私の現前が、夢の遍在性と結びつくようになり、戸口の向こう側とこちら側とに分配され、到着するピエールの諸々の思念のなかに完全に自らを見出すと同時に、彼を待つ私の諸々の思念のなかにも自らを見出し、彼の微笑のなかにも私の歓びのなかにも自らを見出すことによって、夢のなかでのように、自らの成就へ向かってのごとく、この出会いの方へ向かってゆく実存の運動を発見するということにあるのである。想像は停止の方へと向かうのではなく、実存の運動の全体化へと向かうのである。ひとはつねに、決定的なこと、最終的なこと、いまや閉じられたことを、想像するものである。ひとが想像することがらは、解決に属するものであって、課題に属することがらではない。幸福と不幸とは想像的なものの境域に属するものだが、義務と美徳とはそうではない。想像の極めて重要な諸形態が自殺に似ているのはそのような理由によるのである。あるいはむしろ、自殺は想像的な行動の絶対的なものとして現れるのである。もはや私はここやそこに現前しているわけではなく、いたるところに現前しており、それぞれの場所は私にとって透明であり私の絶対的な現前への帰属を指し示しているような世界に、すべての自殺の願望は満たされているのである。自殺は、世界か私かを、あるいはその両者ともを廃棄するひとつのやり方なのではない。そうではなくて、私が世界と化す起源の時を再び見出すやり方、まだ何も世界内の物ではなく、空間がまだ実存の方向付けにすぎず、時間が実存の歴史の運動にすぎない起源の時を再び見出すやり方なのである。(58) 自殺するとは、想像する究極的なやり方なのであって、自殺を廃棄という現実主義的用語で表現しようとすることは、自殺の無理解へと自らを追いやることになる。唯一、想像力の人間学こそが自殺の心理学と倫理とを基礎づけることができるのである。目下のところはただ、夢が想像の創生、絶対的な起源であるように、自殺こそは、想像の究極の神話、想像の「最後の審判」であることに注目するにとどめよう。

したがって、想像的なものを、現実の逆の働き、現実の否定の指標であると定義することはできない。たしかに、想像的なものは、不在を背景に繰り広げられ、想像的なものが穿つ隙間や、あるいは、それが私の願望にむける拒絶において、世界は自らの基礎づけへと送り返されるのである。しかし、現実の起源的な意味が開示されるのは想像的なものを通してなのでもある。したがって、想像的なものはその本性において現実と排除的関係にあるのではない。そして、知覚のただ中において、想像的なものは、現前の最も顕在的な諸形態において働いている密かな隠然とした力を明るみに出すことができるのである。たしかに、ピエールの不在とそれによって私が感じる残念さとは、私の実存がピエールに会いにいく夢を見るように私に働きかける。だが、彼が現前しているときにもまた、この顔を前にして、今日、私は想像する羽目になる。私はすでにピエールを想像において私に与えることができたのだ。私は彼を別の場所にも別様にも想像していなかった、彼がそこにいたまさにそこに、そのとおりの彼として想像していたのだ。そこに私を前に座っているこのピエールが想像的であるというのは、彼の現在性が二重になり、もうひとり別のピエール（私が、仮定し、願望し、予見するような別のピエール）の潜在性を私の方へ渡してよこすという意味ではなく、まさしく、この特権的な瞬間において、彼は、私にとって、彼自身であるという意味においてなのである。彼は、彼の方へと私が向かう人であり、彼と会うことが何らかの成就を約束する相手なのである。彼の友情は、私がすでに描き始める私の実存の軌跡のどこか具体的一点に位置しているのである。友情は私の実存の軌跡の上に、方向が変わろうとする瞬間、方向がおそらく最初の直線性を再び見出しもはやその惰性のうえに進んで行けばいいという瞬間を刻んでいるのである。私がピエールを知覚しているときに彼を想像するとは、したがって、彼の傍らに、年をとったときの彼とか別のところにいるときの彼とかのイマージュを持つことではないのだ。そうではなくて、それは私たちの二つの実存の起源的な運動を把握しなおすことなのである。私たちの二つの実存が、もっと早い時期に相互に交わることによって、今日この部屋で私たちが一緒にいるという現前を決定しているこの現在性の連関よりもより根本的であるような同じ一つの世界を形づくっている、そのような起源の運動を捉え直すことなのである。そのときこそ、私の知覚それ自身も、知覚であり続けながらも、それが実存の方向性自体のなかに座標を見出すという事実からだけでも、想像的なものになるのである。そのとき、私たちの言葉や感情も、私が実際にピエールと交わす対話も、この友情も、すべてが想像的なものであるのだ。そして、だからといって、偽りでも幻想でもあるわけではないのだ。想像的なものは、非現実性の一様態ではなく、現在性の一様態、現前に対して、その原初的な次元を出現させるために、現前を斜めに捉えるやりかたなのである。

バシュラール氏が、知覚の親密性そのものにおいて働いている想像力と、「ひとは形をそれらの変形によって理解するのである」として、ひとが知覚する対象をひとが内観する対象へと転換する密かな作業とを示すとき、彼は全く正しい。客観的な真理の規範を超えて、「非現実性の現実主義が必要になる」(59) のは、まさにこのときなのだ。誰よりもよく、バシュラール氏は想像力の力動的な仕事と、その運動のつねにベクトル化された性格を理解したのである。しかし、私たちは、彼がイマージュにおいて完成させるその運動と、想像力のダイナミズムにおのずから属するイマージュの躍動を示すとき、彼に同調すべきであろうか。

*

それとは逆に、イマージュは想像力とはおなじ横糸から作られてはいないように思われる。じっさい、結晶化された形として構成され、ほとんどつねにその活性力を想い出から借りているイマージュは、私たちが想像力に対しては認めなかったあの現実の代替物、類似物としての役割をたしかに有している。私がピエールの帰還を想像するとき、あるいは私たちの最初の会談がどのようなものになるかを想像するとき、厳密に言って私はイマージュを持ってはいない。私を運んでゆくのは唯一、このありうべき邂逅の意味を帯びた運動、つまり、その邂逅がもつ躍動あるいは苦々しさ、昂揚あるいは落ち込みなのである。しかし、突然に、ピエールが私に「イマージュとして」、あの暗い服装と私がよく知るあのあいまいな微笑とともに現れるとすると、このイマージュは私の想像力の運動を完成させ、私の想像力にまだ欠けていたものを補塡しにやってくるというのだろうか。決してそのようなことはない。というのも、私はそうなると同時に想像することをやめてしまい、そのイマージュは少しは持続したとしても、私を、遅かれ早かれ現在の知覚の方へ、つまり、私を取り囲みピエールの現前を排除しているこれらの白い壁の方へ送り返さずにはいないからである。イマージュは、想像力が極まるときに現れるのではなく、想像力が変質するときに現れるのである。イマージュはピエールの現前を模倣するのであって、想像力はピエールに会いにゆくのである。したがって、イマージュを持つとは、想像することを放棄することなのである。

イマージュはしたがって不純でかりそめのものである。不純であるというのは、イマージュがつねに「あたかも……」という類のものとなるからだ。ある一定の範囲では、イマージュは、実存の方向性自体を回復させる想像力の運動に属している。しかし、イマージュは、それらの方向性を、知覚された空間の諸次元と同一視しようとし、想像力の運動を知覚された対象の可動性と同一視するそぶりをするのである。この部屋のなかでの私のピエールとの出会いを私に提示し、かくかくしかじかの言葉による対話を提示することで、イマージュは、この出会いの意味作用と、かくも不屈な自由とともに私をそこへと運んで行く、私の実存の運動を明るみに出すという、想像力の本当の役割を回避することを私にゆるすのである。だからこそ、イマージュの「あたかも……」は、想像力の真正な自由を欲望の空想へと変形してしまう。イマージュは、知覚を半‐現前によって模倣するのとおなじく、自由を欲望の半‐充足によって模倣するのである。

そして、そのこと自体によって、イマージュはかりそめのものである。イマージュはその矛盾した性格に自ら完全に尽きてしまう。それは、想像力になり代わり、私を構成された世界の起源へと遡らせるあの運動の代わりとなる。と同時に、イマージュは、この構成された世界を知覚の様態のもとに到達点として私に指し示す。反省も知覚も想像力を強化しそれに糧を与えるのに対し、反省も知覚もイマージュを殺すというのは、この理由によるのである。私はこの扉を知覚するとき、その戸口を入ってくるピエールのイマージュをもつことはできない。しかしながら、私がいるこの部屋は、それがすでに帯びている親密さ、私の過去の生と私の投企の全ての痕跡とともに、たえず、その知覚的内容自体によって、ピエールの帰還と私の生活のなかへの彼の再出現が意味するものを私が想像することを助けるのである。半‐現前への固着としてのイマージュは、現前の原初的な意味へと遡行する想像力の眩暈にすぎないのである。イマージュは、これ以上想像しないための意識の奸智にすぎない。それは、想像の厳しい仕事における落胆の瞬間なのである。

詩的表現はその明白な証拠である。じっさい、詩的表現は、それが現実に対する最も多くの代替物を発見し、最も多くの二重化とメタフォールとを創出するところに、自らの最も大きな次元を見出すわけではない。そうではなく、逆に、現前を現前それ自身へと回復させるところ、散り散りになった諸々のアナロジーが集められるところ、メタフォールが、相互に中和されつつ、直接性にその奥行きを回復させるところにこそ、詩的表現は最大の次元を見出すのだ。イマージュの発明者たちは、類似性を発見し、アナロジーを追い求める。想像力は、その真の詩的機能において、同一性について瞑想する。そして、想像力が、イマージュの宇宙を通って行き来するとすれば、それは、想像力がイマージュを促進したり集めたりするからではなく、イマージュを砕き、破壊し、消尽するからなのである。想像力は本質的に偶像破壊者なのだ。メタフォールは、形而上学が自然学《フィジック》〔＝形而下学〕の破壊であるという意味で、イマージュの形而上学である。真の詩人は、イマージュの完成された願望を拒絶する。なぜなら、想像力の自由は、詩人に対して、拒絶の任務として課されるからだ――「〈言葉〉の普遍性の開墾地のなかでの彼の行動において、まっとうで、熱情に溢れ、印象を感受しやすく、大胆な詩人は、詩における自由の奇跡を他人に引き渡すような企てと通ずることを自ら禁じねばならぬ。[60]」詩的想像力の価値は、イマージュの内的な破壊の力において測られるのである。

それとは対極に、病的な幻想や、未分明な幻覚の諸形態は存するのである。そこでは、想像力は全面的にイマージュのなかにかき消されている。主体が、己れの実存の自由な運動が、それを包み停止させる半‐知覚の現前のなかに押しつぶされてしまっているのを見出すとき、幻想《ファンタスム》が生ずるのである。想像力のほんのわずかな努力も、あたかもその直接的な矛盾のなかに落下したかのように、停止しその半‐現前のなかに消し尽くされてしまう。想像的なものの次元は崩れさったのであり、患者には、イマージュを持つ能力しか残されていない。そのとき、イマージュは、偶像破壊者である想像力がイマージュのなかに疎外されてしまった分だけ、強く堅固なものとなる。幻想の理解はしたがって、繰り広げられた想像力として行われるのではなく、廃棄された想像力として行われるのでなければならない。そして、精神療法は、イマージュのなかに囲い込まれた想像的なものの解放へと向かうのでなければならない。

しかしながら、それがわれわれの主要テーマに関わるだけに極めて重要で困難な問題が、われわれにとって、存在する。それは、夢はイマージュのラプソディー（狂詩曲）ではないのかという問題である。イマージュが、変質し、目的から逸脱し、本質において疎外された想像力に他ならないとしたら、夢の想像力に関するわれわれの分析のすべては、その事実自体によって、有効性を奪われることにならないだろうか。

だが、じっさい、ひとびとは、夢の「イマージュ」について語る根拠を持つのであろうか。たしかに、われわれは、われわれの夢について、イマージュを通して、イマージュから出発してからしか、意識をもつことはない。しかし、イマージュ自体が、隙間だらけで、線分化されたものとして出現する――「最初に私は森の中にいた……、そして私は自分の家にいて」、など。また、他方、誰でもが、突然中断された夢は、つねに極めて結晶化されたイマージュにおいて静止するものだということを知っている。

イマージュが夢の横糸を形成するのだという証拠からはほど遠く、これらの事実が示しているのは、ただ、イマージュが夢の想像力へと開かれる眺望であり、覚醒した意識にとってみずからの夢の時間を回復するやり方だということなのである。換言すれば、夢のなかでは、想像力の運動は、世界の起源的な構成が成就する実存の最初の瞬間へと向かうのである。ところが、この構成された世界の内部で、覚醒した意識がその運動を再び捉えようとするとき、覚醒した意識はその運動を知覚の用語で解釈し、ほぼ知覚された空間の諸線を座標としてその運動に与え、イマージュの半‐現前の方へと運動を屈折させるのである。つまり、意識は、想像力の本来的な流れを遡行し、夢自身がそれであるものとは逆の方向へ、夢をイマージュの形式のもとに再現するのである。

結局のところ、フロイトの天才がこのことについては証言している。というのも、フロイトは、夢の意味はイマージュの内容のレヴェルにおいて探されるべきではないということを感じたのだった。他のだれよりもまして、彼は、夢の幻想性《ファンタスマゴリー》は、明かすよりは隠すことのほうが多く、夢は様々な矛盾に満たされた妥協にすぎないことを理解していたのだ。しかし、じっさいは、妥協は、抑圧されたものと検閲との間、本能的な欲動と知覚素材との間に成立しているのではない。妥協は、想像的なものの本来的な運動とイマージュのなかへのその変質との間にこそあるのだ。もしも、夢の意味がつねに覚醒が集めるイマージュの彼方に存在するものだとすれば、それは、覚醒がその意味にまで媒介をへてしか到達することができず、覚醒のイマージュと夢の想像力との間には、構成された世界における半 - 現前と自らを構成しつつある世界への起源的な現前とのあいだの距離と同じほどの距離があるからである。

覚醒した意識がもたらす諸々のイマージュから出発する夢の分析は、まさに、このイマージュから想像力への距離を超えること、あるいは、言うならば、想像的なものの超越論的還元をおこなうことを目的としなければならない。われわれによれば、ビンスワンガーが『夢と実存』において、具体的にやりとげたのは、この手続きなのである。そして、この想像的なものの超越論的還元が、根本的には、夢の人間学的分析から想像力の存在論的分析への移行と同じひとつのものであるということは、肝心なことである。そのようにして、本論の始めにおいて、〈現存在分析（Daseinanalyse)〉の主要な問題であるとわれわれに思われた人間学から存在論へのあの移行が実際に実現したのである。

*

もちろんわれわれは想像力をその運動の全体の曲線において辿ってきたわけではない。われわれはその曲線のうち、想像力を、その起源であり真理であるものとしての夢に結びつける線をあとづけたのみである。われわれは想像力を夢的なものへの遡行、それによって想像力がたえず疎外されてしまう危険のあるイマージュから身を引き離す遡行においてあとづけたのみである。しかし、夢の時間《モーメント》は、想像力が静止する決定的な形態なのではない。たしかに、夢の時間は想像力をその真理のすがたへと回復させ、想像力にその自由の絶対的な意味を再び与える。すべての想像は、本来的であるためには、夢見ることをまなび直さねばならない。そして、「詩的芸術」は、想像力に対して、絶対的な真理として、「夜の打ち砕かれることのない核」を想像力に提供する自由な道を再び開くために、イマージュの幻惑を打ち破ることを教えるのでなければ意味がないのである。しかし、夢の向こう側では、想像力の運動は継続される。その運動はそのとき、真理と自由に対して新しい意味を与える表現の仕事において継続されるのである――「詩人はそのとき、反対物が――それらの点在した喧噪にとんだもろもろの幻影が――一本に成就するのを視ることができ、それらの内在的な系統が一つの人格化となるのを視るのだ。詩と真実とは、周知のように、同義語であるのだから。[61]」

イマージュはこのとき新たに、もはや想像力の放棄としてではなく、逆にその成就として現れる。夢の火によって純化され、イマージュにおいては想像的なものの変質でしかなかったものは灰と化し、しかしその火自体も炎のなかに成就される。イマージュはもはや、それが取って替わる不在の方へ全面的に投影された、何かのイマージュなのではない。イマージュは、それ自身のうちに集められ、ひとつの現前の充溢として与えられているのである。イマージュはもはや何かを指し示すのではなく、誰かへと差し向けられるのである。イマージュは今では、表現の一様態として現れ、もしひとが「文体」という言葉で、想像力の根源的運動が交換の顔立ちをとるときのその運動を理解するとすれば、イマージュは文体においてその意味を持つのである。しかし、ここではすでにわれわれは歴史の境域に身をおいていることになる。表現は言語活動であり、芸術作品であり、倫理である。それらすべては、文体の問題であり、歴史的な諸契機でもある。そして、その諸契機の客観的な生成がこの世界を構成しているのだが、夢はそのうちの根源的な契機と、われわれの実存を導く意味作用とを示してくれるのである。夢が歴史の真理であるというのではない。しかし、夢は、実存において歴史に最も還元され得ないものを出現させることによって、客観的な表現においては、未だその普遍性の契機に到達したことのない一つの自由にとって、実存が持ちうる意味をもっともよく示すのである。だからこそ、夢の首位性は、具体的な人間の人間学的な認識にとって絶対的であるのだ。しかし、この首位性の乗り超えは現実の人間にとって将来の課題である――つまり、倫理的課題にして歴史の必然なのである――「たしかに、この人間、上から下まで、彼がその貪欲で髄にまで滲みこんだ顔立ちを知る悪と対峙する、この人間には、神話的な事象を歴史の事象へと変える力がある。私たちの不安な確信は、その男を誹謗するのではなく、彼を問いただすのでなければならない。私たちは、私たちの幻影の継起的な人格において、現実の諸存在の熱心な殺害者であるのだ……。その同類のもとへの、詩の巨大な約束を携えての逃走はおそらくいつの日か可能となろう。[*15]」

しかし、これらの全ては、私たちの考えでは、想像力の人間学よりもさらに根本的な表現の人間学に関わるものである。それを今日素描するのは私たちの本題ではない。私たちはたんに、夢についてのビンスワンガーのテクストが、想像的なものの人間学的研究に寄与しえたことをあまさず示そうとしただけなのだ。ビンスワンガーが夢において明るみに出したのは、実存の運動が、実存が病的な主観性のなかに自己を疎外する諸々のイマージュと、実存が客観的歴史のなかに自己を成就する表現との間で、決定的な分岐点を見出す根源的な瞬間なのである。想像的なものとは、この中間の地帯、この選択の「境位《エレメント》」なのである。ひとはしたがって、想像力の中心において夢の意味作用に到達することによって、実存の根本的な形態を回復し、実存の自由を顕現させ、実存の幸福と不幸とを指し示すことができるのである。というのも、実存の不幸とはつねに自己疎外〔狂気〕に属し、実存の幸福とは、経験的な次元においては、表現の幸福〔芸術〕に他ならないからだ。

著者註

(1) P・ヘーベルリン、『人間、哲学的人間学』、チューリッヒ、シュヴァイツェル・シュピーゲル社、一九四一年刊、序を参照。

(2) K・シュナイダー、「一九二八年の一般精神病理学」、『神経学、精神医学およびその周辺領域の進歩』、ライプチヒ、G・ティーメ社、一九二九年刊、第一巻、第三号、一二七—一五〇頁を参照。

(3) L・ビンスワンガー、「夢と実存」、「新スイス評論」、第二三巻、九号、一九三〇年九月号、六七三—六八五頁、第一〇号、一九三〇年十月号、七六六—七七九頁。(邦訳、ビンスワンガー『現象学的人間学——講演と論文1』みすず書房刊、及びビンスワンガー/フーコー『夢と実存』みすず書房刊にそれぞれ所収)。

(4) L・ビンスワンガー、「観念逸失について」、「スイス神経学精神医学アルヒーフ」、第二七巻、一九三一年、第二号、二〇二—二一七頁、第二八巻、一九三二年、第一号、一八—二六頁、第二号、一八三—二〇二頁、第二九巻、一九三二年、第一号、一九三頁、第三〇巻、一九三三年、第一号、六八—八五頁。この論考は、現存在分析の流儀でおこなわれた最初の精神病理学研究である。

(5) 『五つの精神分析』(邦訳『フロイト著作集』、人文書院、第九巻、三三〇—三三二頁)。

(6) E・フッサール、『論理学研究』、第二巻、第一研究「表現と意味」、第一章「本質的区別」。

(7) 『論理学研究』、第二巻、第一研究、第一章、第四節「連想による指示の成立に関する付論」(邦訳三九頁)。
(8)『論理学研究』、第四巻「認識の現象学的解明のための諸要素」、第一編「充実化の綜合としての認識とその諸段階」、第一章「意味志向と意味充実化」、四「知覚の表現」(邦訳三一―三二頁)。
(9)『論理学研究』、第二巻、第二章「意味賦与作用の性格について」、第一八節(邦訳七五頁)。
(10) M, III 2, I 18a という分類番号で登録された手稿を参照。(Mの略号はフッサールの自筆稿の分類の写しを指し、IIIは、「刊行のための草稿」、I 18a は、「『論理学研究』第六研究の改稿のための草稿」をさす。)
(11)「『論理学研究』第六研究の改稿のための草稿」。
(12) K・ヤスパース、『哲学』、第二巻「実存的解明」(邦訳、中央公論社、一〇四頁以下)。
(13) K・ヤスパース、『精神病理学総論』(邦訳、岩波書店、上巻三〇四頁以下)。
(14) F・W・フォン・シェリング、『著作集』、第一巻『自然哲学論集』、「宇宙の魂について、高度自然学の仮説(一七九八年)――一般有機体の源泉について」、第四章、第五節、「健全な人間の夢は朝の夢である。」
(15) C・ド・ミルベル、『夢占いが教えている眠りの王子の宮殿、あるいは、夢により未来を占う術』(一六六七年)、第一部、二〇章「最も良い夢がえられる夜の時刻について」。
(16) F・X・フォン・バーダー、『著作集』、第一巻『思弁論理学としての哲学的判断学に関する全著作』(一八五一年)。
(17) B・ド・スピノザ、「フーゴー・ボクセル宛書簡」(邦訳『スピノザ往復書簡集』、岩波文庫、二四一頁)。
(18) B・ド・スピノザ、「ピエール・バーリング宛書簡」(邦訳『スピノザ往復書簡集』、八六頁)。
(19)『エチカ(倫理学)』、第二の書、第三の公理。

(20)『神学‐政治学論考』(邦訳『神学・政治論』、岩波文庫、上巻、六二頁)。
(21)同書(邦訳『神学・政治論』、岩波文庫、上巻、七一―七二頁)。
(22)F・W・フォン・シェリング、『著作集』、前掲書、第四巻。
(23)アリストテレス「夢について」。
(24)F・X・フォン・バーダー、『全集』(一八五二年)、第四巻『哲学的人間学についての論考』。
(25)E・フォン・ハルトマン、『現代心理学、ドイツ心理学の批判史』(一九〇一年)、第三章「無意識」。
(26)『スイス神経学精神医学アルヒーフ』、一九四三―一九四四年。
(27)クィンティリアヌス、『弁論術教程』。
(28)『国家』、第九の書、五七一―c。
(29)A・デュ・ローラン、『視力の保持、メランコリー病、カタル、老いについての論考』(一六一三年)中の第二論「メランコリー病とその治療法について」、第六章「メランコリー病者たちが特別な対象を夢見る理由」。
(30)ノヴァーリス(本名フリードリッヒ・フォン・ハルデンベルク)、『著作集』、第二巻『花粉 第一六節』(邦訳『ノヴァーリス全集』、牧神社、第二巻、一七頁)。
(31)P・ボーヴェ、「ヴィクトル・ユゴーの夢について」(『レ・ミゼラブル』、第三巻、第五の書、第五章)、『芸術精神分析国際年報』、一九二〇年、第六巻「夢判断への寄与」、第一〇節。
(32)L・ビンスワンガー、「ヘラクレイトスの人間理解」、『古典古代の芸術および文化のための古代研究誌』(邦訳『現象学的人間学』、みすず書房、所収)。
(33)『認識することの超越』(一九二三年)。
(34)ノヴァーリス(本名フリードリッヒ・フォン・ハルデンベルク)、『著作集』、第二巻、前掲論文、(邦訳『ノヴァーリス全集』、牧神社、第二巻、一七頁)。

(35) J・G・フォン・ヘルダー、『人類史の哲学のための理念』(一七八四―一七九一年)。
(36) ノヴァーリス(本名フリードリッヒ・フォン・ハルデンベルク)、『著作集』、第三巻「フライベルク自然科学研究時代」、(邦訳『ノヴァーリス全集』、牧神社、第三巻、三五三頁)。
(37) 『国家』、第九の書、五七二-a。
(38) アルノー、『アガメムノン』(一六四二年)、第一幕一場。
(39) シラノ・ド・ベルジュラック、『アグリッピーヌの死』(一六五三年)、第二幕二場。
(40) W・シェイクスピア、『マクベス』、第二幕二場。
(41) W・シェイクスピア、『ジュリアス・シーザー』、第二幕二場。
(42) 『五つの精神分析』、「あるヒステリー症例の断片〔ドラ症例〕」(邦訳『フロイト著作集』、人文書院、第五巻、三五八頁および三六四―三六五頁)。
(43) 前掲書(『フロイト著作集』、人文書院、第五巻、三四三―三四四頁)。
(44) 前掲書(『フロイト著作集』、人文書院、第五巻、三五八頁)。
(45) L・ビンスワンガー、『夢の概念と解釈の変遷。ギリシャから現代まで』、ベルリン、J・シュプリンガー社、一九二八年。
(46) O・ベッカー、「幾何学およびその物理学的応用の現象学的根拠付けへの寄与」『哲学現象学研究年報』、一九二三年、第六巻。
(47) E・フッサール、「志向的歴史的問題としての幾何学の起源についての問い」、『国際哲学誌』、第六巻二号、一九三九年(邦訳『ヨーロッパ諸学の危機と超越的現象学』、中央公論社刊、およびフッサール/デリダ『幾何学の起源』、青土社刊、所収)。
(48) E・シュトラウス、『感覚の意味について――心理学の基礎づけへの寄与』、ベルリン、J・シュプリンガー社、一九三五年。

(49)「精神病理学における空間問題」、一九三三年二月二十四日、『神経学精神医学年報』、一四五号、一九三三年。
(50)「現象学的素描」、『哲学探究』、一九三四―一九三五年、第四巻。
(51)『幸福感の現象学と臨床について』、ベルリン、J・シュプリンガー社、一九二四年。
(52)E・フィンク、『昂揚の本質について』、フライブルク、H・ヒャミヤー社、一九四七年。
(53)L・ビンスワンガー、「エレン・ヴェストの症例」、『精神分裂症』所収、チュービンゲン、B・ネムケ社（邦訳『精神分裂病』、みすず書房、I所収）。
(54)F・ヘーベル、「奇妙な夢」参照――
「私の沸き立つ想像力が、あるひとつの夢の中で頂点に達したのはその夜だった。その夢は余りに奇々怪々で印象的なもので、七度も続けて繰り返して見た。

私は神が天と地との間に縄を張り、私をそこに座らせ、私を揺り動かそうとしているのを感じた。私は上の方へ、次に下の方へと目眩めく高みを翔んでいた。ある時には、私は雲の中にいた。私の髪は風に波うち、私は目を閉じて縄にしがみついていた。別の時には、私は地面のごく近くにまで落下したので、黄砂や白や赤の小石をはっきり見ることが出来たし、それらに足で触れることも出来るかのように思えた。私が降りてしまおうと思ったのはその瞬間だが、うまく成功する前に、私はまたしても空高く舞い上げられるのを感じ、落ちて、地面に叩きつぶされないようにと、縄にしがみつくことしか出来なかった。」（『我が生活の描写』、『著作集』所収）。
(55)「観念逸失について」、前掲論文。
(56)悲劇的表現は、実存の垂直方向に位置付けられるという意味において、他の全ての表現形式に対する絶対的特権性をそれに与える、存在論的な根拠をもっている。それに対し、他の表現形式は、むしろ人間学的な諸変容であるといえる。

(57) J＝P・サルトル、『想像的なもの。想像力の現象学的心理学』、一九四〇年(邦訳『想像力の問題』、人文書院、三七頁)。

(58) ある種の精神分裂症の患者においては、自殺のテーマは第二の誕生の神話に結びついている。

(59) G・バシュラール、『大気と夢。運動の想像力についての試論』、一九四三年(邦訳『空と夢』法政大学出版局、八頁)。

(60) ルネ・シャール、「断固たる分割」XXXIII。

(61) R・シャール、「断固たる分割」XVII。

原書編者註

＊1 E・フッサール、『論理学研究、現象学および認識論の探究』、チュービンゲン、ニーマイヤー社、一九〇〇―一九〇一年刊(邦訳『論理学研究』立松弘孝訳、みすず書房、全四巻)。

＊2 S・フロイト、『夢解釈』、ライプチヒ、フランツ・ドイトゥケ社、一九〇〇年刊(邦訳『夢判断』)。

＊3 「自伝的に記述されたパラノイアの一症例に関する精神分析的考察(シュレーバー控訴院長)」、『五つの精神分析』所収。

＊4 テオフィル・ド・ヴィオー、『ピュラモスとティスベ』(一六二六年)、第四幕、第二場。

＊5 レルミット・デュ・ソリエ、通称トリスタン、『悲劇マリアンヌ』(一六三六年)、第二幕、三場、一四六行および一四九―一五〇行。

＊6 L・フェリエ・ド・ラ・マルティニエール、『アドラスト王』、第四幕、二場。

＊7 I・ド・バンセラード、『アキレスの死と戦い』(一六九七年)、第一幕、一場。

＊8 レルミット・デュ・ソリエ、通称トリスタン、『オスマン』(一六五六年)、第二幕、一場。

＊9 ノヴァーリス(本名フリードリッヒ・フォン・ハルデンベルク)、『ハインリッヒ・フォン・オフタ

ーディンゲン（青い花）』、第二部（邦訳『ノヴァーリス全集』、牧神社、第一巻、三三〇頁）。

＊10　ノヴァーリス（本名フリードリッヒ・フォン・ハルデンベルク）、『著作集』、第四巻『断章』（邦訳『ノヴァーリス全集』、牧神社、第二巻、三七頁）。

＊11　L・ビンスワンガー、「エレン・ヴェストの症例――精神分裂症問題の研究」（邦訳、『精神分裂病』I所収）。

＊12　レルミット・デュ・ソリエ、通称トリスタン、『悲劇マリアンヌ』（一六三六年）、第一幕、二場、三場、六一―六二行および六九―七四行。

＊13　W・シェイクスピア、『ジュリアス・シーザー』、第二幕二場。

＊14　W・シェイクスピア、『マクベス』、第二幕三場。

＊15　R・シャール、「断固たる分割」LV。

2
心理学の歴史　1850―1950

「心理学の歴史――1850-1950」、D・ユイスマンとA・ウェベール共編、『ヨーロッパ哲学史』、第二巻「現代哲学の諸相」、パリ、フィシュバヒェル書店、一九五七年、五九一―六〇六ページ。
«La psychologie de 1850 à 1950», in Huisman (D.) et Weber (A.), *Histoire de la philosophie européenne*, t. II: *Tableau de la philosophie contemporaine*, Paris; Librairie Fischbacher, 1957, 33, rue de Seine, pp. 591-606.
――『思考集成I』No. 2

序

十九世紀の心理学は、自然諸科学と同列に並び、自然現象を支配している法則の延長を人間の中にも見出そうとする配慮を、〈啓蒙（*Aufklärung*）〉から受け継いだのだった。定量的な関係の決定、数学の関数にも似た法則の形成、説明的仮説の導入などによって、心理学は、論理学者たちが自然科学の成立と発達の中に発見したと考えていたようなひとつの方法論を、無理にでも、適用しようと努めたのである。だが、実証的認識を自認した心理学は、次の二つの哲学的公準に基礎を持たざるをえないという運命にあった。すなわち、第一に、人間の真理はその自然的存在に尽きる、ということ、第二には、すべての科学的認識は、定量的関係の決定、仮説の構築、実験による検証という筋道を経なければならない、という公準である。

二十世紀半ばまでの心理学の全歴史は、自らの科学としての企てとそれらの公準とのあいだの様々な矛盾の逆説的な歴史である。自然科学におけるような厳密性と正確性の理想を追求することによって、かえって心理学は自らの公準を放棄する結果となった。心理学は、客観的忠実さへの配慮によって、人間的現実のなかに、自然的な客観性の一分野ではない別のものを見出すことになったのであり、またその別のものを識るためには、自然科学がモデルを提供しうるような方法ではない別の方法を使うことになったのである。だが、心理学にしだいに自らの公準を放棄させることになったそうした厳密な正確さという企てもまた、それらの公準自体が消滅してしまえば意味を失うことになる。人間科学の領域における客観的でほとんど数学的ともいえる正確さという考えは、人間それ自体が自然の次元にもはや属さないという場合には、もはや通用しないからである。心理学はしたがってその一世紀の歴史を通して自ら全面的な革新をやり遂げなければならなかったのである。

人間の新たな地位を発見することによって、心理学は自ら科学として新たなスタイルを取らざるをえなかったのである。

心理学は新たな原理を求めねばならず、また新たな企てを自らに開示せねばならなかったのである。だが、心理学者たちはそうした二重の使命を必ずしもいつも完全に正確に理解して来たわけではないし、またそれらの使命をやり遂げるにはあまりにもしばしば安易な取り組みしか行って来なかった。或る者たちは、新たな企ての必要を理解しながら、方法上の旧い諸原理に捉えられたままであった。行動の分析をせっかく試みながら、そのために自然科学の諸方法を使用した一連の心理学などがその例である。また他の心理学者たちは、方法の革新が分析の新たなテーマの出現を意味することを理解しなかった。古い概念に捉えられたままであった一連の記述心理学がその例である。人間の科学としての心理学のラディカルな革新はしたがって、その推移を過去百年間にわたって描き出すことが出来るような単なる一つの歴史的な事実ではない。それは未だ完全には果たされてはいない一つの使命であり、またただからこそ今日的課題であり続けているのである。

心理学が、教育、精神医学、集団の組織などの実践と新しい関係を築いたのもこの百年間のことである。心理学はそれらの実践の合理的で科学的な根拠として登場したのである。発達心理学はあらゆる教育学の枠組みとして成立したし、精神病理学は精神医療の実践についての考察として現れたのである。他方、心理学はそうした実践が提起する問題、例えば、学校教育の成功や失敗の問題、患者の社会への編入の問題、職業への人間の適応の問題などを、自らの問題として問うてきたのである。実践とのこうした緊密で恒常的な結びつき、相互交流という点では、心理学は自然諸科学と似てはいる。しかし、自然科学は実践の困難、当面の失敗、実験の暫定的な制約によって提起された諸問題にのみ解答を与えようとする。それに対して、心理学は人間実践がそれ自体の矛盾に出会う地点に成立するのである。発達心理学は、発達の停止に関する考察として生まれたし、適応心理学は、不適応の現象の分析として、また記憶心理学、意識心理学、感情心理学は、それぞれ始まりにおいては、忘却、無意識、情緒障害の心理学として出現したのである。現代の心理学はその起源において、異常性、病的なもの、葛藤的なものの分析であり、人間の人間自身に対する矛盾に関する省察であると述べても決して過言ではない。心理学が、正常性、適応性、秩序づけられたものの心理学に姿を変えたとしても、それはあくまで二次的に、それらの矛盾を克服する努力を通してである。

現代心理学の核心的な問題は——心理学にとってそれは死活問題ですらあるのだが——次のようなものである。すなわち、心理学はいかに、そのもう一つの大きな特徴である自然主義的な客観性の概念を放棄することによって、それ自身を産み出した諸矛盾を克服することが出来るか、という問題である。心理学の歴史が自ら進んで応えなければならないのはこの問いである。

自然の先入見

十九世紀末の心理学は、その多様性の下に、一つの共通した特徴、自然科学から客観性の様式を借用し、自然科学の方法のなかに自らの分析の図式を求めるという共通の特徴を持っている。

(1)物理－化学的モデル　連合心理学や要素分析の心理学のすべての共通分母となっているのは、このモデルである。J・S・ミルの『論理学』及び『ジェームズ・ミルの分析論への序』[1]のなかにこのモデルが最も明確に定義されているのをひとは見ることが出来る。精神の現象は、物質の現象と同じく、二つの研究方式を要求する。その第一は、ニュートンの普遍化の原理にしたがって、事実から出発して最も一般的な法則へ至ることをめざすやり方である。第二は、化合物に関する化学分析のように、複合的な現象を単純な要素へと還元するやり方である。心理学の使命は、思考の極めて晦渋な諸現象のなかに、それらを構成している基本的な要素を発見することにあるとされる。心理学は、物質の知覚と認識の根本に、感覚（「物質は諸感覚の恒常的な可能性として定義しうる」）を見出し、また精神、および精神が自分自身に対して持つ認識の根本には、感情を発見するのである。しかし、それらの要素は、お互いの関係および結合において、絶対的に一般的で普遍的な連合の法則に支配されており、心的現象の相異なるタイプは連合の法則の相異なる適用形式に他ならない、とされる。*1

(2)有機体モデル　ここでは心理学の領域はもはやニュートン物理学やラヴォアジエの化学から借用された座標によって定義されはしない。ビシャ、マジャンディ、クロード・ベルナール以来識られるようになった有機体的本性による定義によって人間的現実のより正確な理解が試みられたのである。心理は、有機体組織のように、自然発生性、適応能力、内的調節プロセスによって特徴づけられるのである。ベイン(2)は本能の研究から出発して、またフェヒナー(3)は刺激と感覚効果との関係の分析によって、そしてヴント(4)は神経の固有な活動の問題の追求によって、それぞれ、心的装置は機械ではなく一個の有機的全体として働くのであり、その組織の反応は独自のものであって、反応を引き起こす作用には還元することは出来ない、と主張した。ヴントによれば、精神エネルギーの成長の原理が物質エネルギーの原理に取って替わらねばならない。十九世紀末に、感覚の絶対閾および弁別閾についての実験研究や、反応時間および反射行動に関する研究など、心的装置が有機体に属することを示そうとする心理‐生理的な一連の研究が企てられたのはこの意味においてである。

快と苦痛、傾向、感情、情動、意志といった心的現象の内的調節についての研究を呼び起こしたのも同様な有機体的な発想である。ベインによれば、快感は諸感覚の調和から生まれるのに対し、苦痛は感覚の相互矛盾と葛藤とによって引き起こされる。[5] リボーは、意識現象の下に、活動生活や情動生活を性格づけている内的調節の原理を探ろうとする。快も苦痛もまだ現れない意識下の領域において、「力動的な無意識」が働いているのであり、それが「影で、ばらばらな組合せや適切な組合せ」を作り出す。この「下位‐人格」が、深部で、恐怖、怒り、欲求からなる情動の三大要素の起源を包んでいるのであり、その起源は、有機的生命から直接生まれる防御本能、攻撃本能、食餌本能である。[6]

(3)進化論モデル　『種の起源』は、十九世紀半ばの人間科学の著しい革新のもととなった。ダーウィンの著作は「ニュートン神話」の終焉をもたらし、「ダーウィン神話」がそれに代わった。ダーウィン神話の空想的テーマは心理学者たちの思考の地平から今日においてもまだ完全には消滅していない。『心理学原理』が『生物学原理』と『社会学原理』の中間に位置づけられているスペンサーの『哲学体系』の背景となったのはこの壮大な進化論神話にほかならない。個人の発達は、分化のプロセス――多様性へ向かう水平の拡張運動――と、階層的組織化の運動――統一体のもとへの組織という垂直運動――として描かれる。種は進化を通じてそのように歩んできたし、社会も歴史を通してそのように進化してきた。同様に、個人も心理発生を通じて、「未分化の感覚（feeling）」から「認識の多様な統一」へ進む、とされる。(7)

ジャクソンは神経学について、リボーは病理心理学に関して、スペンサー的テーマを受け継いでいる。ジャクソンは神経組織の進化を三つの原理によって説明する。すなわち、その進化は、単純なものから複雑なものへ、安定から不安定へ、より組織された状態からより未組織な状態へと進む、というのである。このことが翻って意味しているのは、疾患はこの神経系の進化とは逆向きに進行するということであり、最も不安定で成立の新しい組織が最初に病気に冒され、つづいて最も堅固で古い組織へと進んでゆく。また病気は解離をまねく。上位の組織の消滅は下位の組織を露出させ解き放つ分解作用を引き起こすのである。(8) リボーは、ジャクソンによる神経‐精神医学的分析を、人格、感情、意志、記憶といった領域へ応用して、(9) 健忘においては、表層にある新しい記憶が消滅しても古く安定した記憶は残ること、情動生活の障害においては、最も古い感情であるエゴイスティックな感情が再び姿を現すこと、意志が崩壊したときに自動症が、また明晰さの形式が曇らされたときに無意識的な構造が再浮上すること、などを明かした。

心理学における進化論の意義は、おそらく、次の事実を最初に示した点にある。すなわち、心理的事実は、一つの未来と一つの過去との関係においてしか意味を持たないこと。また、心理的事実の現在的内容は、それに一個の歴史を負わせている、それ以前の諸構造の無言の土台の上に成り立つものであること。そしてまた、その内容は、将来に起こりうるかもしれないことがらに対しても開かれた地平を含むものである、ことである。進化論は、心理生活が一つの方向づけを持ったものであることを示したのである。だが心理学が自然の先入見から脱するためには、その方向づけが単なる発達する力ではなく、生まれ出る意味であることが示されなければならなかった。

意味の発見

意味の発見は、十九世紀末に、様々な道筋を通って行われた。しかし、それら相異なる道筋は、ある一つの共通な風景に属しているようであり、同じ方向が描かれているように見える。それは、人間を、自然界のある一つの分野として説明するような、余りに広く余りに一般的な仮説を放棄し、人間現実のより厳密な検討、すなわち、人間の尺度にもっと適合し、人間の固有な性質により忠実で、人間において自然の諸決定から逃れ出ていることの全てにもっと合致した研究へと向かおうとする傾向である。生命体全般と同一視するような共通項のレヴェルで人間をとらえるのではなく、人間を、その固有のレヴェルにおいて、自己を表出する行動、自己を認知する意識、自己を構成してきた歴史においてとらえようとすることである。

ジャネは、⑽たしかに、進化論主義とそれにまつわる自然の先入見に近いところにとどまっているかに見える。単純なもの、自動症的なもの（直接反応への傾向）から、複雑なもの、統合されたもの（社会行動）へいたる「諸傾向の階層秩序」という考えや、それらの傾向の間に分布して活動のもとになる心的エネルギーという概念など、ジャクソンやリボーを思い起こさせる。しかしながら、ジャネは、階層秩序やエネルギー仮説によってではなく、人間の個人の実際の行動を心理学のテーマとすることによって、自然主義的な枠を越えることが出来たのである。「行動（conduite）」という用語によってジャネが理解するのは、その行動を引き起こした状況に照らし合わすことによってその意味と現実とを汲み尽くすことが出来るような外的行動のことではない。それではまだ、反射あるいは反応であり、行動ではない。行動が認められるのは、それが調節を受けた反応である場合、すなわちその進行が刻々と得られてきた結果によって調節を受けるような反応である場合である。その調節は、感情（活動を成功に近づけるために、活動を再開させる努力だとか、活動を区切りそれを勝利感のなかで成就させる喜びだとかの）という形をとってあらわれる内的な調節であることもあるし、あるいは、外的な調節、他人の行動を基準に持つ調節であることもある。後者の場合、行動は、他人の反応に対する反応、他者の行動への適応であり、つねに潜在的な対話として実現する言語活動をその典型例とするような、二重化を要求するものである。疾患とは、欠陥でも退行でもなく、そうした調節の障害、感情の機能変調と考えられる。対話の規則にもはや従い得ず、聞き手のない独り言を続ける神経衰弱患者の言語や、一つの行動を開始したり終了したりすることを許す調節という機能を失って、自分の行動を成し遂げることが出来ない強迫患者の心配などは、そうした障害の例である。

人間的行動における意味作用の発見は、歴史的分析を通しても行われた。ディルタイによれば、「人間は、自己についてあれこれ思いめぐらすことによって、自分が何であるかを学ぶのではない。歴史によってこそ、かれはそれを学ぶ」(11)のである。ところが、まさに、歴史が人間に教えるのは、人間とは自然過程の一つの線分ではなく、一つの精神活動である、ということである。そしてまた、この精神活動の産み出したものは、時間の中に、次々に沈澱して、結晶化した様々な行為やいまや無言となった意味作用を作り出してきた。この根源的な精神活動を再び見出すためには、その活動が産み出してきたものを前に、「心理的全体の発生の見取図を明かすための、精神の所産の分析」によって、それらの産出の意味をよみがえらせ再体験しなければならない。この場合、発生は、機械的プロセスでも、生物的進化のことでもなく、つねに、自己自身が原点であり自己自身が到達点でもあるような精神の運動である。したがって、精神をそれ自身以外のもので説明することは問題にならない。精神の活動の内部に身を置き、精神が創造し、また自己を創り出す運動と一致することによって、精神を了解しなければならない、のである。説明に対置される、この了解というテーマは、現象学に取り上げられ、現象学は、フッサールにしたがって、体験の厳密な記述を学としての哲学全般の企図とした。了解のテーマは、今でも、その有効性を保持しつづけている。現象学は、ディルタイのように精神の形而上学の上にそれを基礎づけたのではなく、全ての体験に内在的な意味の分析の上にそれを打ち立てたのである。また、ヤスパース[12]は、病理現象のなかに、因果的説明が扱うべき器官的プロセスと、精神科医がそれを了解することを仕事とすべき、生きられた意味作用を包摂している人格の反応、発達を区別して、それらの生きられた意味作用を了解することこそ精神科医の務めである、とした。

しかし、精神分析ほど、意味作用に多くの意義を与えた心理学の形式はない。たしかに、フロイト[13]の思考のなかでは、精神分析は、創始期における自然主義的な考え方や、それにまつわる形而上学的あるいは道徳的先入見に、結びついたままである。また、本能論（生あるいは拡張の本能、死と反復の本能）には、人間存在についての生物学的神話の響きがある。さらにまた、疾患を、情動発達の前段階への退行とする考え方には、スペンサー流の古いテーマ、進化論的幻想を見て取ることもできる。フロイトは、進化論的幻想の極めて疑わしい社会学的意味を説いてみせさえする。しかし、精神分析の歴史は、それらの時代逆行的な要素の誤りを自ら正してきた歴史でもある。フロイトの歴史的意義は、彼の諸概念の不純性にこそあるといってもよいのである。心理学の大転換が起こったのは、フロイトの体系のなかにおいてであり、因果的分析が、意味作用の発生論へと変わり、進化が歴史に場所を譲り、文化的環境の分析の要請が自然の援用に取って替わるという事態は、フロイトの省察を通してこそ実現したのである。

(1)フロイトにとって、心理学的分析は、諸々の行動を、意志的なものと無意識的なもの、意図的なものと自動的なもの、正常に秩序づけられた行動と病的で混乱した行動、などに振り分けることから始めてはならない。健全な人の意志的な運動とヒステリー性麻痺との間には、本質的違いはない。あらゆる顕在的な違いを越えて、それら二つの行動はともに一つの意味を持っている。ヒステリー性麻痺はそれが拒絶している活動の意味を持っているのであり、意図的な活動は、それが企図している活動の意味を持っているのである。意味は、全ての行動に、あまねく存在するのである。夢の支離滅裂や、言い間違いの不条理性、言葉遊びの突然の介入、などにみられるように、それがはっきり姿を現さないところにおいてさえ、意味は隠されたかたちで現前している。意味の無いもの（正気を失ったもの：insensé）さえも、意味の狡智にすぎず、意味が自分自身に反対する証言をしつつ姿を現すやり方なのである。意識と無意識は並置される二つの世界というよりは、むしろ同じ一つの意味作用の二つの様態なのである。治療の第一の任務は、夢と症状との解釈によって、この意味の様態を変化させることである。

(2)行動に内在的で、しかし時には意識に対して隠されている、それらの意味作用とはいったい何なのか。それは、個人の歴史が、過去の重要な事件のまわりに、構成し、結晶化させた意味作用のことである。心的外傷とは、情動的意味作用の大変動のことにほかならない（例えば、離乳は、全充足の対象にして源泉である母親を、拒絶する対象、欲求不満の源泉に変える）。新たな意味作用が古い意味作用を乗り越え、それを組み込まないときには、個人は、神経症的な行動の最大特徴である、現在性と非現在性、想像的なものと現実的なもの、愛と憎悪、との両義性のなかで、過去と現在との葛藤に固着したままとどまり続ける。治療の第二のテーマは、したがって、現在の行動の非現在的な内容、および過去の意味作用の再発見だということになる。

(3)最も古い過去に付きまとわれているとはいえ、行動は現在の意味を持たないわけではない。症状は象徴的に過去の心的外傷を再現する。だがそれは、過去が現在を全面的に領してしまうのではなく、現在は過去が再び姿を現そうとすることに対して防衛しようとしている、ということである。現在はつねに自己自身の過去との弁証法のなかにある。現在は、過去を無意識のなかに抑圧し、過去の両義的な意味作用を分割する。また、現在は現実世界の現在性の上に過去の生の幻想を投影し、幻想のテーマを、価値を持つと認知された表現のレヴェルに転位するのである（それが昇華である）。つまり、現在は、一連の防衛の機制を打ち立てるのであり、精神分析療法は、感情転位と除反応によって、過去の意味作用を再活性化しつつ、それらの防衛機制をかいくぐるのである。

(4)だが、この現在の内容とは何であろうか。それは過去が作り出している潜勢性の集合を前にいかなる重みを持つものであろう。現在が、空虚でも、また瞬時のものでもないとすれば、それは、現在が、本来的に社会的な審級、すなわち、一つの集団において、これこれしかじかの行動の様式を、認知あるいは無効とするような規範の総体だからである。現在と過去との弁証法は、満足の個人的な形式と行動の社会的な規範との葛藤、あるいはまた、フロイトの言う「エス」と「超自我」との葛藤を反映する。そして、防衛の機制を備えた「自我」こそ、その葛藤の場所であり、不安が実存の中に闖入する地点なのである。精神分析療法において、治療家の役割とは、まさしく、満足と欲求不満の使い分けを通して、そうした葛藤の強度を減少させ、「エス」と「超自我」の支配を緩め、防衛機制を拡大し柔軟化させることにある。治療家は、葛藤を廃棄するというような神話的な企図を持つのではなく、葛藤がもたらす神経症的な矛盾を正常な緊張へと変えることを目指すのである。

意味の分析を極限にまでおし進めることにより、フロイトは、現代心理学に方向を与えたのである。ジャネやヤスパースよりもさらに遠くまでフロイトが行けたとすれば、それは、彼が意味作用に客観的な地位を与えたからである。彼は、意味作用を、表出的な象徴のレヴェルで、行動の「素材」そのものにおいて、つかもうとした。彼は、意味作用に、一つの現実の歴史という内容、あるいは、むしろ、諸々の体験の連続においてある個人の歴史と、社会が個人に強いる諸構造においてある社会の歴史という二つの現実の歴史の対決という内容を与えたのである。その限りにおいて、主観的なものと客観的なものとの対立、個人と社会との対立は乗り越えられる。意味作用の客観的な研究が可能となったのである。

客観的意味作用の研究

この研究は、ここではその主要な区分を画定することしか出来ない領域に及んでいる。

(1)要素と全体　ワトソンにより創始された行動主義[14]は、行動の適応的意味を行動の客観的表れから出発して研究する。実体験を介在させることなく、また神経構造やそのプロセスの研究さえなく、刺激の分析と反応の分析とを照合対比することによって、行動の単位を見出すことが出来る、というのである。ワトソンの公理は、「あらゆる実効的刺激に対して、反応は実行され、その反応は即時である」というものだ。したがって、全ての行動は、本能、意識、自由などの概念を用いることなく、刺激の布置から出発して説明されるべきである。逆に、全ての刺激に対して、反応が求められる。その場合、反応は、自律神経反応（情動）や無言の喉頭部反応（思考）の場合のように外部に表れない内潜的反応でもありうる。分子行動主義にとっては、分析は可能なかぎり要素的な断片に分解して行わねばならず、モル行動主義にとっては、分析は、全体の有意的分節を追求せねばならない（トールマンにおける「サイン‐ゲシュタルト」の考え）。どちらの場合にも、行動主義の企図は、ボーリングが定義したように「意味（meaning）の科学的心理学」をつくりだすことである。

有意的行動の客観性の領域は何か。また、そのような意味作用の研究は、要素的な形式において行われるべきなのか、あるいは、グローバルな形式において行われなければならないのか。そのような同じ問題を、ひとはゲシュタルト心理学においても見出す。[15]ゲシュタルト理論においては、第二の問題が第一の問題を支配し、その解決を主導している。ウェルトハイマー、ケーラー、コフカは、刺激の構造的特性こそが、〈場〉を分節化する知覚、〈場〉を再構成する知能、〈場〉の輪郭を曇らせる情動、といった反応を、全般的に、動機づけていることを示す。したがって、局所的刺激の即時の作用という仮説は放棄されねばならず、刺激の配置と反応との関係は、自然的客観性も因果的プロセスも前提としない〈場〉を通して定義されなければならない。この「現象の場」は、客観性を、形態のプレグナンツと恒常性によって定義し、因果的プロセスを、主体と環境との間の力の相互作用という考えによって置き換えるのである。行動の力動的な場がこうして心理学の最大の研究対象となったのである。

(2)発達と発生　全体としての構造とその構造に宿る意味作用とは、個人の変遷を通じて発達する。ゲゼル(16)のような心理学者たちによれば、行動における諸構造の出現は、生理的図式の成熟によって実現する。クオのような他の心理学者たちによれば、断片的で習得的な行動が、繰り返し痕跡をつけられ、行動の一般的ステレオタイプとして組織されることによって、それは起こる、とされる(17)。

こうした両極的な解釈の間にあって、ボールドウィン以降の発達心理学は、成熟、習得、必然的発達、状況に結び付いた進歩などを考慮にいれようとする。ピアジェ(18)は、生物学的諸構造および論理的諸構造の双方の必然的発達を最も重視する。彼は、不可逆的で具体的な構造から、可逆的で抽象的な構造へという、前者の生物学的諸構造の発達のなかに、ユークリッド幾何からヴェクトル解析やテンソル解析へと発達した科学の歴史を逆方向に再現するようなプログラムを示そうとする。子供の心理発達は、精神の歴史的発達のちょうど裏返しである、というのである。これに対して、ワロンは、環境を最も重視し、心理的個体性に、所与をではなく結果を、すなわち、情動、共感、感情融合などの求心的運動と、他者経験や自己再認といった遠心的運動との干渉点を見ようとする。思考は、行動にとっての、論理的で既に構成された範型であるのではなく、環境のなかに繰り広げられる行為であり、環境こそが、儀式、象徴、さらに表象を媒介として自らを思考として構成するのである。[19] 心理発達は、全て予め用意された諸構造の展開ではなく、大人の構造の実際の準備過程であって、自然発生的な発達ではなく、積極的な発生の問題なのである。

(3)遂行と能力　これら客観的意味作用の存在によって提起されるもう一つの問題は、それらの意味作用の表れの問題、それらの意味作用が観察の領域にどう表れ出るのか、という問題である。その問題は、遂行、実現、ドイツ語で言う「Leistung（遂行）」の問題と、表現の問題という二つの形をとる。

伝統的心理学は、潜在性の心理学であり、能力は、抽象的な可能性のなかに数えられていた。今日では、現実性のレヴェルそのものにおいて、現実性によって定義された枠組みの中で、行動の諸々の可能性の決定が試みられる。そこから、キャッテルおよびビネによって、被検者間の統計的比較によって結果が評価される規格化された試験、と定義される、検査の原理が生まれた。知恵遅れの子供たちに関して、ビネとシモン[20]は、同年齢の被検者との比較において、個体の「知能水準」を初めて定義しようとした。以後、検査は、発達段階そのものであるかの観を呈するようになる。知能検査の多大な成功は、スピアーマン[21]に、検査の形をとって標準化しうる遂行（成績）をのみ、知能の目安と定義させることになった。知能とは、試験の性格に応じた該当段階において、全ての能力検査において達成された諸々の遂行の一定部分を説明する一般因子である、というのである。それぞれの試験における「一般因子」の重要度の決定は、統計の作成、因子分析の元となった相関計算によって行われる。つづいて、サーストーン、トムソン、ヴァーノン(22)は、多因子分析の方法を実践した。それは、同じように遂行の統計学的分析を用いて、一般因子と並んで、あるいはそれに代わって、多形的因子（言語能力、空間了解、数の能力）を測定しようとするものである。この因子分析の運動全般において、諸々の意味作用の客観性は、その必然性を変質させてしまっている。客観性は、現実的内容を欠いた、統計的関係の脆さによってしか維持も保証もされていない。

(4)表現と性格　以上に対して、表現心理学と性格心理学は、意味作用の内容を、個人的必然性の形式においてとらえようとする。この個人的内容というのは、全ての投影現象に表れるが、とくに、弁別性の低い刺激に対して、想像的な意味を付与する様々な解釈の投影において表れる。ロールシャッハとマレーによる検査（インクプロット、TAT）の原理がそれである。個人的内容は、また、ひとが自分自身に向ける諸々の判断や、自分自身に対して持つイメージなどの、他の表現現象においても表れる（ヘイマンズやウッドワースの質問紙が探ろうとするのはこの領域である）。およそ、調査方法と同数の性格学が存在するといってもよい。しかし、ブロイラーによって描かれた、分裂気質（自己への閉じこもり、自閉症、現実との接触の喪失、などの傾向）と循環気質（活発さ、情緒不安定、外界との絶えざる接触、などの傾向）という大きな対比が影響力を持っていることを記さねばならない。

言葉の世界や想像力の宇宙と同様に、身体自身も表現的価値を有している。クラーゲスによって発展させられたこの考えは、身体の一般構造においても、また、その病的表れにおいても、有効性を認められる。身体組織の形態学的な側面は、クレッチマーとシェルドンとによって、性格の構造と関係づけられた。身体は、「性格の構造と、象徴化においての統一を持っているのであり、そこに、心＝身反応のひとつの一般的スタイルを解読し得る」[23]というのである。身体的な表徴を一つの言語のように読む象徴分析を通して、精神分析は、身体が持つ表現的特性を示し、ある種の器官的徴候群の心因的な原因を明らかにした。アレクサンダー[24]は、その研究をさらにおし進めて、高血圧や消化器官の潰瘍と、それを引き起こすことで自己を表出する神経症的構造との結びつきを示した。

(5)行動と制度　表現されたものであれ、沈黙したものであれ、個人の諸行動の客観的意味作用は、社会的意味作用の客観性と、本質的な関係によって結ばれている。ジャネ、フロイト、ブロンデル[25]らは、この関係を解明しようと試みた。「行動する」ということは、行動に、規範（集団という相のもとに）、および、行動を方向づける主題（意見および態度というかたちで）を与える文化的地平のなかにおいてのみ意味を持ち得る。それら、規範、集団、意見および態度の研究が、社会心理学の三大分野である。

制度の研究は、社会の基礎構造を決定することをめざす。その研究は、個人の発達や、カーディナーが「基本制度」と呼ぶ教育制度に、直接影響を与える経済的諸条件の析出であったり、あるいは、いかに個人が制度に反応するか、いかに個人が経験を編成するか、また、いかに、「第二次制度」[26]と呼ばれる、神話、宗教、伝統的振舞い、法的および社会的規則などに、個人の経験の主要テーマが投影されるか、を明らかにする研究であったりする。カーディナーによって厳密に定義されたこうした問題群は、明確さの差こそあれ、「原始」社会を研究するにせよ（サモアのM・ミード、ニューメキシコのR・ベネディクト、マダガスカルのリントン）、あるいはプレインヴィルのリントンのようにより発達した文化期を調査するにせよ、全ての人類学研究に共通している。

集団の問題は、共存している個人間の相互作用と、個々の成員によって生きられている集団内部における固有な状況の経験、の双方に関連している。モレノは、集団内部の性格布置において、成員相互を結束させたり対立させたりする肯定的価と否定的価を決定する集団分析の方法を考察した。彼はまた、「社会劇」の名のもとに、集団療法を試みた。それは、個人の精神分析の場合のように、潜在的な情動テーマ、葛藤、アンビヴァレンツなどの暴露と活性化を可能にし、成員間の相互再適応や集団の情動的再構造化を許す、とされる。[27]

意見と態度の分析は、個人の情緒的行動や、知覚、判断、記憶といった知的操作のコンテキストを成す集団現象を研究する。そうした研究は、構造的である以前に定量的であり、統計的データの作成に基づいている。人口の総体を代表し得る集団に対して行われる調査によって意見の拡がりを測定したり、また特定の成員たちが作る集団が、個々の意見に対して表明する親近感の比較に基づいて、一定の態度が有している力を測定するのである。それらの意見や態度の集団的性格は、まえもって用意された態度として、つねに同じ反応を引き起こす一般的で結晶化した意見としての〈ステレオタイプ〉の概念を明らかにする。[28]

客観的意味作用の根拠

以上に見た客観的意味作用の分析の全ては、全体か要素か、知的発生か生物的進化か、実際の遂行か恒常的で潜在的な能力か、一時的で表現的な現れか潜在的性格の恒常性か、社会的制度か個人的行動か、といった、対立の二項の間に位置づけられる。それら二項を隔てる距離こそが、心理学に固有な次元を作り出している、とも言えるのである。しかし、心理学は、それらの対立を越えることが出来るのだろうか。それとも、心理学は、それらの対立を、両義性の、経験的、具体的、客観的な形式として叙述し、この両義性こそ、人間の宿命の印であるとして満足すべきなのか。それらの限界を前に、心理学は、客観的科学として自己を清算し、その有効性に疑問を投げかけるような哲学的反省に踏み込むようなことを回避すべきなのか。あるいはむしろ、心理学は、この矛盾を廃棄はせぬにせよ、少なくともそれを説明することを許すような根拠を自らに明かすことをめざすべきなのか。

心理学の最近の試みは、この後者の方向へと向かっている。考え方の多様性にも拘わらず、それらの努力の歴史的意義は、次のように要約することが出来る。すなわち、心理学は、もはや、自己の可能性を、自己の存在によって証明するのではなく、自己の本質から出発して、自己の可能性を根拠づけようとするのであり、矛盾を廃棄したり、また緩和しようとさえもせず、自己をとらえている矛盾に正当な理由を見出そうとするのである。

サイバネティクスは、そうした企図からは遠いように見える。サイバネティクスの実証的性格は、あらゆる思弁からそれを遠ざけてしまい、サイバネティクスは人間の行動を研究対象とするとしても、それは、そこに、フィードバック回路の神経学的事実、自己‐調節の物理学的現象、情報の統計理論を見出すのみである[29]。だが、人間の反応に脳‐メカニズムのプロセスそのものを発見することによって、サイバネティクスは古典的な決定論に後戻りすることはない。統計的評価の形式的構造の下に、サイバネティクスは、心理現象の諸々の両義性の余地を残しており、また、それらの心理現象に関する認識のつねに近似的で曖昧な形式を、固有の観点から、正当化しているからである。

まったく違った方向で、心理学の乗り越えは、人間存在をその根本構造において分析しようとする人間学の方へ向かって試みられている。人間を世界の中にある実存として理解し、個々の人間を実存に固有な様式によって特徴づけること、L・ビンスワンガーとH・クンツにとって、それは、心理学の彼方において、心理学にその可能性を与えている根拠、その両義性を理解させる根拠、に到達しようとすることである。心理学は、人間存在が世界の中に与えられる様式の経験的な分析と見なされる。心理学は、人間の現実が、自己を時間化し、空間化し、ついに世界を投企する様式の解明である実存分析の上に根拠づけられねばならない。心理学の諸矛盾、心理学が叙述する諸々の意味作用の両義性は、その存在理由、必然性と同時に偶発性を、心理学的因果関係を十全に逃れている一つの実存の根本的自由のなかに見出すのである。(30)

しかし根本的な問いかけが残っている。われわれは、冒頭で、「科学的」心理学は、人間が自身の実践において出会う諸矛盾から生まれたということを、示しておいた。また、他方で、この「科学」の発達は、創始期において心理学を自然諸科学と同列に扱っていた「実証主義」を次第に放棄していった歴史であることも示しておいた。この「実証主義」の放棄と、客観的意味作用の新たな分析は、心理学を動機づけてきた諸矛盾を解消しえたのだろうか。そうは思われない。なぜなら、心理学の今日的諸形式においてもなお、ひとは、人間存在と同じほどの広がりを持つ両義性という相の下に、それらの矛盾を再び見出すからである。統計学的因果関係の決定へと向かう努力も、実存についての人間学的省察も真にそれを乗り越えることはできないのである。それらの試みに、せいぜい、矛盾を回避し、結局、場所を移し姿を変えたかたちで再び矛盾を見出すことしかできない。だとすれば、心理学の未来は、その経験こそがまさしく心理学を生み出した諸矛盾を真摯に研究することにあるのではないのか。そのとき、心理学が可能だとすれば、それは、人間の存在条件の分析と、人間における最も人間的なもの、すなわち人間の歴史、の再検討によるほかないであろう。

著者註

(1) J・S・ミル、『演繹的および帰納的論理学体系』、一八五一年、および『ジェームズ・ミルの分析論への序』、一八六六年。
(2) A・ベイン、『感覚と知能』、一八六四年。
(3) T・G・フェヒナー、『精神物理学について』、一八七七年。
(4) W・ヴント、『生理学的心理学要綱』、一八七四年。
(5) A・ベイン、『情緒と意志』、一八五九年。
(6) T・リボー、『感情の心理学』、一八九七年。

(7) H・スペンサー、『心理学原理』、一八五五年。
(8) J・H・ジャクソン、『神経系の進化および破壊についてのクローニアン・レクチャー』、一八八四年。
(9) T・リボー、『記憶の病』、一八七八年、『意志の病』、一八八三年。
(10) P・ジャネ、『強迫と神経衰弱』、一九〇三年、『神経症』、一九〇九年、『不安から恍惚へ。信念と感情に関する研究』、一九二六年、『知性の始まり』、一九三五年。
(11) W・ディルタイ、『記述および分析心理学の理念』、一八九四年、『全集』、一九二四年刊、第五巻『精神世界。生の哲学への序論』所収。
(12) K・ヤスパース、『精神病理学総論』、一九一三年。
(13) S・フロイト、『夢判断』、一九〇〇年、『性欲三論』、一九〇五年、『ヒステリー分析の断片〔ドラの症例〕』、一九〇五年、『トーテムとタブー。精神分析による原始人と神経症者の解釈』、一九一三年、『精神分析入門』、一九一六―一九一七年、『快感原則の彼岸』、一九二〇年、『自我とエス』、一九二三年、『精神分析新講』、一九三三年。
(14) J・B・ワトソン、『行動。比較心理学序論』、一九一四年、E・C・トールマン、『動物および人間における目的行動』、一九三二年。
(15) W・ケーラー、『ゲシュタルト心理学。現代心理学における新概念への導入』、一九二九年、K・コフカ、『ゲシュタルト心理学の原理』、一九三五年、K・レウィン、『位相心理学の原理』、一九三五年。
(16) A・ゲゼルとF・イルグ、『人生の最初の五年。就学前の児童の研究の手引き』、一九四〇年、『五歳から十歳までの児童』、一九四六年、A・ゲゼルとC・アマトルーダ、『行動の発生学――人間精神の始まり』、一九四五年。
(17) Z-Y・クオ、『行動の基本原理』、一九四一年。

(18) J・ピアジェ、『児童の世界観』、一九二六年、『知能の心理学』、一九四七年。
(19) H・ワロン、『児童性格の起源――人格感情の前奏』、一九三四年、『行為から思考へ』、一九四二年。
(20) A・ビネとT・シモン、「異常児の診断のための新方法」、『心理学年鑑』、一九〇五年。
(21) C・E・スピアーマン、『人間の能力。その性質と測定』、一九二七年。
(22) L・サーストーン、『心のヴェクトル』、一九三五年、G・トムソン、『人間能力の因子分析』、一九三九年。
(23) W・シェルドン、S・スティーヴンス協力、『気質の種類。構成差異の心理学』、一九四二年。
(24) F・アレクサンダー、『心身機械、その原理と応用』、一九五〇年。
(25) C・ブロンデル、『集団心理学序説』、一九二七年。
(26) A・カーディナー、R・リントン、C・デュ・ボス、J・ウェスト、『社会の心理学的諸境界』、一九四五年。
(27) J・L・モレノ、『だれが生き残るのか。社会測定の基礎付け』、一九五四年。
(28) H・カントリル、『世論を測る』、一九四七年。G・W・オールポートとL・ポツマン、『噂の心理学』、一九四七年、J・ストーツェル、『オピニオンの理論』、一九四三年。
(29) N・ウィナー、『サイバネティクス、あるいは動物および機械における制御とコミュニケーション』、一九四八年。
(30) L・ビンスワンガー、『人間存在の根本形式と認識』、一九四二年。

原書編者註

＊1 この文は未完成。

3
科学研究と心理学

「科学研究と心理学」、E・モレール編『フランスの研究者は問う、……フランスにおける科学研究の方向と組織』、トゥールーズ、プリヴァ書店、「新研究」叢書、第十三編、一九五七年刊行、一七三―二〇一ページ。
«La recherche scientifique et la psychologie», *in* Morère (É.), éd., *Des chercheurs français s'interrogent. Orientation et organisation du travail scientifique en France*, Toulouse, Privat, coll. «Nouvelle Recherche», n° 13, 1957, pp. 173-201.
――『思考集成I』No. 3

人間の記述を企てる多様な心理学は混乱した試行錯誤の印象を与えている。心理学は、生物学的諸構造から出発してすべてを構築しようとし、研究対象を身体に還元してしまうか、生物諸機能から研究対象を導きだそうとする。心理学研究はもはや生理学の一部門（あるいはその一領域）、反射学にすぎない。そうでなければ、心理学は反省的、内省的、現象学的なものであるとされ、人間とは純粋精神にすぎないことになる。心理学は、人間の多様性を研究し、幼児の発達、狂人の諸障害、原始人の異質性を記述しようとする。心理学は、あるいは、要素を記述しようとし、あるいは、全体を理解しようとする。あるときは、行動の客観的な形式のみを研究しようとし、あるときは、活動を内面生活に結びつけて行いを説明し、さらにまたあるときには、生きられた経験を把握しようとする。或る種の心理学は演繹し、他の心理学は純粋に実験的であり記述形式として数学的構造を使用する。昼の心理学は知能の決定的な明晰性によって精神の生を説明しようとするのに対し、他の心理学は内面の闇の不安な奥行きを究めようとする。自然主義者としての心理学は人間の決定的な輪郭の線を引こうとし、人間主義者としての心理学は人間に説明しえない何かを認めようとする。こうした複雑さこそはまさしくわれわれ自身の複雑さでもある。様々なテクニックによって包囲され、質問によって探られ、カルテに分類され、グラフに翻訳されてしまう哀れな魂よ（概念にためらいのある心理学は魂を名づけることはめったにない）。オーギュスト・コントは、一定の留保つきで、心理学が幻想的な、不可能な科学であると考えてそれを軽蔑した。われわれは、そのようなことをしようとは思わない。いずれにせよ、様々な心理学者が存在するのであるし、彼らは探究をつづけている。

ジャン＝エドゥアール・モレール

心理学のもっとも洗練された白衣のひとりは、彼の話のひとつを引いたからといって私をまさか恨みはすまい。皮肉ではなく、私の受けた驚きからのみそうするのだ。彼は心理学を始めようとするひとりの初学者に対して、プラディーヌ氏やメルロー＝ポンティ氏のように「心理学」をやりたいのか、それとも、ビネや、その他のもっと最近の、かれの謙虚さが実名を挙げることを避けさせた心理学者たちのように「科学的な心理学」をやりたいのか、と訊いたのだった。彼が自分の質問を覚えていない、あるいはむしろ私にその質問をしたことを覚えてはいないことは確かだと思う。そうした質問は彼にとっては日常的なもので、教師がよく出来る生徒に、「レットル〔高等師範学校文芸系〕にするのかポリテクニック〔理工科学校〕にするのか」と訊くように、あたりまえのものだったにちがいない。しかし、多くのあたりまえのことと同様、彼の質問は肝心な点に及んでいた。それは、暗に、現代の心理学の最も基本的な構造のひとつに言及していたのだ。この明晰が、ひとりの心理学者から、私に与えられたことが、私を驚かせた。しかし、真理の辛抱強い働きは、つねに、最後には驚きにまさるものなのだ。

　現在現れているような、心理学を規定している歴史的ア・プリオリのひとつは、心理学が、相互排除的に、科学的であるかないかのどちらでもありうる、というこの可能性である。ひとは、物理学者に対して、学者でありたいかそうでないかと問うたりしないし、高山バッタの生理学の専門家に科学的な仕事をしたいのか否かという問いを発したりもしない。というのも、物理学一般も高山バッタの生理学も、すでに科学的なものとされる客観性の内側においてしか、可能な研究の領域として立ち現れないからである。しかしながら、淡水の軟体動物の生殖の生態は、釣り人に関係すると同時に、自然研究家の注意を引きつけおそらく十年にもおよぶ観察を求めるものだなどといわないでもらいたい。私の魂に幸福を保証し私の救済を果すために私は魂に関心を持つのであるか、それとも魂のロゴスを明らかにするためにそうなのか、というようなことが私に問われているわけではないのだ。

いや、私に語りかけられたのは、それ自体において、科学的でも、科学的でなくもありうる心理学についてだったのだ。それは、学問の入り口から、錬金術を悪魔払いしようとした化学者の場合に似ている。しかし、この比較もまた修正が必要である。化学は、その出発点においては錬金術とは異質なものとして選び取られるものではない。化学はひとつの選択に基づいているのではなく、それ自体の発達によって、その選択をとるにたらないものにしてしまうのである。

この始まりにおいてある、ひとつの選択の可能性は、ではいったい何を意味しているのだろうか。真の心理学と、偽の心理学とが存在するということなのだろうか。心理学者が実践する心理学と、哲学者が思弁をおこなう心理学とがあるというのだろうか。計量し、数値化し、計算する心理学と、思考し、反省し、次第に哲学の光に目覚めてゆく心理学とがあるというのであろうか。私には、純真な誠実さと白いリンネルを纏った彼の魂の奥底で、かの心理学者がなにを言おうとしていたのか完全に厳密にはわからない。確かなことは、彼にとって、心理学は、学び始められる以前から、真の心理学か偽の心理学のどちらかでありうるということ、計算か思弁かの選択こそが、計算する心理学か思弁する心理学かを予め定めてしまい、研究は、科学的心理学の選択とリスクと賭けのうえに成り立っている、と考えられていることである。極限化して述べるとすれば、心理学においては、研究は十全には科学的ではない。あるいはより厳密には、それ自身の運動によって、おのずから研究として自己を規定するような、ひとつの科学の地平へと、心理学研究の具体的な諸形式は結ばれていない。心理学においてはむしろ、研究の方が、自ら進んで科学的な論のあり方を拒否したり選び取ったりして、客観性の布置のもとに自らを位置づけるのである。注目に値するのは、「真の心理学」をひとが定義するときのドグマティズムよりは、かの質問が提起している混乱と根本的な懐疑である。あなたは、科学的な生物学研究をやりたいのですか、それともそうではない生物学研究をやりたいのですか、という問いを発するとすれば、それは驚くべき生物学者である。ところが、私が話しているのは、本当の心理学者なのである……本当の心理学者が、心理学の入り口で、研究は、真でも偽でも、科学的でも科学的でなくも、客観的でもそうでなくも、ありうると認めている。研究において科学が具現するのだというのではなく、研究の方が、始まりから、自ら科学かそうでないかをめざすというのである。

心理学における研究の問題は以上の事実からひとつの特殊な意味を受け取ることになる。ひとは、これこれしかじかの研究の形式を問うのと同じように、心理学研究を、ひとつの科学の発達やひとつの実践をめぐる様々な要求のなかへの位置づけから出発して問うことはできないのである。心理学研究に対しては、自らの合理性の選択についての説明を求めなければならないし、それが科学のすでに構成済みの客観性ではないことをわれわれが知っている心理学研究の根拠をこそ問わなければならない。さらにまた、心理学研究がそれじたい科学にどのようなステータスを与えているのかを問わねばならない。というのも、その科学の選択こそが、本当の心理学を真の心理学にしているものだからだ。つまり、研究にこそ科学とはなにかの説明をもとめなければならない。心理学研究を、ひとつの科学の空間のなかでの研究と理解するのでなく、ひとつの科学がそれ自身を探究する運動において理解すべきなのだ。

*

心理学研究をその研究機関、日常的実践の形式、その仕事の分布といった実地において理解しようとするときに出会う、主要な諸々のパラドクスがその糸を結び合わせる点を、私たちはここに見出すことになる。

いまから五十年足らず前には、学士の免状のかたちをとって、心理学は、哲学のカリキュラムの実証主義的で自然主義的なおめでたい意識を代表していた。そして、もし意識は充たすことが難しいとしても、おめでたい意識を満足させるのは簡単である。ビラン、テーヌ、リボーたちは、心理学を、ひとつの哲学、しかも実証主義的な神話の底辺すれすれの、もっとも劣悪な哲学に変えてしまうという操作の受益者だったのである。地方の大学や長老たちがまだその記憶をとどめている、そうした弔いの儀式が地階で催されているあいだにも、屋根裏部屋では、ひとびとは白衣になって、実験心理学の誕生のために立ち働いていた。良き意図に恵まれていたビネは、大学の講座は保持していなかったが、姪たちと幾らかのアイデアは持ち合わせていた。ライプチヒやヴルツブルグの大駅長になることを夢見つつ、かれは心理学の小さな列車を首尾良く運んでいたのだった。

研究施設の地面で測るなら、心理学はいまではずっと大きな面積を占めている。ビネの小部屋は実験心理学研究所となり、かれの研究グループは大学研究所の地位を獲得し、複数の頭の指導部——医学、文学、科学の三教授——が適正な折衷主義と、立場の相違や大きさに厳密に比例した相互の独立を保証している。ビネの弟子、ピエロン氏は、師が入ることのできなかったコレージュ・ド・フランスに任命され、三十年以上にわたって、感覚心理学の講座と、『心理学年鑑（*L'Année psychologique*）』が倦むことなく成果を報告し続けた実験研究所に君臨した。ビネを心理学の不死の天上の人たらしめた、幼児心理学、職業指導、学習発達と教育学に関する研究、などについては、ワロンとピエロンの両氏によって継承・発展させられ、二人は一九二九年に「労働および職業指導研究所」を創立して、幼児のための相談と指導センターを開設、就学人口についての調査を開始し、学校指導員と学校心理学者とを養成した。さらに、ビネが、かれの知能指数の概念によって、実験的かつ計測的形態を与えた臨床心理学は、精神医学者たちの心理学と合流することとなった。精神病理学研究センターが、幼児についてはユーイエール（Heuyer）教授の医局に、成人についてはアンリ・ルーセルに創設され、それにさらに、昔からあるサルペトリエールの失語症研究センターを加える必要がある。さらにまた、S・N・C・F（フランス国営鉄道）の研究所のような大きな産業心理学研究所のほかに、労働の心理生理学的研究を専門とするC・E・R・Pの名を挙げるべきである。

もちろん、われわれは、全ての指導センターおよび全ての医療－学校グループの活動を考慮に入れなかったし、対称的で逆の理由から、地方の全ての大学の活動も考慮に入れなかった[1]。というのも、それらは、研究の機関ではなく、日常の仕事に忙殺される応用センターであり、睡眠がそれにもおとらず日常的である教育センターであるからだ。

心理学研究の公的機関が、このように次第に設置されてきたことを念頭においておくことは無駄ではない。現在のように広がり複雑化したそれらの機関は、それぞれ公的な推薦と大学や諸省庁（厚生省、国民教育省、労働省）の助成と保護を受けるようになった。こうした編入を逃れたのは、唯一「フランス精神分析協会」のみ、より正確には、言うならばその洋梨が二つに切り分けられて以来その両半分だけである。じっさい、逆説的なことだが、フランスにおいて精神分析は医者によってしか実践することができないにもかかわらず、精神分析の教育が行われている医学部というのはひとつもない。大学に講座をもっている精神分析協会の会員たちは、すべて文学部で心理学の教授として教えているのである。このことは、精神分析家たちとその組織に、加入と養成の手続きについての全面的な独立と同時に、精神分析研究に彼らが付与する精神にも全面的な独自性を維持するものである。半世紀以来、精神分析が心理学に対して与えて来た、諸概念の重要性、テーマの数、実験的な様々なアイデアの多様性を思えば、自らがその生と意味とを賦活させてきた心理学という学問の周縁部に精神分析が立たされているすがたは逆説的ではなかろうか。しかし、この精神分析の独立性と心理学の公式のあり方との矛盾は、外見上のものにすぎない。

フランスにおいては、研究は公式の心理学の周縁部で誕生したことは忘れるべきでない。そして、現在では、複雑化した組織機構のなかで、公式の教育、研究、実践的応用をお互いに区別することはもはやできないとしても、また、「心理学研究所」のような機関において、理論教育、研究ラボラトリー、そして、実践養成は、相互に重複しているとしても、心理学における学問研究は始まりにおいて公式の学問にたいする抗議として、また伝統的教育に対する戦争機械として登場したのである。精神分析の周縁的な位置は、心理学の領域での学問探求のこうした論争的な起源の名残、いやむしろ常に生き続けている徴《しるし》なのである。

ここにあるのはおそらく、すべての学問探求の既成の学問に対する関係を徴づけているような特徴である。それはつねにひとつの教育に抗して、すでに認められた客観性を疑問に付しつつ実現するものである。それは、ひとつの知を補完しその完成の方への道のりをゆくよりは、それを批判する。少なくともその誕生によって、それはつねに、多かれ少なかれ、学問の異端の周縁部分に属するものなのだ。生物学の全歴史はこの事実を示してきたし、それを異端糾問の宗教的な形式にいたるまで鼓舞してきた。だが、心理学研究の論争的意図は特有な音色を放ち、その発展の意味自体にとってずっと重大な決定をともなうものなのである。

精神分析は、心理学の制度化されたあり方においてははっきり見えない、こうした研究の周縁的で論争的な性格をその組織機関にいたるまで、まだ生のまま呈しているのだから、われわれは精神分析に、心理学研究の進歩が学問の既成の地平から分離されてくる例を求めることにしよう。ある意味では、〈無意識〉、およびその素材、そのプロセス、その現れといった、その創始以来精神分析の仕事の主要部分を構成してきた研究は、すべての意識の心理学が謎めいたやり方のうちにはらんでいたものを、実験的なスタイルで継承するものであるということができる。無意識の心理学への移行は、論理的には、意識の心理学の底辺への拡大、開口と考えることができる。フロイトによる、連想と心像と快感の心理学、すなわち明るい意識の心理学の、無意識の夜への転位は、それを証明するに十分である。ひとは、この心理学の拡大に、自明とされ、また知にとって無知の余白を影の線で描きだすものである諸前提のレヴェルで、自らの探求の外縁部において絶えず自己を更新してゆくようなひとつの科学の開放の次元をのみ見ることもできるであろう。しかし、じっさいには、無意識へ向かうこの研究の方向付けには、もっと多くの意味があるのである。心理学の対象と方法とをほとんどすべて意識によって定義することを放棄することは、その学を、たんに、より一般的でより根本的な探求において更新することではないのである。学問研究はここでは、むしろ、ひとつの迂回の行動として現れる。それによって、既成の知識体系は、学問対象への還元の名の下に、回線をショートさせられ無効を宣せられることになる。持ち込まれるずれによって、科学は研究の問題論的な地平ではなく、研究調査の論争的な対象に変えられてしまうのである。

　より正確にいうなら、無意識の発見は、意識の心理学の、方法、概念、そしてついに学問的地平の全体を、心理学の対象に変え、心的プロセスとしてテーマ化するのである。こうした研究の光に照らせば、意識の心理学は、じっさい、無意識に対する防衛の行動、意識の生活にリビドーの闇の脅威の影が射しているということを認めることの拒否、すなわち、〈検閲された反省〉として、現れるのである。心理学の知識を研究との関係においてこのように位置づけるやり方、学問知の乗り越えられたあり方を研究対象として批判的にこのように検討することは、心理学におけるあらゆる研究の論争的側面のもっとも先鋭的な顔立ちを示している。オイディプス的依存とナルシシズム的固着といった、精神分析家同士が投げつけあうレッテル貼りのことばは、次のような根本的な主題をめぐる冗談めいた変奏とおふざけの争いにすぎない。心理学における研究の進歩は、その学の発達の一契機ではなく、その学における心理学的プロセスを暴露する脱神秘化とその研究が主題化する対象への既成の知の還元という二重の相のもとに遂行される、既成の知の諸形式からの絶えざる離脱の運動なのである。研究の新しさは、内容の批判にも、その科学の真理が達成される科学の弁証法のなかにもあるわけでなく、起源そのもののレヴェルにおいてとらえられた知に対する論争、科学の学的対象への根本的な還元、心理学的知識についての批判的懐疑のなかにこそ書き込まれているのである。

ひとはまず、すべての心理学研究が必ずしも、精神分析ではかくもはっきりと現われる論争的な役割に従うものではないと反論するだろう。しかし、事実においては、フロイトの研究の歴史においては太い字で書かれるような文章が、心理学の発達全体により細かい文字で書き込まれているのを解読できるのである。じっさい、心理学の発達は、継起的な修正によって進む諸科学とはちがって、幻想の告発によって行われる。すなわち、主観性の幻想[2]、要素のソフィスム[3]、三人称の神話[4]、本性、性質、因果連鎖に関するアリストテレス的幻影[5]、自然主義的前提と意味の忘却[6]、構造による生成の抹消と生成による構造の抹消[7]などといった幻想である。心理学研究が自分自身の先へと進んでゆく運動は、科学的誤謬の認識論的あるいは歴史的役割に価値を与えはしない。というのも、心理学には科学的誤謬というものは存在しない。幻想があるだけである。心理学における研究の役割は、したがって、誤謬によって乗り越えるというのではなく、幻想を見破ることである。誤謬を真理の普遍的運動のなかに置き直すことによって真理を進歩させるのではなく、脱神秘化された反省の光に照らし出すことによって神話から解き放つことなのである。

ひとはまた、歴史研究も同じような歩みで平行した道を進むものだ、というかもしれない。誤謬の乗り越えは、歴史的知の固有の弁証法としてのみ成し遂げられるわけではなく、歴史対象そのものをその運動へと還元することによって果たされるのである。歴史家は彼自身の歴史に属している。そして、彼自身の方法、概念および知識に、彼の時代の諸構造と諸々の出来事、文化的諸形式を割り当てて指定することによって、ひとは歴史をその固有の真理へと回復させることができるのである。歴史学的な誤謬もしたがってまた神話の顔立ちと幻想の意味をもっている。しかし、幻想が歴史的分析の対象となるとき、幻想は歴史自身のなかにその基礎、その正当化、そして最終的には、その真理の地盤をもっていることになる。歴史学的批判は実定性の境位において展開する、というのも、科学としての歴史学の絶対的な起源と弁証法的運動をつくりだすのは〈歴史〉それ自身だからである。もし歴史科学が継続的な脱神秘化によって進歩を遂げるとすれば、それはまた同一の運動によって、文化としての己れの歴史的状況、技術としての己れの価値、〈歴史〉に対する現実的変革と具体的行動の自らの可能性を徐々に意識することによってでもあるのだ。

心理学には以上のようなことは何ひとつない。ひとが、心理学の誤謬を幻想に還元し、心理学その認識の形式を心理学的な行動様式で説明することが出来るとすれば、それは、心理学が心的生活のなかに知としての根拠付けと存在理由とを見出すものだからというのではない。それは、たんに、心理学は心的生活において障害に出会うからなのだ。歴史研究は、

〈歴史〉の外に身を置こうとはしないのに対し、心理学研究は、必然的に、外部性、無関心な眼差し、参加しない観客などの神話に導かれるのでなければならない。心理学的な真理がその幻想と取りもつ結びつきは否定的なものでしかなく、ひとは決して心的生活の固有の弁証法のなかに心理学の諸神話の下書きを見つけ出すことはできない。心理学は心的生活のなかにそれ自身の批判の境位を見出すことは決してないのである。大文字の〈歴史〉による歴史学の批判は根拠付けの意味を持っている。それに対して、心的生活から出発した心理学の批判は否定の形式しか取ることがないのである。だからこそ、歴史研究は、脱神秘化としておこなわれるとしても、そのこと自体によって肯定的な意識化の価値をもつことになる。それに対して、心理学研究はそれが脱神秘化のかたちをとるとしても、ひとつの悪魔払い、つまり、悪霊を追い払うことをしか決して成しえないのである。しかし、神々はそこにはいないというわけなのだ。

心理学における研究のかくも特殊なあり方は、以上のような理由にもとづいている。その役割とその起源によって、その研究は、批判的、否定的かつ脱神秘化的である。その研究は、それがひきずり降ろそうとする心理科学の夜の裏側を形づくる。それが提起する問いは、知の問題系のなかにも、認識とその対象との弁証法のなかにも属さず、懐疑、および、自らの対象への認識の還元、に属している。しかし、この起源および、それがもつ意味は、次のような事実によって、忘却され、あるいはむしろ隠されてきた。すなわち、還元および脱神秘化としての研究は、心理学の存在理由、内容、そして身体そのものとなってしまい、その結果、心理学的知識の全体が自らを研究へと還元することによって正当化されるということになったのだ。そして、心理学的認識の批判および乗り越えとしての探究は心理学の全体として実現することになってしまった。研究のための諸々の機関において具現したのはこうしたプロセスである。公式科学の周縁部で生まれ、それに抗して発達したそれらの機関は、今では養成と教育のセンターとして認知されている。理論心理学の講義はもはやひとつの儀式にすぎない。ひとは、心理学探究、すなわち、心理学の研究と批判の双方を学び教えるということになったのだ。

＊

見習い心理学者の道は、他の学生たちが辿らねばならない道と、近いと同時に極めて異なっている。

学部の伝統的な枠組みの中に配分され、様々の学士の免状によって裁可される教育の非実効性については極めて似かよっている。心理学の学士など何も知らないし、何もできないことは、誰もが知っている。かれは、夏の午後の二日間、庭に寝そべって免状の試験を準備したのだ。こうした衆目の一致は、あまりにも全般的であまりにも完全なので、心理学の学士号は何の役に立つのかをたずねでもしようものなら、その一致を崩してしまわないか心配になるほどである。しかし、高等教育のあらゆる分野に共通なこの否定的な特徴を除くなら、心理学の学生の辿る道筋は他の道筋とはかなり異なっている。心理学研究所は四つの免状を出している。実験心理学、教育心理学、病理心理学、応用心理学の免状である。それらの資格の修得は、すべて、実践教育（テスト、心理測定、統計）、理論教育、研修あるいはラボラトリーでの学習からなっている。学士号を取得しなかった研究所の学生は、一年間の準備研究でそれに代えねばならない。職業指導研究所は、これらの大学研究課程からまったく独立したものである。精神分析の教育に関しては、フランスでは他の多くの外国諸国と同じく、初歩的であると同時に秘教的なやり方で行われている。精神分析家の養成の主要部分は、その原則と成就について精神分析協会が保証をおこなう教育分析によって確保されている。医学博士の資格が、治療を行い、患者について全面的な責任を持つために必要であるとすれば、精神分析協会への加盟は、いかなる定められた養成も、いかなる研究課程も要求しない。もっぱら、精神分析協会が、候補者の教育分析を担当する精神分析家メンバーの意見にもとづいて、その候補の能力水準を判断するのである(8)。さらに付け加えるとすれば、医者たちも教授たちも、かれらの養成の期間中に、心理学のいかなる教育も受けることはない。精神科医たちでさえ、いかなる心理学の養成も受けていない。かれらに対して教えられている精神医学はあまりに時代遅れのものであって、かれらは最近五十年間のドイツ、イギリス、アメリカの精神病理学において、精神の病理現象の心理学的な理解のために行われてきた努力のおよそすべてについて無知である。

したがって、日常的な実践を求められている者たちがまさしくあらゆる理論養成の機会を奪われている。これに対して、研究の領域における状況は正反対である。じっさい、「国立職業指導研究所（I・N・O・P）」が職業指導師（オリエンテーター）の資格を認定し、「心理技師」の免状を出すとしても、それらの免状を与える側も、受ける側も、それらの免状がいかなる現実の職にも結びつかないことは知っている。多くの指導師は職を見つけるにはいたらない。教育心理学の免状を何十も出すのにたいし、学校心理学者の職は極めて少ない。また、精神病理学の免状を持つものは百五十名以上確実にいるのに、臨床心理学者の職がフランスに十以上あるだろうか。そして、教授たちは、試験の簡単さの言い訳に、いずれにしてもそれは役に立たないのだからというのである。

われわれは、逆説的な状況のなかにおかれている。一方では、心理学の実際の実践――すなわち、仕事場や精神療法治療や教育において実行されるか、実行しなければならない実践――は、いかなる理論養成のうえにも基づいておらず、したがって、研究としての意味をもつことも、科学研究に対するそれ自身のはっきりとした必要性を定義するまでにさえ、決していたらない。他方では、具体的な心理学に実践的な安全性と理論的正当化とを保証することができる諸々の技術の習得自体が、実践と理論とが実際に結びついたような心理学の実践につながらない。反対に、心理学研究所で、心理学者の職業を実践するには十分だが、研究者となるには不十分なことが確かな技術養成を受けた心理学者が、心理学を実践するためには、〈国立科学研究庁（C・N・R・S）〉の奨励金を得て、研究で身を立てることを目指す以外の手だてがないのである。心理学における研究は、したがって、実践の要請、そして、研究が自らを乗り越える必要性から生まれてはいないのだ。それは、心理学者たちが、心理学を実践することの不可能性から生まれているのである。それは完璧な養成を意味せず、無益な養成の非有効性に対する便法、実践しえない実践の苦渋の選択を表しているのである。

　ひとは、したがって、研究者としての養成をうけて、十分な理論的地平(9)を習得したのちに、研究に入るわけではないのだ。ひとが研究を行うのは、抑圧された実践家としてであって、なによりもまず、心理学は実践されうるし実践されるべきこと、心理学は無益で疑わしい理論的コンテクストの虜ではなく、あらゆる思弁的な公準のそとで、心理学は直接的な実証性を持つものであることを示すためなのだ。もしも、研究がしばしば実証主義的なコンテクストで行われ、哲学的心理学に対して、現実の実践の立場を主張するとすれば、それはまさしく、その研究が可能な実践の証明であろうと望んでいるからである。プラディーヌやメルロー＝ポンティの心理学に対して、「真の心理学」をやるというのは、現状の不可能性がその「真の心理学」を生まれさせた、ひとつの実践の可能なあり方を探求することなのである。それはつまり、心理学における研究が、研究のあらゆる形式のなかで最も利害関係を離れたものであると同時に、必要に最も迫られた形式でもあるということによるものなのである。最も利害関係を離れたというのは、その研究がほとんどまったく実践的な要求に対する答えと規定されていない（労働心理学の幾らかの限定された研究を除くならば）という意味であり、と同時に最も利害にもとづいているというのは、科学的研究としての心理学の発達と成功にかかっているのは、科学としての心理学と、学者および実践家としての心理学者の存在だからである。心理学の自立的で実効的な実践の不在は、逆説的に、心理学における実証的で、科学的で、「効果的」研究の存在条件となったのである。

このようにして、研究はみずからの可能性を、それぞれが相互に確認しあい、潜在的な実践の想像的建築のように積み上げられる諸々の技術を繰り広げることで測ることになる。その最も決定的な例は、心理測定と諸々のテストの技術のすべてである。心理測定試験は適用が可能なように開発されたが、その有効性の確認は、つねに、直接的か間接的にすでに有効性が確認済みの他のテストを媒介として、具体的経験および実際の状況において得られた結果との突き合わせに基づいている。しかし、この経験的な有効性の確認は、初めから、研究の仕事がその実証性をまだ心理学的ではない経験から借りていること、その適用可能性は、自分自身にしかその基準を借りることのない心理学外的な実践によって、前もって決められてしまっているのである。心理学研究はしたがって、研究自身が自らの有効性を確認するためにおこなう、実践なしで済ませねばならないひとつの実践の理論的な体裁づけとして現れるのである。臨床心理学と医学実践との関係は次のような定式に尽きる。すなわちすでに構成済みの実践に技術的な完成をもたらすこと、そして、その技術的完成の有効性は、医学臨床が同じ結果に達するためにそれなしに行われうるという事実によって証明される、という定式である。

われわれは、今こそ、心理学研究が閉じこめられている逆説の環の拡がりを測ることができる。心理学研究は、現実の実践の不可能性によって空白のまま残されていた空間において発達し、現実の実践には否定的にしか依存していない。しかし、その事実自体によって、この研究は、接近しえないその実践の論証である場合にのみ存在理由をもつ。したがって、その研究は、それが要求する実証性の徴のもとに繰り広げられる。その「実証性」は、心理学研究が、それ自体持つことができず、また、実践の不在そのものから生まれるかぎりにおいて、自らが生まれる地盤からも受け取ることができないが、それを排除し、科学的心理学に対する全面的な無関心のなかで展開するその実践に密かに求めざるをえないものなのである。始まりから、そしてその成立自体においても、心理学の科学的実践から排除されている研究は、その真理においても発達においても、科学的でも心理学的でもあることを望んでいない実践に全面的に依存していることになるのである。実践と研究とは相互に排除的にしか依存していない。そして、実証的で実践的な「科学的」心理学はかくて、言説としての真理なしに十分にやっていける実践に関して、言説としての真理を言うという、思弁的で、アイロニカルで、消極的な役割へと追い込まれているのである。研究は、次第に自分自身の解明へと向かう技術の進歩の運動自体のなかには位置づかない。それは、自らを心理学の実践であるとさえ認めない実践の思弁的な裏面なのである。この研究は、実践の「本意に反する真理」としてしか現れず、実践を脱神秘化する。しかし、その真理を、研究はその実践の現実から受け取るのみであり、その現実は事実においては実践を神秘化するものなのだ。

科学との関係においてと同様、研究との関係においても、心理学研究は真理の弁証法を明かしているのではなく、たんに神秘化の奸智にしたがっているだけなのである。

＊

こうした逆説を説明するために、ひとはまず歴史的な事情、というよりむしろ心理学に固有な年代的《クロノロジカル》な状況を問うてみたいという思いにかられる。諸構造の硬直性、文化的伝統の鈍重さ、さらには、社会組織が心理学的技術の浸透に対して向ける抵抗は、実践に対する研究の孤立を説明するに足るようにおもわれる。もちろん、心理学が比較的最近のものであるという性格は、心理学にしばしば、幾世紀にもわたる時間によって厚みを増しつづけてきた様々な技術とは比べるべくもない疑わしさの様相を与えている。この意味では、医学が心理学の浸透を容易にゆるさないという奇妙な事態の例を挙げることができるだろう。フランスの医学の精神には、まだ、多かれ少なかれ蒙昧なまま、バビンスキーのあの奇妙な弁証法が支配している。つまり、医者自身の無知、かれ自身の眼に自分の技術の原理が隠されているという蒙昧状態は、かれにとって病気の非現実性を示すものでしかなく、それは、あたかも治癒の技術による統御こそが病気そのものの存在の尺度であるかのごとくなのである。治癒技術と病理学的事実の現実性とのあいだのこの曖昧な関係に関連して、われわれは、病理的なものは異常性の具体的な顕在化、異常性の現象であるという考えを見出すことになる。異常性こそが病気の本質であり、治療はその異常性を実際に除去することであり、異常性の本質を正常なプロセスに解消する行為としての治癒技術は病気の存在の不可欠の尺度である、というのである。心理学の浸透に抵抗することによって、現在の医学は、たんに方法と概念との修正に反対するのではなく、病気の本当の意味と病理的事実の絶対価値を問い直そうという動きにとくに反対しているのである。心理学に対して耳を塞ぐことによって医者たちが守ろうとしているのは、彼らの技術、職業、日々の糧だけではないのだ。かれらは、病気を、ひとつの事象《もの》として、かれらの事象《もの》として守ろうとしているのである。異常性の問題を回避し、治療の道具として、言語活動や象徴的実現といった活動に価値をおくことによって、心理学は異常性を非現実化し病気を「繊細なものにする」〔＝微細物質にする、掠め取る〕。医者たちの眼には、そして医学の歴史的発展からいえば、心理学は、呪術的な企てでしかありえないし、じっさいにそうだとされるのである。心理学は、数世紀来医学実践をつくりだしてきたものの裏面なのだ。

しかし、このような遅れと粘着の現象はつねに時間と技術の成熟によって最後には消え去るものである。心理学における研究の逆説はたんなる文化的なずれよりも深い理由に根ざしている。労働心理学の例をとってみよう。労働心理学は、一方ではおもに職業の指導と選別に関わる問題と、他方では、職、職業、仕事仲間、仕事場への個人的な適応の問題から成り立っている。しかし、それらの考慮の総体が重要性をもち、それらの問いが、厳密な意味において、存在しうるのは、ある種の経済的諸条件のせいなのである。職業の指導と選別が現実として存在するのは失業率と、職における専門化のレヴェルと深く連関している。労働の高度な専門化を要求する産業技術に結びついた（これは現在までは、完全雇用がつねに非専門化された労働力の大量使用を基本とするわれわれの経済においては矛盾したものだが）完全雇用の体制のみが、科学的研究に直接結びついた心理学の実践に場を与えることができるのである。われわれにとって神話にすぎない、この条件の外では、職業指導と職業選別とはひとつの差別としての意味しか持ちえない。個人の職への適応に関係する研究についていえば、それらもまた、生産、生産過剰、労働時間の価値および利益マージンの調整といった経済的諸問題にむすびついている。

こうしたことは、心理学の特徴であろうか。すべての研究とすべての学問の発達は経済的および社会的生活の諸条件に結びついているのではないだろうか。弾道学や原子物理学がどれほどまでに戦争に多くを負うものであるかと人はいうだろうし、アメリカ軍の「ベータ」検査についても同じだ、ともいうかもしれない……

幸いにして、問題はもう少し複雑である。経済的に有利な条件の不在がある時期ひとつの学の適用あるいは発達を無益にするということはありうることである。しかし、いずれにせよ、経済や戦争状況の外でも、物体は落下し続けるし、エレクトロンは回転し続ける。心理学においては、合理的かつ科学的実践の諸条件が揃っていないときには、学問それ自体がその実定性において影響を被ることになる。失業と生産過剰の時期には、選別は社会への編入の技術ではなく排除と差別の技術になってしまう。不況あるいは労働価格の上昇の時期には、人間を自分の職業へと適応させることは、企業の収益率を高め、人間の労働をたんに生産のファクターとして合理化することをめざす技術に変わってしまう。ようするに、心理学的な技術であることをやめて経済的技術となってしまうのである。それはたんに、心理学が経済的目的に使われている、あるいは、経済的な論点によって動機づけられている、という意味ではない。私たちが言いたいのは、例えば、産業心理学で使われているような適性の概念は、それを定義することを求められるのがどのような経済的コンテクストであるかによって、内容と意味とを変えるということである。適性の概念は、ひとを養成するための文化的規範をも、効率の尺度を借りた差別の原理をも、教育可能性の評価をも、さらには実際に受ける教育のプロフィールをも意味しうるのである。適性という語のこれらの異なった意味は同一の心理学的現実のそれぞれ異なった見方をつくり出しているわけではなく、歴史的、社会的、あるいは経済的必要に、個人心理学のレヴェルで、ひとつのステータスを与えるやり方をつくり出しているのである。たんに心理学の実践は経済の道具になるばかりか、心理学それ自体が人間的尺度において経済の神話学となるのである。物理学や生物学が、その発達と応用が経済的社会的理由に規定されているとしても、物理学、生物学であり続けるのに対し、心理学的な技術は、それらの諸条件の或るものによっては、有効性、意味および心理学的な根拠付けを失う。それらの心理学的技術は心理学の応用ではなくなり、それらの技術に名を与えている心理学は、それらの技術の真理の神話となるのだ。物理学的、化学的、あるいは生物学的技術は、使用可能であり、理性のように、「あらゆる方向に展開可能」である。しかし、その本性からして、心理学的技術は、人間自身と同様に、疎外されうるものなのだ。

われわれを問題から遠ざけるようにみえる以上のような考察を通して、われわれは次第に、心理学の研究の次元に固有なあり方を決定づけている、心理学の科学と実践との一連の深い関係へと進むことになる。心理学の応用が決して積極的な要求から発しているのではなく、人間実践の途上で出会う障害につねに発していることは奇妙なことである。人間の仕事への適応の心理学はアメリカおよびヨーロッパにおけるテーラー・システムの発達につづく時期の不適応現象から生まれた。ひとは、心理測定と知能尺度が、ビネによる学校教育における発達の遅れおよび精神薄弱についての仕事から生まれたことを知っている。精神分析及び、今では「深層心理学」と呼ばれている学問の例は自から明らかである。それらのすべては完全に精神病理の症候によって規定された空間のなかで発達したのである。

これは心理学研究に特有の特徴なのであろうか。研究は、ひとつの実践がそれ自身の限界に到達し、その実践をその原理と存在条件において問い直させる絶対的な障害に突き当たるときに生まれるのではないか。生命についての研究の総体としての生物学は、その実際の起源とその発達の具体的可能性を、病気についての問いかけと死んだ組織についての観察のなかに見出すのではないか。死体の解剖と生体の生理学には大きな隔たりがあるとしても、生命の科学が可能であるのは死から出発してなのである。同様に、純然たる超越論的反省ではない意識の心理学が可能であるのは無意識の観点からであり、倫理学ではない愛の心理学が可能なのは倒錯の観点からであり、知の理論への暗黙裡の参照なしに知性の心理学が成立しうるのは愚鈍の観点からであり、純然たる現象学的な記述に閉じこもることのない、覚醒して世界を知覚する人間の心理学をつくり出すことができるのは、睡眠、自動現象、無意志性の観点からなのである。心理学は、自らの実定性を人間が自分自身についての経験する否定的な経験から得るのである。

しかし、ひとつの研究がひとつの学あるいは実践から生まれる様式と、研究、実践、知識が人間存在の実際の諸条件と結びつく様式とを区別すべきである。心理学においては、他のすべての学問領域におけると同様に、実践は、それ自身の否定的な限界と、知と技術の統御を取り囲む影の部分から出発してのみ、実践として問われ、それ自身独自のものとして生まれでることができる。しかし、他方、すべての科学的実践およびすべての科学的研究が、言葉の経済的、社会的、歴史的意味での、一定の必要の状態から出発して理解しうるのに対して、心理学の研究と実践は、人間自身が人間として捉えられている諸々の矛盾から出発してのみ理解されうるのである。精神病理が、心理学的経験の源泉のひとつではつねにあったし、またそうあり続けているとしたら、それは、病気が隠された構造を明かすからでも、正常なプロセスを太く目立たせあるいは下線を引いて強調するからでもなく、換言するなら、それは、人間がそこに自らの真理の顔を認めるからではなく、逆に、そこに、人間が己れの真理の夜と自らの矛盾の絶対的境位を発見するからなのである。病気は健康の人間的矛盾であるかぎりにおいて、病気は健康の心理学的真理であるのだ。

より正確に述べるために、フロイトの「スキャンダル」の例をとることにしよう。人間存在を〈自然ノ人《ホモ・ナトウラ》〉の決定論に還元すること、社会的および情動的諸関係の空間全体をリビドー的欲動の面へ投射すること、機制論および力動論の用語で経験を解読することなどは、すべての心理学的探究の本質そのものをはっきりと明かすものである。スキャンダルの効果は、そうした還元がおこなわれたやり方にのみ起因していた。心理学の歴史において初めて、自然の否定性は人間意識の実定性へと関係づけられるのではなく、人間意識こそが自然的肯定性の否定項であると暴露されたのだった。スキャンダルは、愛が性的な本性あるいは起源をもつものであるということにあるのではなかった。それならば、フロイト以前にも言われていたことだ。しかし、精神分析を通して、愛、社会的諸関係、人間相互の帰属諸形式が、人間の自然的な実定性である性《セクシュアリテ》の否定的境位として現れることがスキャンダルであったのだ。人間の真理の否定としての自然が、心理学にとって、また心理学によって、その実定性の地盤そのものとなり、具体的存在における人間が、今度は、実定性の否定となるという、フロイトによってはっきりとしたかたちで初めて行われたこの転倒はいまでは全ての心理学的探究の可能性の条件となったのだ。人間の否定性を人間の実定的な本性とみなし、人間の矛盾の経験を、最も単純で、最も直接的で、最も均質な人間の真理の開示であるとみなすこと、それこそが、フロイト以来、全ての心理学の、少なくとも沈黙せる企てなのである。フロイト主義の重要性が性《セクシュアリテ》の発見にあるというのは派生的かつ副次的事実にすぎない。フロイト主義の重要性は、根本的には、われわれが述べてきたような、この実定性の成立にあるのだ。このかぎりにおいて、実証的心理学の研究のすべては、たとえそれが精神分析的テーマからもっともかけ離れていても、たとえそれが適性の因子決定であるときにも、フロイト的であるといえるのだ。

　それゆえ、実定性の要求が心理学の起源的選択に属するのがなぜかをひとは理解することができる。その要求は、この科学と、研究と、技術との発達に、自然に位置づけられるものではない。実定性の選択は、同時に真の心理学であるような本当の心理学の可能性の条件として、必然的に前提となるものなのだ。しかし、心理学は、人間がかれの否定性の経験をするレヴェルそのものにおける人間の実定性の要求であるのであるから、一方においては、現実の実践の否定的な神話学的な裏面、他方では、実際の知が自らを明かすと同時に隠す転倒された像でしかありえないのである。ひとはそこで次のような考えに到達する。すなわち、心理学研究は、心理学のあらゆる実定性の主張を引き受け実現するかぎりにおいて、心理学の全本質を作り出すのだということ。心理学研究は、〔実践の〕ひとつの知、あるいはひとつの知の可能性を転倒させることによってのみ研究として実効化されうるのだが、心理学研究はその〔実践の〕知の絶対的必要のみを忘却することによって、その知の脱神秘化を主張するものであるということ。心理学研究は科学的研究としては、実践されえない実践の神話となることによってしか発達しえないということ、などである。心理学の実現された本質としては、研究は、その唯一の存在形態であり、その廃棄の運動自体でもあるのだ。

*

研究は心理学にとってその存在理由であると同時に存在しない理由でもある。三つの意味において、研究は心理学の「批判的な《クリティック》」契機を構成する。つまりそれは、心理学の概念的・歴史的アプリオリを明るみに出し、心理学が安定性の形式を見出しまた超えることが出来る諸条件の範囲を画定し、また、心理学の存在の可能性について判断と決定を下すのである。心理学研究の今日の諸困難は若さの危機というものではなく、存在の危機を描き出し暴露しているのである。

心理学が「若い」学問であるとされて以来、心理学は少しは年をとる時間はあったろう。実際の年月に心理学の永遠の子供っぽさの理由を求めてはならないのだ。心理学は、結局のところ、化学や発生学よりもたいして若いというわけではないのだ。科学の歴史は心理学に対して、実際の年齢に比しての精神年齢の言い訳を許さないのである。幼児状態の心理学者たちの老人痴呆的寛大さが戯れに若気を装うことには私は構いはしない。しかし、青春の時は、青春がそれを過ごすことなく過ぎ去ってしまったのである。心理学の不幸はこの青春にあるのではなく、自らの青春のスタイルも顔立ちも決して見つけられなかったことにあるのだ。それが考えるべき課題はすでに一世紀を経ているというのに、その意識は日ごとに幼児化しているのだ。だからこそ、心理学の領域における研究の出現はたんに成熟期の危機ではないのである。

じっさい、ひとつの出来事が認識のあらゆる領域において生じ、それが現代科学を新たな地平へと向かわせたのである。それは、認識は知の境位のみで展開されることをやめ、研究となったという出来事であった。別言すれば、認識は、それが理想的な故郷を見出していた思考の圏域を脱して、自らを、技術、方法、操作と機械とが全体化した現実の歴史的な世界の内部での歩みとして自覚したのである。科学はもはや世界の謎へと近づく道ではなく、現実化した技術ともはや同じひとつのものでしかない世界の生成にほかならないのである。たんに知であることをやめて研究となることにより、科学は記憶としては消え去り歴史となるのである。科学はもはや思考ではなく、実践であり、もはや知識の閉じられたサイクルではなくて、認識にとって、知識のサイクルが終わるところでまさに開かれる道なのである。

この百科全書から研究への移行はおそらくわれわれの歴史の最も重要な文化的出来事のひとつをなすものである。全面的にそしてその起源から百科全書的であろうとしていた知のなかにおける心理学の場所と役割について論議することがここでは問題なのではない。私たちに関わる唯一の問題は、心理学全体が研究となってしまったのだから、研究としての心理学がいま一体何を意味しているのかということである。

私たちは、いかに心理学的科学と実践とが今日では専ら研究の領域に要約され尽くされるものであるかを見てきた。そして、私たちは、初めから「実験的」あるいは「反省的」であることを自ら選びとることができる心理学は、いかに、それが科学的で、実証的で、客観的であるときにのみ真のものであるか理解することができるのである。研究は、心理学の科学と実践の発達の条件ではない。研究は、あらゆる理論的地平から離れ、思弁に汚されておらず、自らの実験結果に密着した経験的な研究として、心理学の科学と実践の存在のアプリオリと、発達の普遍的な境位を形づくっているのである。自らを「研究」とすることによって、心理学は、他の諸科学と同じように自らの真理の道を辿るのではなく、初めから自らの真理の存在の条件を自らに与えるのである。科学としての心理学の真理が研究へと導くのではなく、研究がそれ自体において魔術的にその真理の空を開け放つのである。心理学はしたがって自らの真理について、その科学的合理性のレヴェルでも、またその実践的な結果のレヴェルでも、問いかけを受けるべきでなく、自ら研究として自己を成立させることによっておこなう選択のレヴェルで問われるべきなのだ。

研究は、心理学の科学的・実践的な存在理由となっており、心理学者の社会的・歴史的な存在理由となっている。心理学者となったときから、ひとは研究する。何を？　他の研究者たちがあなたに研究させるままにすることをだ。というのも、あなたは何かを見つけるために研究するのではないのだから。研究するために、研究してきたというために、研究者であるために、そうするのだ。だから、研究せよ、研究一般を、ありとあらゆることについての研究を、ネズミの神経症について、聖書の英語版における母音の統計的頻度について、田舎の女性、もっぱら“lower middle class”（中流下層の階級）の性実践について、「詩篇交響曲」の聴取のあいだの、皮膚抵抗、血圧、呼吸リズムについて。大道も小さな横道も、袋も縄も、何でも研究というわけである[10]。

研究の合理性、科学性、そして客観性が、研究の選択それ自体にしか根拠のないものである以上、研究の有効性の実際の保証は非心理学的な方法と概念とに求められる以外ない。ひとは幾つもの研究の全体が疑わしい医学概念の上に築かれているのを目の当たりにするであろうが、それらの概念は、心理学者にとって、それらが医学の概念であるのだから客観的なのである。実験材料に因子分析的方法を何年にもわたって適用するような研究もあるだろうが、数学的純粋化は、その材料が出発点において持っていなかったような有効性をその材料に与えることはない。因子分析の後であっても、内省のデータは内省的であり続ける。学齢期の児童に自分や友達の嘘について訊ねた質問テストを因子的に処理したからといってどのような客観性の形態がえられるのかはっきりしないのである。だいいち、結果は予めわかっている。ひとは、子供たちはとくに罰を避けるために嘘をつき、その次は、見栄から、そして……というようなことを、知らされる羽目になるのである。そうした事実そのものによって、その方法が客観的なものであったことをひとは確信するのだ。こうした、ガラス扉をのぞき見するために鍵穴を覗き込むような、こうした覗き魔がいるものなのだ……。

もっと洗練された事実もある。ひとつの医学概念の無効性を統計的に証明するとか、心理測定法の非効果性を臨床的に証し立てようとするような研究を列挙するだけでも何頁も要るだろう。まさにそこには、心理学研究の洗練の極みがある。そこでは、研究が、それ自身に対して、自らの科学的性格を、他の科学的領域からそのまま借りた方法と概念の働きによって、しかも、その内的な客観性をそのように破壊することで、証明するのである。心理学研究には、したがって、土着の客観性はなく、たんに隣接する客観性から転位されたモデルがあるのみである。それらのモデルは外部から、客観性を渇望する心理学の神話のゲームの空間を囲い、それらのモデルの実際の唯一の作用は、隣接する客観性を密かに暗黙のうちに破壊することなのである。

心理学研究の現実の仕事は、したがって、客観性の出現でも、技術の根拠付けでも、科学の成立でも、心理の形式の発見でもないのである。心理学研究の運動は、反対に、解体される真理の運動であり、破壊される対象の運動であり、自らを脱神秘化することだけを求める科学の運動なのである。自らを実定的なものとして選び、人間の実定性を否定的経験のレヴェルで求めた心理学の運命とは、逆説的に、あたかも徹底的に否定的な科学の仕事をすることでしかなかったかのごとくなのだ。心理学研究が知の可能性および研究の現実とのあいだに否定的な関係しか保ちえないということ、それこそは、心理学研究がその始まりにおいて行った、そして、神殿への入り口においてすべての心理学者に対してひとびとが強制する、実定性の選択の代価なのである。

私たちが描き出した性格のすべてを帯びた研究が今日すべての心理学の本質となったと

すれば、それは心理学がついに科学的かつ実証的な時代に達したという徴ではなく、逆に、心理学が自らの起源の部分である人間の否定性を忘れたという徴であり、自らの永遠に地獄的な役割を忘れたということなのだ。心理学が、同時に、知でも、研究でも、実践でもあるという自らの意味を再び見出そうと願うのなら、心理学は現在それによって生きかつ死んでいるあの実証性の神話から身をひきはがし、自らの固有の空間を人間の否定性の諸次元のなかに見出さねばならない。

この起源の意味を、誰よりも再び覆い隠すことに与しつつ、他の誰よりもよく見抜いたというのは、これまたフロイトの数ある逆説と豊かさのひとつである。

「天界ヲ動カサザレバ、冥界ヲ動カサム……」[1]

心理学は冥界への回帰によってしか救われないのである。

著者註

（1）ストラスブールを唯一除いて。われわれがレンヌの研究所に言及するとすれば、それは、それが求めている忘却へと同研究所を返却するためである。

（2）J・B・ワトソン、『行動主義の立場からの心理学』、一九一九年。

(3)P・ギヨーム、『形態心理学』、一九三七年。
(4)G・ポリツェル、『心理学基礎批判』、第一巻『心理学と精神分析』。
(5)K・ルウィン、『位相心理学の原理』、一九三五年。
(6)「現象学的傾向」の心理学。
(7)J・ピアジェ、『知能の心理学』、一九四七年。
(8)精神分析研究所の創設は長い間議論された。最近のフランス精神分析協会の分裂がまさしくこの創設および精神分析の養成の原則をめぐって起こったことは注目すべきである。教育法はつねに精神分析の最重要事項なのである。
(9)実証的心理学をしようとする研究者の募集のために、医学、科学、あるいは文学さえもの養成が、保証および担保として役立てられているのを目の当たりにするのは、こうした状況のもっともささいな逆説のひとつというのではない。
(10)この論文は論争的な意図をもっていないので、われわれは実際に行われている研究の題目を挙げなかった。しかし、論点は批判的なものであるから、現実に加えられた変更は純粋に儀礼上のものであって、本質を変えるものではない。

訳者註

〔1〕『夢判断』の巻頭に掲げられたウェルギリウスの銘句。

4『狂気の歴史』初版への序

ミシェル・フーコー『狂気と非理性——古典主義時代における狂気の歴史』(パリ、プロン書店刊、一九六一年)、p. I—XI。この序文は初版にのみ全文収録。一九七二年のガリマール社版以後の三つの再版には未再録。
Préface ; *in* Foucault (M.), *Folie et Déraison. Histoire de la folie à l'âge classique*, Paris, Plon, 1961, pp. I-XI.
——『思考集成I』No. 4

パスカル——「人間たちとはかくも必然的に気違いであるので、気違いでないとは、狂気の別のひとめぐりによって、気違いであることである」。ドストエフスキーの『作家の日記』中の、このもう一つのテクスト——「彼の隣人を閉じこめたからといって、ひとは自らの正気を確信できるものではない。」

この狂気の別のひとめぐりの歴史学こそなされるべきなのだ。人間たちが、かれらの隣人を閉じ込めるという至上の理性の身ぶりによって、非-狂気の呵責なき言語をとおして交通し、お互いを認め合う、この狂気の別のひとめぐりの歴史学を。その結託が、真理の支配下に決定的に成立してしまい、あるいはまた、抗議の叙情に息を吹き返す以前に、結託の瞬間をこそ再び見出さねばならない。歴史における、狂気の歴史の零度へといたること、狂気がまだ分割それ自身と不可分の経験のまま、未分化な経験にとどまっているその零度をこそ探さねばならない。「別のひとめぐり」の身ぶりの両側には、以後お互いに外的で、あらゆる交換に耳をふさぎ、相互に死んだ物同然に、〈理性〉と〈狂気〉の両者とが取り残された。その曲線の始点から、その「別のひとめぐり」の軌跡を描き出すべきなのだ。

ここに拡がっているのは居心地の悪い地帯である。そこを踏査するには、終着点における真理の便利を放棄し、私たちが狂気について知りえることに決して導かれてはならない。精神病理学の諸概念のいかなるものも、回顧的反省の暗黙裡の作用においてさえ特に、先導的役割を果たすべきでない。構成的であるのは、狂気を分割する身ぶりの方であって、その分割がひとたび成立し、戻った平穏のなかで築かれる、科学の方ではないのだ。起源をなすのは、理性と非‐理性とのあいだの距離を打ち立てる区切りなのである。理性が非‐理性から、狂気としての過ちとしての、あるいは、病気としての真理を引き出すために、非‐理性に対して行使する統御はそこから派生するものなのであって、けっしてその逆ではないのである。したがって、この原初の論争を、勝利も、勝利への権利をも予想することなく語るべきなのだ。歴史の中で繰り返されるそれらの身ぶりを、真理のなかに成就し落ちついた姿を見せるすべてを宙づりにしつつ、語るべきなのである。理性と理性でないものとの間の、切断の身ぶり、とられた距離、打ち立てられた空白、それらこそを、理性が自ら主張する十全さを決して支えにすることなく語るべきなのである。

そのとき、唯一そのときこそ、狂気の人と理性の人とが、お互いに離れつつもまだ分離されてはおらず、極めて始源的で、極めて荒削りな、科学のことばよりもより早いことばで、かれらがお互いにまだ語り合うものであることをかすかに証言している、かれらの断絶の対話を開始する領域が明かされうるのである。そこでは、狂気と非 - 狂気とが、理性と非 - 理性とが混乱したままに相互に絡まりあっている。そこでは、両者ともにまだ存在はしていないゆえに不即不離であり、一方は他方のために、他方との関連で、両者を分離する交換のなかで存在しているのだ。

精神疾患の穏やかな世界の真ん中で、現代人はもはや狂人と交通していない。一方には、狂気の方へ、医師を代表に送り、病気の抽象的普遍性を通してしか関係を許そうとしない理性の人がある。他方には、秩序、身体的および精神的拘束、集団の匿名の圧力、周囲との一致の強要といった、おなじように抽象的な理性を仲立ちとしてしか相手〔理性の人〕と交通しない狂人が位置している。共通の言語はそこにはないというか、もはやないのである。十八世紀末における精神疾患としての狂気の成立は、対話の決裂を確認し、分離をすでに確定的なものとみなし、狂気と理性とのやりとりが行われていた、不完全で、固定的な統辞法を欠く、片言ともいえる言葉のすべてを忘却の中へと沈めてしまう。狂気についての理性のモノローグである精神医学の言語は、そのような沈黙の上にしか築かれえなかったのである。

私が行おうと望んだのは、その言語の歴史ではなくて、むしろ、この沈黙の考古学の方なのである。

*

ギリシャ人たちは、かれらがヒュブリス（ὕβρις 過剰）と呼んでいたものとの関係をもっていた。その関係は、たんなる断罪のそれではなかった。トラシュマコスやカリクレスの存在は、かれらの言説が、ソクラテスの安心させる対話術にすでに包まれて、私たちのもとに伝えられているとしても、それを証すのに十分である。しかし、ギリシャのロゴスは反対物を持たなかった。

ヨーロッパ的人間は、中世の奥底以来、かれが漠然と、狂気、痴呆、非理性〔錯乱《デレゾン》〕と呼ぶものとの関係をもっている。おそらく、西欧理性は、その深みにまつわる何かを、この得体のしれない現存に負うているのである。ヒュブリスの脅威に、ソクラテスの対話者たちの σωφροσύνη（健全さ、叡智）が負うているように。いずれにせよ、〈理性〉－〈非理性〉の関係は、西欧文化にとって自らの独自性の次元の一つをなしている。その関係は、すでにヒエロニムス・ボッシュよりはるか以前から西欧文化につきまとっていたし、ニーチェやアルトー以後も西欧文化についてまわるものなのだ。

理性の言語活動の下におけるこの対決とはいったい何なのか。理性をその水平な生成において辿るのではなく、ヨーロッパ文化の全行程にわたって理性を理性でないものに対決させ、尺度をそれ自身の非尺度〔尺度を超えたもの〕と対決させてきた、あの恒常的な垂直性を時間において跡づけようとするような問いは、私たちをどこへ導くのだろうか。どのような領域へと私たちは向かうのだろうか。認識の歴史でもただの歴史でもなく、分割が生じてからしか価値も意味ももたない真理の目的論や諸原因の合理的連鎖にしたがうわけでもない、そのような領域へ。その領域とはおそらく、ひとつの文化の自己同一性よりは、境界《リミット》＝極限が問題となるような領域なのだ。

ひとは、境界《リミット》＝極限の歴史学を試みることができる。それは、成就されるやいなや必然的に忘却されることになる一連の怪しげな身ぶり、文化が自身にとってはそれ以後大文字の〈外部〉となるような何かを排除するような一連の身ぶりの歴史学である。文化の歴史の全行程にわたって、この穿たれた空白、文化が自らを分離するその白い空間が、文化とその諸価値とを指さすのだ。というのも、それら諸々の価値を、歴史の連続性のなかで受け取り維持する文化は、私たちがまさに語ろうとするこの領域においては、自らにとって本質的な一連の選択をおこなうのであって、自らにその実定性の顔立ちを与える分割をこそおこなっているのである。ここには文化が形成される起源の厚みが存在している。文化をその極限《リミット》－経験において問うとは、歴史の果てにおいて、その歴史の誕生自体であるような引き裂きに関して文化を問うことである。そのとき、つねに決着へと向かいつつある緊張のうちで、弁証法的分析の時間的連続性と、時間の扉を開けようと待ちうける、ひとつの悲劇的構造の発見とが、突き合わされることになるのだ。

西欧世界の極限－経験の中心には、もちろん、悲劇的なもの自体の極限－経験が閃光を放っている。ニーチェは、西欧世界の歴史がそこから創り出される悲劇的構造が、悲劇の、拒否、忘却、沈黙の中への埋没以外のものではないことを明らかにしていた。悲劇的なものを歴史の弁証法へと、歴史による悲劇の拒絶じたいにおいて結びつけるという意味において、悲劇は中心的である。その悲劇を中心に、その回りを他の多くの経験が巡っている。それらの経験のそれぞれは、私たちの文化の諸境界において、限界を画すと同時に、起源となる分割を意味しているのである。

西欧的〈理性《ラティオ》〔分割〕〉の普遍性においては、〈東洋《オリエント》〉というあの分割が存在する。起源と考えられ、ノスタルジーと回帰の約束とがそこから生まれる眩暈点として夢見られる〈東洋《オリエント》〉、〈西欧《オクシデント》〉の植民地理性に提供され、しかし、つねに極限としてとどまることによって、限りなく接近不可能な〈東洋〉。そのなかで〈西欧〉が形作られ、しかし、そこに〈西欧〉が分割線を引いた始まりの夜として、〈東洋〉は〈西欧〉にとって、そこに自らの原初的な真理とはなにかを探さねばならないにせよ、自分ではないすべてなのである。この大いなる分割の歴史を、西欧の生成の全行程にわたって書くべきであろうし、その連続性とその交換においてこの分割を後づけるべきであろう。しかし、その分割を、悲劇的な儀式性においても明るみにだすべきなのだ。

他の分割をも語るべきである。現れの光溢れる統一のなかに引かれた夢の絶対的分割。人間は、自らの運命であれ自らの心であれ、自分自身の真理について夢に問うことを自らに禁じ得ないのだが、ある本質的な拒否の彼方からのみ、夢に問いを発するのである。そして、その拒否こそ、夢を構成すると同時に、夢幻現象の嘲弄のなかに夢を追いやってしまうものなのだ。諸々の性的禁忌の歴史もまた、たんに民族学の用語においてだけでなく、なされねばならない。われわれの文化の内部でのたえず可動的で執拗な抑圧の諸形態は、道徳性と寛容の年代記をなすためにでなく、西欧世界の極限かつその道徳の起源として、欲望の幸福なる世界の悲劇的分割を明るみに出すために語られるべきなのである。そして、まず、狂気の歴史を語らねばならないのである。

ここに読まれることになる研究は、こうした遠大な調査の最初のもの、しかもおそらくは最も容易なものにすぎない。この研究は、ニーチェの偉大な探究の太陽のもとに、歴史の諸々の弁証法を悲劇的なものの不動の諸構造と突き合わせてみることをめざすものなのだ。

知による狂気のあらゆる統御のいっさいをはじめから忌避する者にとって、最も一般的で最も具体的な形態において、狂気とはそれではいったい何であろうか。おそらく作品の不在以外のなにものでもない。

*

狂気の存在は、生成のなかでどのような位置をもちうるのか。狂気の航跡とはどのようなものか。おそらくは、とてもわずかな、とるにたらない数条の皺、歴史の理性的な大いなる落ち着きを乱すこともない数条の皺にすぎない。西欧理性の生成を織りなしてきた決定的な幾つかの言葉を前にして、監獄や図書館の偶然がそれらの言葉の傍らに並置してきた、これらの空疎な言葉たち、これらの妄想の資料の数々は、どのような重みをもつものなのか。「凶暴な痴呆者」[1]でほとんど文盲の従僕トランが、十七世紀末に、逃げ去ろうとする自らの幻覚と恐怖のほえ声を書き記した数千頁のための場所が、私たちの言説の宇宙には存在するのだろうか。それらすべては、失墜した時間に属するのであり、未来が拒絶する向こう側への移行への哀れな思いこみ、生成のなかにおかれた救いがたく歴史未満の何かである。

この「未満」性をこそ、あらゆる否定的評価の刻印からあらかじめ解き放ちながら問うべきなのだ。歴史的時間は、その起源における定式化以来、空虚、空疎さ、無の類においてしか、以後私たちが把握できなくなる何かに対して沈黙を強いている。歴史は、歴史の不在を背景に、あの大いなる呟きの空間のただ中においてのみ可能なのであり、沈黙こそが、その空間の召命かつ真理として待ちかまえ窺っているのである——「私は、お前がそうであったこの城を砂漠と、この声を夜と、お前の顔を不在と、名付けよう」。純粋な起源であると同時に最後の残滓にすぎぬという、なんとあいまいな暗い地帯であることか。歴史の言語が数々の混乱のうえに、その統辞の諸形式と語彙の安定を次第に獲得しつつ生まれでる純粋な起源であると同時に、語たちの不毛な岸辺、受動性のままに、型を採られたあとの空虚な跡をのみとどめ、踏査されるや忘却され遺棄された砂地でもあるという、この闇の地帯の両義性。

世界の歴史の大いなる作品は、ひとつの〈作品の不在〉に消しがたくつき従われている。その不在は、それぞれの瞬間ごとに更新され、しかし、全歴史を通してその不可避の空白のなかを変わることなく巡り続ける。歴史以前に、最初の決定の時からすでに、その不在はそこにあり、歴史が発するであろう最後の言葉においてはそれが勝利をおさめるであろうから、歴史以後においてもまだ、その不在はそこにあることになろう。歴史の十全さは、これらすべての言語なき語たちの、同時に空虚にして蝟集した空間においてのみ可能なのである。それらの語たちは、耳を傾ける者には、歴史の下にある鈍い音、自ずからひとりで——語る主体もなく対話の相手もなしに——語るような言語の執拗な呟きを聴かせるのでである。その言語は、それ自身のうちに沈みこみ、喉にからみつき、いかなる表現に達するよりも前に崩れさり、そこから決して脱したことのない沈黙に音もなく戻って行くようなのだ。灰と化した意味の根としてそれは横たわっている。

それはまだ狂気では決してないが、そこから発して狂気の分割が可能となる最初の区切れではある。狂気の分割は、その最初の区切れが取り直され、繰り返され、現在時のより緊密な統一のなかに組織されたものなのである。西欧的人間がみずからの時間と空間についてもつ知覚は、ひとつの拒否の構造を露わにしている。その構造から出発して、ひとは、ある言葉を言語でないとして、ある身ぶりを作品ではないとして、ある人物形象が歴史のなかに場をしめる権利がないものとして、告発することになる。その構造こそは、意味と無意味、あるいはむしろ、それら双方を結びつけている相互性を構成するものなのである。狂気について人が持つ合理的認識が狂気を還元し、狂気に病理的偶有性という脆弱な性格を与えることで武装解除したとしても、唯一この構造のみが、われわれの文化においては狂気なしに理性は存在しないという一般的事実を説明するものなのだ。〈西欧〉の歴史を貫通して、この狂気の必然性は、背景音の連続する単調さから、時間のなかに継承され成就されるような意味作用の言語を取り出そうとする、決定の身ぶりに結びついている。要するに、狂気の必然性は歴史の可能性に結びついているのである。

歴史に全面的に属しつつも、歴史の果てにおいて、歴史が決定されるところに陣取っている、この狂気の経験の構造こそが本研究の対象なのである。

つまりこれは、認識の歴史ではまったくなく、ひとつの経験の諸々の原基的な運動の歴史なのである。精神医学の歴史ではなく、知によって捕獲される以前の、活性状態での狂気自体の歴史がめざされるのだ。したがって、世界があの口ごもった呟きの方へと耳を傾け、決して詩となることはなかったかくも多くのイマージュ、覚醒時の色彩に決して到達することのなかったかくも多くの幻想を、身をかがめて垣間みようとつとめねばならない。しかしこれこそはおそらく二重に不可能な使命なのである。なぜなら、それは私たちに、なにものも時間へと繋留することのない諸々の具体的な苦悩、狂乱した諸々の言葉の無数の断片の集積を再構成することを命ずるからであり、そしてとくに、それらの苦悩や言葉たちは、それらをもうすでに告発し支配する分割の身ぶりにおいてしか、それら自身に対しても他者たちに対しても与えられてはいないからである。ひとは、その分離の行為において、またそこから出発してのみ、それらの苦悩や言葉たちをいまだ分離されていない無数の集積として考えることができるのである。それらを野生の状態において捕捉しようとする知覚は、それらをすでに捕獲してしまった世界に必然的に属している。狂気の自由は、狂気を捕囚している城塞の上からしか聞こえてはこないのである。まさしく、狂気は、「ここでは、自ら経てきた監獄と迫害された者の押し黙った経験の陰鬱な戸籍を持つのみであり、われらは、逃げ去った脱獄犯としてのその〔＝狂気の〕人相書きを持つのみである」のだ。

狂気の歴史を企てるとはしたがって、狂気を捕囚している歴史的な総体――諸々の観念、諸制度、法的および警察的諸措置、科学的諸概念――の構造的研究をおこなうことを意味している。狂気の野生の状態を復元することはけっしてできないのだ。しかし、この近づきえない原初的な純粋状態の代わりに、構造的研究は、理性と狂気とを、同時に結びつけかつ分離する、あの決定の方へと遡行しなければならない。意味〔正気〕と非意味〔正気をなさぬもの〕との統一と対立とに意味を与える、絶えざる交換、闇に包まれた共通の根、起源的な対決を発見することへと向かわねばならないのである。そのようにして、歴史の時間にとって異質な、だが、その時間の外ではつかむことのできない、あの稲妻のような決定、理性の言語と時間の約束とから、暗い虫けらたちのあの呟きを分離した決定が、再び姿を浮かび上がらせるのである。

*

この構造が、われわれにとって実証的であるとされる精神医学の成立に先立ち、精神医学の形成をもたらした百五十年の期間にとくに目に見えるものであることに驚くべきであろうか。古典主義時代――ウィリスからピネルへ、オレストの狂気から、「聾者の館」そして『ジュリエット』へ――は、まさに、狂気と理性とのやりとりが、その言語を変える、しかも根底的に変える時期にあたる。狂気の歴史においては、二つの出来事がこの変化を際立った明白さとともに示している。一六五七年、一般施療院の創設と貧者たちの「大いなる閉じ込め」。一七九四年、ビセートルの鎖につながれた者たちの解放。これらの特異なしかも対称的な二つの出来事の間に、その両義性が医学史家たちを面食らわせた何かが起こるのである。ある歴史家たちによれば、それは絶対主義体制下の盲目的な弾圧であるとされ、他の歴史家たちによれば、それは科学と博愛精神《フィランソロピー》により進められていった、実証的真理としての狂気の漸進的な発見であったとされる。じっさいには、これらの相互に反転しうる意味付けの下で、ひとつの構造がかたちづくられていたのだ。そして、この構造こそが、その両義性を解消するのではなくそれを決定しているものであり、中世的およびユマニスト的な狂気の経験から、狂気を精神疾患のなかに閉じ込めてしまうような、われわれの経験への移行を説明するものなのである。中世においては、そしてルネッサンスにいたるまで、人間と痴呆との討論は、人間を、世界の隠然たる権能の諸力に対決させる劇的な対話であった。そこでは、狂気の経験は、〈失墜〉と〈成就〉、〈獣〉、〈変身〉、および〈知〉の魔術的な秘訣などが問題となる一連のイマージュのなかに隠れていた。われわれの時代における狂気の経験は、狂気をあまりに識知するがゆえにかえって忘れるような知の静けさのうちに行われる。だが、これらの経験の一方から他方へと、移行は、イマージュも実証性もないひとつの世界を通って、一種の静かな透明性のうちに行われたのである。

押し黙った制度、評釈なき身ぶり、直接的な知として、ひとつの大きな不動の構造を顕にするこの透明性は、歴史を創設するとともに忌避する悲劇的なものの内で、歴史が停止する地点なのである。

狂気の古典主義的な経験に、その権利と生成において、焦点をあてようとするこの試みの中心に、ひとはしたがってひとつの不動の喩を見出すことになろう。それは、昼と闇、影と光、夢と覚醒、太陽の真理と真夜中の力といった単純な分割である。それは、時間を境界《リミット》＝極限の無限定の回帰としてのみ迎えようとする、基本的な喩なのである。

人間を強力な忘却へと引き込むのもまたこの喩の役割であった。この大いなる分割を支配し、それを彼自身の次元に還元することを人間は学ぼうとしていた。人間は、彼自身のうちに昼と夜をなすこと、真理の太陽を彼自身の真理へと秩序づけることを学ぼうとしていたのだ。自らの狂気を統御したこと、狂気を解放しつつ自らの眼差しと自らの道徳の牢獄のなかに捕獲したこと、彼自身の一隅に押し込めつつ狂気の武装解除に成功したことは、人間が、自から自己に対して「心理学」とひとが呼ぶような種類の関係を築くことを許したのである。人間が〈狂気〉の真理を知っていると主張することができ、それを認識のなかに解き放つためには、〈狂気〉が〈夜〉であることをやめ、意識のなかの逃げ去る影となる必要があったのである。

　この狂気の経験の再現を通して、心理学の可能性の条件の歴史がひとりでに書かれるのだともいえるのである。

＊

この仕事を通して、他の何人かの著者の手によりまとめられた材料を私は利用することもあった。しかし、それは最小限にであり、私が資料自体に直接触れることができなかった場合にのみである。というのも、精神医学的な「真理」へのあらゆる参照の外で、言語の下から出現し、言葉にまで到達するとはされていなかった、それらの言葉たち、それらのテクストたちに自ら語らせる必要があったからである。そしておそらく、私の目からみれば、この仕事の最も重要な部分は、私が古文書のテクスト自体に与えた場所なのである。

それ以外には、一種の救いなき相対性のなかに身を保持し、カードを裏返し真理の誤認を告発するような、いかなる心理学的な強引なやり方にも解決をもとめることは避けねばならなかった。人間たちに狂人でないことをゆるす、あの「別のひとめぐり」との関係においてしか狂気について語るべきでなかったし、その別のひとめぐりは、それ自体もまた、狂気にかんして無限の討論へとそれを引き込もうとする原初的な活性状態においてしか記述するべきでなかった。支えなきことばがしたがって必要であったのだ。そのゲームに加わり、しかしやりとりを許すようなことば、絶えずことばをつぎながら連続的運動によって奥底にまで行き着きうることばである。いかなる代価をはらっても相対性を確保し、しかも絶対的に理解されなければならなかったのだ。

この単なる話し方の問題のなかにこそ、企ての最大の困難は隠されかつ表れていた。それらの分割と討論のはるか彼方においてのみ意味をもつ理性のことばの表層に、必然的にその手前にとどまるべき分割と討論とを浮上させねばならなかったのだ。原初的に錯綜した言葉たちに最も近く接近し、現代人が狂気にたいして自己を確保している距離が取り除かれるためには、十分に中性な（科学的用語法、あるいは社会的あるいは道徳的選択から十分自由な）ことばがしたがって必要だった。しかも、われわれにとっての狂気と理性の真理がそれを通して構成された、それら決定的な言葉たちが、裏切られることなく、そこに書き込まれるためには、十分に開かれたことばでなければならなかった。規則および方法については、私はしたがって唯一、そこに最も切迫し最も留保された真理の定義を読むことができるシャールのテクストに含まれた規則と方法のみを念頭においたのだった。すなわち、「私は事物たちから、かれらが私たちから自分たちを守るために生み出す幻想を取り去り、かれらが私たちに譲り渡そうとする分け前をかれらに残すことにした(2)」のだ。

＊

この少しは孤独でないわけにはいかぬ仕事において、私を援助してくれたすべての人々に感謝する。ジョルジュ・デュメジル氏なしには、この仕事はスウェーデンの夜の裡に企てられ、ポーランドの自由の頑固なおおいなる太陽のもとに完成されることもなかった。私は、ジャン・イポリット氏と、とりわけ、まだかたちをなしていなかったこの仕事を読み、すべてが簡単ではないときに助言をくださり、多くのまちがいを回避することをゆるし、理解されるということの価値を示して下さったジョルジュ・カンギレム氏に感謝しなければならない。友人のロベール・モージは、かれの専門とする十八世紀について私に欠けていた多くの知識を与えてくれた。

　多くの名もなき人々の名をも記すべきであろう。それら、スウェーデンの友人たち、ポーランドの友人たちは、これらの頁にかれらの存在のなにかが記されていることを知っている。かれらには、遠い苦しみと、やや埃にまみれた苦悩の古文書をあつかったにすぎなかったこの仕事が、かれらとかれらの幸福に、かくも身近なものなのだと感じていたことを許してもらいたい。

*

「かろうじて呟こうとする悲壮なる同伴者たちよ、ランプを消してゆけ、宝石をもどすのだ。新たなる神秘〔1〕がお前たちの骨のなかで歌っている。お前たちの正当なる異様さを繰りひろげるがよい。」

ハンブルク、一九六〇年二月五日

著者註

（1）アルスナール図書館、草稿番号 12023 および 12024。

（2）R・シャール、「宗主」、『詩と散文』所収。

訳者註

〔1〕ルネ・シャール、「断固たる分割」XXII。

5 狂気は社会のなかでしか存在しない

「狂気は社会のなかでしか存在しない」（J＝P・ウェベールとの対話）、「ル・モンド」紙、五一三五号、一九六一年七月二十一日、九ページ。
«La folie n'existe que dans une société» (entretien avec J.-P. Weber), *Le Monde*, n° 5135, 22 juillet 1961, p. 9.
——『思考集成Ⅰ』No. 5

——私は一九二六年ポワチエで生まれました。一九四六年に高等師範学校に入学し、哲学者たちのもとで学ぶとともに、ジャン・ドレーから学びました。狂人たちの世界を教えてくれたのはドレーです。しかし、私は精神医学者ではありません。私にとって重要なのは、狂気の起源そのものについての問いかけなのです。精神科医たちの善良ぶった意識は私を失望させてきたのです。

——どのようにして、あなたの博士学位論文を思いつかれたのですか？

——当時「ターブル・ロンド」出版社にいたコレット・デュアメルから精神医学の歴史を書くように依頼されたのです。そのとき、私は、医師と狂人との関係についての本を書くことを提案したのです。理性と非理性との永遠の論争を書こうと思いついたわけです。

——影響を受けたことは？

——とくに文学作品の影響を受けました。モーリス・ブランショやレーモン・ルーセルです。私に興味を与え、私を導いたのは、文学のなかにおける狂気のある一定の現前の仕方なのです。

——精神分析の方はどうなんでしょうか？

——フロイトこそ精神分析そのものであると考えられていますね。しかし、フランスでは、精神分析は、最初は厳格にオーソドックスなものでしたが、もっと最近では、第二の、しかも極めて評価の高いあり方を、ご存じのようにラカンによってするようになっている……

――そして、あなたは、その精神分析の第二のスタイルにとくに影響を受けたというわけですね？

――ええ。しかし、おもにデュメジルから影響を受けてもいるんです。

――デュメジルですか？　宗教の歴史家がどのように狂気の歴史についての仕事にインスピレーションを与えることができたのですか？

――彼の構造という考えによってです。デュメジルは神話に対してそれを適用しているのですが、私は、その図式が変形をともなって様々なレヴェルに見出されるような、経験の構造化された諸形式を発見しようと試みたのです……

――その構造とはどのようなものなのでしょうか？

――それは社会選別の構造、排除の構造です。中世においては、排除は癩病患者や異端信者に向けられる。古典主義文化は、hôpital général（一般施療院）、Zuchthaus（矯正院）、

Workhouse（労働の家）など、癲病院から派生したあらゆる制度によって排除を行うのです。私は、排除性の構造の変化を記述しようとしたのです。

――そうだとしますと、あなたが書かれたのは、狂気の歴史というよりは、監禁の歴史だということなのでしょうか？

――部分的にはそうです。たしかに。しかし私はとくにこうした新しい排除の形式と、科学および合理主義哲学に支配された世界での狂気の経験とのあいだに関係があるかどうかを見ようとしたのです。

――そのような関係はあるのでしょうか？

――ラシーヌが『アンドロマック』の最後でオレストの錯乱を扱うやり方と、十七世紀において警察の執行吏が狂人あるいは乱暴者を入院させるやり方との間には、確かに統一性はありませんが、構造的均一性があるのです……

――それでは狂気の歴史の哲学というようなものが考えられるというのでしょうか？

——狂気は野生の状態では見出されないものなのです。狂気は社会のなかにおいてしか存在しない。狂気は、それを孤立化する感受性の諸形態、それを排除しあるいは捕捉する嫌悪の諸形態の外に存在するものではないのです。したがって、中世には、そしてルネッサンスにおいては、狂気は社会の地平のなかに審美的あるいは日常的事実として現前しているといえる。つづいて、十七世紀においては、——監禁が始まってからは——、狂気は、沈黙と排除の時代を横切ることになる。狂気は、シェイクスピアとセルバンテス（例えば、マクベス夫人は、狂人になったときに真理を語り始める）の時代にもっていた、あの顕現と暴露の機能を失い、嘲笑すべき虚偽のものとなったのです。そして、二十世紀はついに狂気に手をつけ、世界の真理に結びついた自然現象に還元してしまった。狂気のこの実証的な所有化から派生したのは、一方では、すべての精神医学が狂人に対して顕にする侮蔑的なフィランソロピー（博愛主義）であり、他方では、ネルヴァルからアルトーにいたる詩に見出される叙情的な大いなる抗議であって、それは、監禁によって無に帰せられた深遠性と暴露の力を狂気の経験に再び与えようとするものなのです。

——狂気はそれでは理性よりも価値をもつものなのでしょうか？

——博士論文の審査委員会の反対質問のひとつはまさに私が『痴愚神〔狂気〕礼讃』を行おうとしているのではないか、というものでした。しかし、そうではないのです。私が言いたかったことは、狂気が科学の対象となったのは、狂気が古来から持っていた権力を奪われたからこそなのだということなのです……。狂気それ自体の擁護弁明をするなどということではないのです。それに、結局、それぞれの文化は、それに似つかわしい狂気を持つことになるのです。もしアルトーが狂人であるとして、精神科医たちがアルトーの監禁を許可したというのだとすれば、それはすでに見事なことです、ひとがなしうるもっとも素晴らしい礼讃ということでしょう……

——狂気に対する礼讃というわけでは、しかし、もちろんない……

——いや精神科医たちに対するですよ。

6 ルソーの『対話』への序文

J＝J・ルソー『ルソー、ジャン＝ジャックを裁く——対話』序文（A・コラン、一九六二年刊）「クリュニー叢書」、七—二四ページ。
Introduction, *in* Rousseau (J.-J.), *Rousseau juge de Jean-Jacques. Dialogues*, Paris, A. Colin, coll. «Bibliothèque de Cluny», 1962, pp. VII-XXIV.
——『思考集成I』No. 7

これは反『告白』である。そして、その中断したモノローグから、正体不明の障害物に突き当たって破裂する言語の逆流から生まれたかのようである。一七七一年五月初め、ルソーはデグモン公爵邸での『告白』の朗読を終えた。「私の著作を読んだことさえなくとも、私の生来の性質、性格、品行、好み、楽しみ、習慣、を自分の目で検討して私を不誠実な人間と思うような人がいたら、その人自身が絞め殺されるべき人間である。[1]」ここに窒息の駆け引きが始まるのであり、それは散歩と夢想の、開かれて、呼吸可能で、不規則で入り組んではいるが絡み合い（enlacement）[1]のない領域の再発見まで止むことはないのである。そのように、ジャン＝ジャックを誠実と思わない人間は絞め殺されるべきなのである。これは厳しい脅迫である。というのはその人は書物を読むことに自分の確信の根拠を求めるべきではなく、〔ルソーという〕人間についての知識、『告白』において率直に与えられていて、彼を通して彼なしで明らかになるべき知識を確信の根拠としなければならないのだから。書かれた言葉《パロール》の言うことを信じなければならない、しかしそれを読んだから信じなければならないのではない。そしてその命令は、その意味に合致し、その指令を発する場所によって指令に対して異議を申し立てることがないように、著者によって読まれるのである。このようにすれば、命令は人に聞かれうるであろう。そうすれば、信条と真実が障害なく伝わるような、軽く、忠実で、無限に伝達性のある言葉《パロール》の空間が開かれるであろう。それは、おそらくかつてサヴォアの助任司祭がそれを傾聴しつつ、その信仰告白を込めた無媒介的な声の空間である。[2]『告白』の書物はデュ・プゼ氏やドラの家で、スウェーデン王太子の前で、そしてさらにデグモン公爵邸で何度も朗読された。それは限られた聴衆を前にした、内輪での朗読であるが、その半ば秘密の性格は結局その打ち明け話の記されたテクストだけに関わっている。その打ち明け話が伝えようとする真実はこの秘密性によって、無限で無媒介的に流通するように、確信になるためにすでに理想化され、解放される。声がついに勝利する澄んだ空気の中で、信じない悪人はもはや呼吸することができないであろう。もはや悪人を絞め殺すために手もひもも必要なくなるであろう。

この軽い声、その厳粛さでその源となっているテクストを極度に希薄にするこの声は、沈黙に陥る。ルソーがその即効を期待していた確信の大いなる集まりは現れなかった。「全員が沈黙した。デグモン夫人はただ一人感動した様子だった。彼女は明らかに身震いしたが、すぐに立ち直り、参会者全員と同様、沈黙をまもった。以上が、この朗読と私の宣言から得たものだった。[3]」声は押し殺され、そしてそれが呼び起こす唯一の反響は、それへの答えとして、こらえられた身震い、一瞬の間目に見えて、すぐに沈黙に戻る感動でしかない。

まったく異質な声の用法をもって、ルソーが『対話』を書き始めたのは、おそらく次の冬の間である。冒頭から、すでに押し殺され、「深く、全世界的でそれが覆い隠している謎と同じくらい不可解な沈黙、……ぞっとするような恐ろしい沈黙[4]」の中に閉じこめられた声なのである。その声はもはやそのまわりに注意深い聴衆の輪を想起させることはなく、ある著作の迷宮だけを思い起こさせ、その著作のメッセージはそれが埋めているページの物質的な厚みに完全にはめ込まれている。その存在の根本から、『対話』の会話は書かれたものであり、それは『告白』がそのモノローグの形において語られていたのと同じである。話すすべを知らないことを絶えず嘆き続け、物書きを職としていた十年間を人生の不幸な脱線としているこの人にあって、論文、手紙（実在のものであれ、小説の中のものであれ）、建白、声明——そしてオペラも——は彼の人生全体を通じて、言葉《パロール》と書かれた言葉《エクリチュール》が互いに交錯し、異議を唱え合い、強め合うような言語の空間を定めてきたのである。この錯綜では一方が他方を忌避しているが、双方を互いに他方に開くことによって正当化している。すなわち、言葉《パロール》はそれを固定するテクストに対して開かれ（「私はこの書物を手にして進み出るだろう……〔5〕」）、書かれたものはそれを無媒介的で熱烈な告白にする言葉《パロール》に開かれているのである。

しかしまさにそこ、つまり誠実さが交差する点において、言語が最初に開かれる点において、危険が生まれる。テクストなしでは、言葉《パロール》は果てしなく運び伝えられ、変形され、ゆがめられ、（子どもを捨てたことの告白がそうであったように）悪意をもって裏返される。書かれてしまえば、言説は複製され、改竄され、その作者の真偽が問題にされてしまう。版元は誤りの多い校正刷りを売り、だれが作者かということについて誤った推測が流布する。言語はもはや自分の空間の支配者ではない。そこから、一七六八年から一七七六年までルソーの生活にのしかかる大いなる不安、すなわち、自分の声が失われてしまうのではないか、という不安が生じる。そしてそれは二つの仕方で失われうる。まず『告白』の原稿が読まれ、廃棄されてしまい、そのことによって声が宙づりのまま、正当化のないままに放置されてしまうことである。そして他方は、『対話』のテクストが無視され、最終的に見捨てられ、声が書き写されたページによって声が押し殺されてしまうことである。「この著作を偶然手にする人たちに私が懇願できることがあるとすれば、それはこの著作全体を読んでほしい、ということだ。〔6〕」ルソーがノートルダム大聖堂に『対話』の手稿を託そうとした有名な行為はよく知られている。〔7〕彼は原稿を手渡すことによって廃棄し、そのテクストがそこで言葉《パロール》に変化するように、匿名の場所にこの猜疑心のテクストを託そうとした。厳密な一貫性に従って、その行為は『告白』の原稿を守るために傾けられた注意の対称物である。『告白』の原稿は声のもろく、不可欠な支えであったが、「もっともそれを聞くにふさわしくない耳」をもった人たちに向けられた朗読によって汚されてしまった。〔8〕『対話』のテクストは一つの声を閉じこめているが、闇の壁がその声の上に閉じられ、絶大な力をもつ仲介者だけがそれを生きた声として聞かせうる。「この行為の噂によって私の原稿が国王の目にたどり着くこともありえたのだ。〔9〕」

そして挫折は事件の論理的な必然性の中に生じる。『告白』の朗読は長い沈黙を引き起こしただけであり、情熱的な声のもとに、そしてその声の前に、空虚な空間を開き、そこに声は落ち込み、人に聞かれることを断念する。その空虚な空間で声は、それが言ったことの反対、声がそうであったものの反対のものに転じさせるつぶやきの隠然とした圧力によって徐々に押し殺される。『対話』の委託は逆に遮断された空間に直面する。書かれた言葉《エクリチュール》が聞かれうる魔法の場所は禁じられている。その場所はとても軽い柵に囲まれているのでその柵を越えようとしたときまで見えなかったのだが、とても厳密に施錠されていて、そこから人に聞いてもらえるこの場所も、言葉《パロール》が書かれた言葉《エクリチュール》と化した場所と同様に隔離されている。[10] この時期全体を通じて、言語の空間は互いに連関している四つの像によって覆われていた。それはまず、危機にさらされたテクストから立ち上る『告白』の声であり、その支えから断ち切られそれ故押し殺される危険に絶えず脅かされる声である。そして〔第二に〕沈黙の中に沈み込み、反響の欠如によって押し殺されるその同じ声。〔第三に〕人に聞かれない声を内に含み、それが死なないように、絶対者による聴取にそれを差し出す『対話』のテクストである。〔そして最後に〕その同じテクストであるが、それは再び言葉《パロール》になりうる場所から閉め出され、それ自体が聞かれることの不可能性の中に「絡め取られてしまう」運命にあるかも知れない。もはや静かに、まったく穏やかに同意して、全世界による封じ込めに身をゆだねるしかない。「もはや私の運命に身をまかすこと、もうかたくなに運命にあらがおうとしないこと、私を迫害する人たちに彼らの獲物を好きなようにさせること、悲しい余生の間、無抵抗に彼らに翻弄されること……これが私の最後の決心だ。[11]」

そして窒息のこの四つの像は、ビエンヌ湖の自由な空間、水の緩やかなリズム、そして言葉《パロール》でもテクストでもなく、声をその源泉に、夢想のつぶやきに連れ戻すあの絶え間ない音が思い出の中でよみがえる日にはじめて解消されるだろう。「そこでは、波の音と水のざわめきが私の感覚をとらえ、私の魂からほかの一切の動揺を追放していたので、私の魂は甘美な夢想に浸り、私は気づかぬうちに夕闇に包まれてしまうことがしばしばであった。〔12〕」この絶対的で原初的なざわめきにおいて、人間のいかなる言葉《パロール》もその直接的な真実性と信頼を取り戻す。「水晶のように清らかな泉の水から、最初の恋の炎が生まれた。〔13〕」『告白』の結末において敵に対して求められた窒息は、『対話』全編を通して「あの方々」〔陰謀の首謀者たち〕によって絡め取られることへの強迫観念となった。ジャン＝ジャックと、彼を不誠実と思っている者も同じ死にいたる締めつけにおいて結びついている。同じ一つの紐が彼らを互いに押しつけ、声を断ち切り、声の旋律から、内なるものでありながらそれ自体に敵対し架空の対話の書かれた沈黙に運命づけられた言葉《パロール》の混乱を生むのである。

*

ルソーの言語はたいてい直線的である。『告白』において、話の後戻りや先回り、テーマの相互連関は旋律的な書き方《エクリチュール》の自由な使用によるものである。それはルソーによって常に特に重視された書き方《エクリチュール》だった。というのはルソーは、音楽においても言語においても、それを最も自然な表現と見なしており、話す主体が留保もためらいもなく、自分の話すことのそれぞれの形において完全に存在する表現と見なしていたからである。「読者に対して自分を余すところなく見せるという、私の企てにおいて、私について読者にとってわかりにくいことや隠されたことが残されてはならない。私はたえず読者の目に身をさらしていなければならず、読者は私のすべての心の迷いや私の人生の隅々にまで私のあとをたどらなければならない。〔14〕」それは持続的で、時間の流れに限りなく忠実で、糸のようにそれに従う表現である。読者が「私の叙述において少しでも欠落やわずかでも隙間を見つけて、『この間彼は何をしたのだ』と疑問に思い、すべてを言おうとしなかったといって私を責める〔15〕」ようなことがあってはいけない。そこで、あらゆる瞬間においてこの誠実さを誠実にたどるためには、文体における絶え間ない変化が必要となる。一つ一つの出来事とそれに伴う感動がそのままの鮮明さで復元されなければならず、今、その実際の姿において示されなければならない。「私は、気取りも遠慮もなく、不統一を気にすることもなく、私がそれを感じ、それを見ているように一つ一つのことを言うだろう。〔16〕」というのは、この多様性はある面では物事の多様性にすぎないのだから。その多様性は、その絶え間なく、変わることのない源泉において、物事を感じ、それで喜んだり苦しんだりする魂の多様性である。その多様性は隔たりや解釈もなく、起こることではなく、出来事が起こるその人を伝える。「私はその出来事の歴史よりはむしろ、出来事が生じるに従って、私の魂の状態の歴史を書く。〔17〕」言語は、それが自然の言語であるときには直接的な可逆性の線を描き、それは秘密も城塞も本当のところ内面もなく、外部にすぐに表現される感受性がある、というものである。〔18〕「私に起こったすべてのこと、私がしたこと、考えたこと、感じたことをすべて率直に詳しく述べるならば、自分が望まない限り、私は読者を欺くことはできない。とはいえもし私が望んだとしても、そのような仕方では、私は簡単に読者を欺くことはできないだろう。[19]」

まさにそこでこの直線的な言語は驚異的な力を得るのである。かくも多様な情念、印象、文体から、そしてかくも多くの外的な出来事への忠実さから（「私自身はいかなる身分も持たないものの、あらゆる身分を経験した。最低のものから最高のものまで、私はすべての身分の中で生きた。[20]」）彼は、一つであるとともに、独自のものである描写を生じさせる。「私ただ一人。[21]」それは、自分自身とは切り離せない近接と、他人との絶対的な相違を意味する。「私は、私が出会っただれとも違うふうにできている。現存しているいかなる人とも違うふうにできていると私はあえて信じる。私は人よりも優れてはいないとしても、少なくとも、私は違っている。[22]」それでも、この不思議でかくも異質な統一性は、最も近似的で最も必然的な仮説として、ほかの人たちだけがそれを再現することができる。自己に対して常に外部にあるこの本性を真実に変えるのは読者なのである。「これらの要素を集めて、それによって構成される人間を明らかにするのは、彼〔読者〕の仕事である。結果は彼の仕事でなければならない。そしてもし彼が間違えれば誤りはすべて彼のせいとなるだろう。[23]」この意味では、（音楽の旋律的な言語とまったく同様に、）『告白』の言語の哲学的なありかは、原初的なるものの次元、すなわち表層に現れるものの根拠を自然の存在におく仮説に見いだされる。

逆に『対話』は、垂直のエクリチュールの上に築かれている。起立していて和声的な構造のこの言語において、語っている主体は、切り離されて自分自身に重ね合わされ、空隙のある主体であり、終わることのない加算によってのみ存在させることができるような主体である。それはあたかもその主体が、ある収斂によってのみ突き止められるような消失点に現れるかのようである。『対話』において語っている主体は、誤りや偽善や嘘をつこうという意志が宿る余地さえないような、誠実さの面積なき点に集約されているのではなく、その主体は決して閉じられることのない言語の面を覆っており、そこにはほかの者たちがその執拗さ、その悪意、すべてを歪曲しようという頑固な意図によって介入できることになる。

一七六七年から一七七〇年まで、『告白』を書き終えようとしていた頃、ルソーはジャン゠ジョゼフ・ルヌーと名乗っていた。『対話』を執筆していた頃、彼は偽名を放棄して再び自分の名前で署名する。ところがまさにそのジャン゠ジャック・ルソーは、その具体的な統一性において『対話』の中には存在しない。というよりむしろ『対話』を通して、あるいはおそらく『対話』によって、分離されている。議論はある匿名のフランス人を登場させ、それはルソーからその姓を奪った者たちの代表者である。それに対するのは、ルソーと称するある男であり、その誠実さ以外の具体的な限定もなく、公衆が実際のルソーから奪った姓を名乗り、ルソーによってなされたもの、すなわちその作品を正確に知っている。さらに、第三者であるけれども常にいる者があり、それは人々がもはや高慢ななれなれしさからジャン＝ジャックとしか呼ばない人である。それはまるで彼を個別化する固有名詞をもつ権利がもはやなく、名前の独自性に対する権利しかないかのようである。しかしそのジャン＝ジャックも、彼がその権利をもっている統一性において提示されていることさえない。一方に「書物の著者（l'auteur des livres）」である「ルソーにとってのジャン＝ジャック」がおり、他方にもう一人、「犯罪の張本人（l'auteur des crimes）」である「フランス人にとってのルソー」がいる。しかし犯罪の張本人が、人々の心を美徳に向けさせることのみを目的とする書物の著者ではありえないので、「ルソーにとってのジャン＝ジャック」は書物の著者ではなくなって世評のいう罪悪人にすぎなくなってしまい、ルソーはジャン＝ジャックが彼の書物を書いたことを否定して、彼が偽作者にすぎないと断言することになる。逆に、「フランス人にとってのルソー」は、知られているすべての罪を犯したのなら、道徳の教訓と称するものを与えるにあたって、必ずその中に秘められた「毒」(24)を隠したにちがいない。それ故その書物は見かけ通りのものではなく、その真実は書物の言っていることの中にはない。その真実は、ジャン＝ジャックが署名しないものの、事情に通じた人たちが正しくも彼のものだとしている文章において、ずらされた形でのみあらわになるのである。こうして犯罪の張本人は犯罪的な書物の著者となる。まさにその四人の人物を通して実際のジャン＝ジャック・ルソー（『告白』においてかくも素直に、かくも威厳をもって「私ただ一人」と言っていた人物）が次第に突き止められる。とはいえ彼は生身の姿でそのまま表されることはなく、発言することはまったくない（いくつかの注の侵入やルソーかフランス人によって伝えられる言説の断片において、『対話』の著者という常に省略された形で現れるのを除けば）。彼に会い、話を聞いたのはルソー（もう一人の彼自身、彼の本当の姓をもつ者）だけである。フランス人は彼に会うこともしないうちに満足だと表明する。フランス人は彼を弁護する勇気もないし、その有用性も認めていない。フランス人はせいぜい、彼の原稿の受託者となること、そして死後の認知のための仲介者となることを承諾するだけである。〔25〕それほど、その直接的な存在が『告白』の言語を可能にしていた人物は今や遠く、手の届かない者になってしまったのだ。彼はもはや言葉《パロール》の究極の境界にあり、すでにその境界を超えており、二人の話者とその対話が順次規定する四人の人物たちによって形作られる三角形の潜在的で決して知覚されない先端に置かれている。

三角形の頂点、それはすなわちルソーがジャン＝ジャックと再び一体になって、フランス人によって本来の姿で認知され、本当の書物の著者が罪のにせの張本人を一掃したときのことだが、その頂点は死が憎悪を鎮め、時間が本来の流れを再開できるようになるとき、ある彼方において初めて到達されることになる。『対話』のテクストの中に潜在的に描かれたこの図形は、そのすべての線がその真実において回復された統一性に収斂し、あたかもう一つの図形の逆転した像を描いているかのようである。それは『対話』の執筆とその直後の行動を外部から命じた図形である。その書物の著者であるジャン＝ジャック・ルソーは、犯罪的な書物を書いたとフランス人たちに非難され（『エミール』と『社会契約論』の断罪）、あるいはその書物を書かなかったという罪を着せられ（『村の占い師』に関する疑義）あるいは中傷文を書いたと疑われた。いずれにせよ、彼の書物を通じて、そして彼の書物のせいで、彼は無数の罪の犯人となっていた。『対話』は、敵たちの仮説を踏襲することによって、書物の著者を再び見いだして、その結果、犯罪の張本人を一掃することを目的としている。しかもそれはとても並みはずれた、厳粛な委託によってなされるので、その委託の反響自体がその秘密を明かすだろう。そこから、原稿をノートルダム大聖堂の大祭壇に置くという考え（そしてそれに代わる考え、すなわちコンディヤックへの訪問、そして回状）[26]が生まれる。しかし、そのたびに障害が立ちはだかった。それは公衆の無関心、文人の無理解、[27]そして特に、それはほかのすべての障害の典型であり象徴であるが、教会の内陣を取り囲む、とても目立つけれども目に入らなかった柵である。これらの障害物すべては、『対話』の虚構の中でジャン＝ジャック・ルソーの再発見を拒絶していたこの限界の、現実の世界における反映にすぎない。ジャン＝ジャックは、彼の分割不可能で勝ち誇る統一性を神が回復してくれるものと期待していたが、神は柵の向こう側に姿を隠してしまう。それは死の彼方にあの果てしない死後の生が輝くようであり、その死

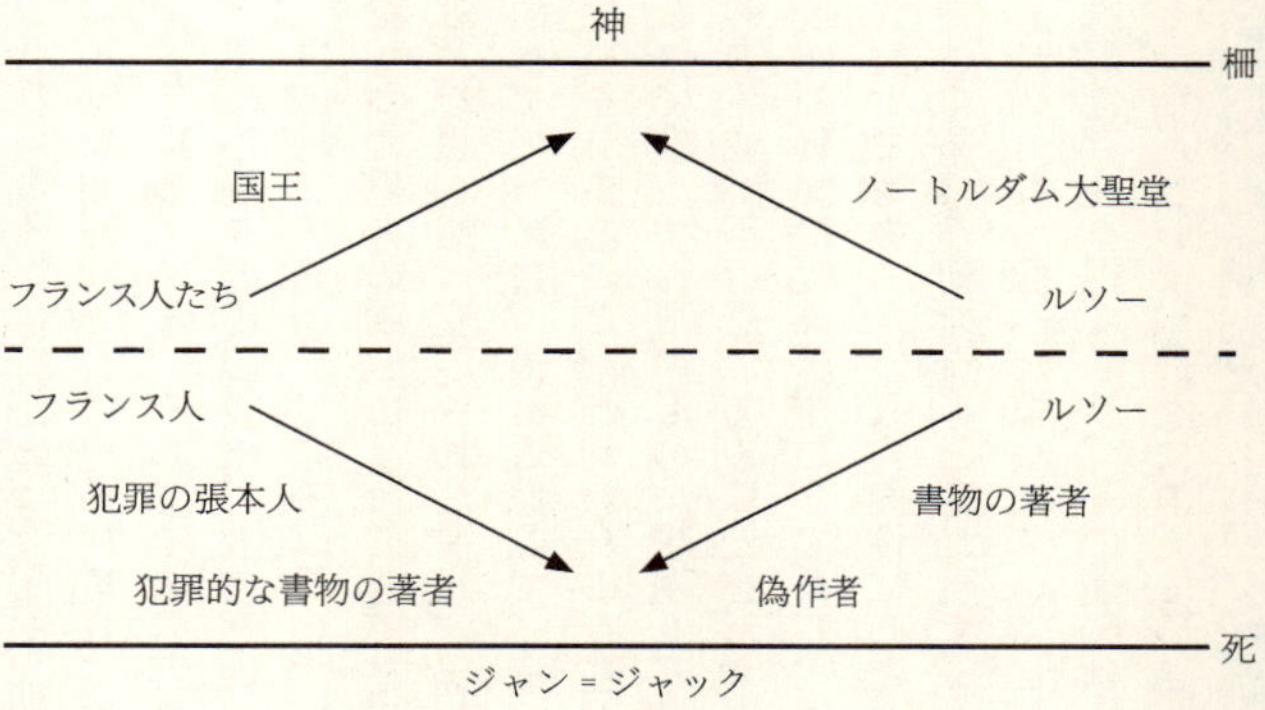

後の生においてルソーの名声は「当然それに与えられるべき名誉を回復され[28]」、その書物は「その著者に対して払われるべき敬意によって有益[29]」と認められるであろう。

まさに柵に囲まれ死の中にあるこの彼方においてのみ、『告白』において語っていた単一の自己が復元されうる。突然、横滑り（ルソーが「自分のうちに立ち戻ること[30]」と呼んでいるもの）が起こらない限り、そうなのである。言語が旋律的で直線的なもの、一点に局限され、それ故真実である自己の軌跡に戻らない限り。そうすれば『告白』第一巻冒頭の「私ただ一人」に、厳密にそれと同等のものである「こうして私は地上で一人になった[31]」という文が『孤独な散歩者の夢想』の一行目から対応することになるだろう。この「こうして（donc）」はその論理的な曲線の中に、『対話』を構成した必然性全体、同時に『対話』の

「主体」とその「客体」である者の悲痛な分散、その言語の大きく開いた空間、その文面の不安な委託、そして自然にそして原初的に「私」を繰り返す言葉《パロール》における『対話』の解消を包摂している。そしてその言葉《パロール》は、多くの強迫観念ののちに夢想する可能性を復元し、多くの不毛な奔走の後に、散歩という自由で無為な開口部を復元する。

自伝的なテクストである『対話』は、結局は主要な理論的著作の構造をもっている。ただ一つの思考の動きによって非実在に根拠を与え、実在を正当化することが問題なのである。幻想、嘘、変形された情念、忘れられ、それ自体のうちから追放された自然に属するすべてのものに、最も近似的で、最も経済的でまた同時に最も真実味のある仮説によって根拠を与えること、われわれの存在と平穏を、見せかけのものだとはいえ切迫した不和によって襲うすべてのものに根拠を与えること、それはその非存在を明らかにすると同時に、その生成が不可避であることを示すことでもある。(32) 実在を正当化すること、それは実在を自然の真実に連れ戻すことであり、性格による必然性であるとともに束縛されない自由の新鮮さでもあるような自発性にしたがってすべての運動が生じ、遂行され、そして静まっていくあの不動の点へと連れ戻すことである。このように、正当化は実在を次第に、空間も時間もない像へと縮小していくことになる。その像はさまざまな運動によってのみその脆弱な存在を得ており、その運動はいやおうなく像に働きかけ、それを貫通し、感受性をもった人という、徐々に消えていき、常にそれ自身にとって外在的な形で像を指し示す。

他方、非実在は、それが根拠づけられるにしたがって、その土台、その構成の法則、そしてその存在の内的な必然性さえ見いだすのである。実在はいつでも、有徳になれない無垢にすぎず(33)、非実在は、幻想であることをやめないまま、本質的な邪悪さの中で暗くなり、濃密になっていく。この二重の運動は決して両立不可能性の極致にまで至ることはない、というのは言語が介入するからであり、言語は二重の機能をもっているのである。それはまず無垢を表現し、その誠実さによって無垢をつなぎ止めることである。そして制度と法の体系を形成することであり、その制度と法は、利害を制限し、その帰結を組織し、その一般的な形において利害を確立する。

しかし、もはや話すことができない世界において、一体何が起こるのだろうか。いかなる節度《ムジュール》がそれぞれの運動の途方のなさ《デムジュール》を止め、実在が限りなく感受性をもった点にすぎなくなることを防ぎ、非実在が限りない陰謀に組織されるのを防ぐことができるだろうか。『対話』が言語のない世界を通じて経験するのはまさにその途方のなさ《デムジュール》なのであり、それは『社会契約論』が、正当化された実在と必然的な邪悪さの可能な節度《ムジュール》を、人間の言語を通して規定していたのとまったく同様である。

沈黙は『対話』の原初的な経験であり、『対話』をそのエクリチュールやその特殊な構成とともに必然的なものとした経験であると同時に、内部から、弁証法と証拠と断定にとって筋道となる経験である。『告白』は世界の物音を沈黙させるためにその物音の間に単純な真実の道を線引きしようとしていた。『対話』はすべてが沈黙する空間の内部において、ある言語を生み出そうと努める。以下は、むなしく言語を引き出そうと試みるこの言語の諸契機と、その挫折がいかに展開するかということの概略である。

1　私の同時代人たちは、私について誤った考えを与えられた。それでも、私の作品全体は私の実在を正当化するはずだった。（『新エロイーズ』は私の心の純粋さを、そして『エミール』は美徳に対する私の関心を証明するはずだった。）

2　広がりつつある危険を前にして、私は屈して、後の機会に言語を回復しようと試みた。私は、私についてほかの人たちと同じ意見を自分がもっていると仮定した。（私はそれ故、その幻想がすべて根拠のあるものだと仮定する。）私自身の架空の意見の中で私がなったその邪悪な人物に対して、私はどのような行動をとっただろうか。私はその人物を訪れ、質問し、彼の『告白』を聞き、読んだだろう。

3　しかし私ならしたであろうことを、彼らはまったくしなかった。私をもとにして彼らが作り上げた人物が私の目の前にいたら、私がどのように振る舞ったであろうかということを、彼らは知ろうとさえしなかった。そうして私はまた屈して、また無垢と邪悪さの絶対的な途方のなさ《デムジュール》を避けるため、より高くより深い、第三の形の言語を探す。人々は私の回答を知るために私に尋ねなかったのだから、私はほかの人たちを尋問するような回答を差し出すだろう、そうして私は彼らが回答せざるをえないようにするだろうし、その回答は、私が間違っていて、邪悪さのうちに根拠をもつ非実在と、罪を晴らされた実在の間で、途方のなさ《デムジュール》は全面的なものではないことを私に示してくれるかも知れない。そして、彼らに沈黙を破ることを余儀なくさせることによって、私は途方のなさ《デムジュール》を限定する言語を発見するだろう。

『対話』の言語はそれ故、第三の次元における言語である。というのは、沈黙の三つの形——何度も話題になっているあの「闇の三重の壁」[34]——を乗り越えなければならず、それを単なる決まり文句ととらえてはならないのだから。それは『対話』の存在の源となっている基本的な構造なのだ。そしてそれは内的な必然性でもある。というのは、三人の人物はこの挫折した言語の様々なレベルを、逆の順序で表しているのだから。フランス人〔彼は、最初に語ったが、姿の見えない人に向かって話し、『対話』の開幕以前に怪物の肖像を描いている〕〔の言葉〕は、ジャン＝ジャック・ルソーの回答を規定しているが、それは最後の手段として、そしてその回答を得られなかったために、ジャン＝ジャック・ルソーがフランス人たちに代わって提示するのである。〔人物としての〕ルソーは第二のレベルで語った者を表し、それは作品を読んだ後、しかし怪物〔という噂〕を信じて、ジャン＝ジャック・ルソーの『告白』を聞きに行くことになる人である。最後にジャン＝ジャック自身であるが、それは第一のレベルの人間であり、彼の書物や人生が証明しているように正義の人であるが、初めからその言語を人に聞いてもらえなかった人である。しかし

『対話』の中では、彼自身は現れず、単に約束されているだけである。それほど、このように複雑な言語のレベルでは、実在が無邪気にも、非実在を根拠づけることによって自己を正当化する、原初の言語を再発見することは難しいのだ。

対話はルソー〔の作品〕においてはかなり珍しい記述の仕方である。彼はむしろゆっくりとしていて長い交換である手紙を好み、そこでは、文通する双方が自由のうちに沈黙を乗り越えるので、なおさら沈黙は簡単に克服される。その自由は双方の間で自分の像を送り返し、自分の鏡となる。しかしここでは、架空の対話という形は、そこで展開される言語の可能性の諸条件によって強制されている。〔すなわち〕和声的な構造においてほかの声に語らせなければならない。それは他者に話しかけるために必然的に他者を経由しなければならない言語である。というのは、もし語ることを強制せずに彼らに話しかければ、彼らは、自分たちは黙ることでこちらの言うことを沈黙させてしまうのだから。私が話を聞いてもらい、私の言語で、彼らがついに沈黙するのをやめなければならないということをわからせようとすれば、是非とも彼らは話さなければならない。彼らのものであり、私が彼らに対して使うこの言語（そして、それによって、私は誠実に、彼らの嘘の偽善性を根拠づけるのだが）は、私が彼らに対して、この沈黙について語るための構造的な必然性であり、彼らは沈黙することによって、私の言語と私の実在の正当化を沈黙させたがっている。

この基本的な構造は、沈黙に与えられたこの上なく重要な価値によってテクストのテーマ上の表面に反映されている。ルソーの敵たちが彼の周囲に持続させている沈黙は彼について流布しているあらゆる忌まわしい噂を意味している。その噂を覆っている沈黙はそれらを組織している陰謀を意味している。このあらかじめ準備された陰謀を隠している沈黙は、それを主導している人たちの絶えざる用心を意味している。この言葉《パロール》の不在においてある秘密の党派の驚異的な有能さを読みとることができる。その党派とは、「あの方々」であり、イエズス会に対して勝利したばかりの啓蒙思想家たちが、明白に『プロヴァンシアル』の神父たちの役割を踏襲し、彼らと同様に〈言葉《パロール》〉を沈黙させるのである。〔35〕彼らの企てをいたるところで助けている沈黙はすべての人々の共謀を意味しており、それは罪への同一の意志において、上流社会のすべての人々、そしてすべてのフランス人、そしてイギリス、そして全世界を結びつける不断の連鎖である。このような組織網が隠れたままでいること、このような悪人の結社の中でもあえて白状するほど誠実な人が一人もいないこと、あるいは結社を裏切るほどいっそう邪悪な人が一人もいないこと、それはもちろん逆説である。〔36〕しかしこの沈黙は、陰謀がごく限られた指導部（せいぜい数人、あるいはもしかして一人、せいぜいグリムによって補佐されたディドロ）によって組織されていることを意味している。この首謀者たちだけがおそらくすべてを知り、企てのあらゆる要素を知っているのだ。〔37〕しかし誰もそのことを知らない。というのは、彼らは沈黙していて、ほかの者たちを沈黙させることによってのみ本心を漏らすからだ。（その証拠は、おしゃべりなヴォルテールを黙らせに行くダランベールである。[38]）まさに彼らの手中で完全な沈黙、つまり完全な陰謀が仕組まれる。彼らは頂上であり、そこから沈黙が高圧的に落ちてくる。ほかの者たちは皆、手先と言うよりは道具であり、部分的で無関心な共謀者であり、彼らに対しては企ての核心は黙されており、彼らもまた、沈黙するのである。そして少しずつ沈黙はその対象と目的である人まで再び降りていく。この『対話』において倦むことなく語り続け、人々が沈黙するゆえにのみ語り、彼の上にのしかかる沈黙を言語として再び活動させるためにだけ語る人にまで。

すなわち、沈黙は彼にとって陰謀の単調な記号表現《シニフィアン》だが、沈黙は共謀者たちにとっては全員一致で犠牲者に対して申し渡さ《シニフィエ》れていることなのである。彼は、彼の書物の著者ではないと申し渡さ《シニフィエ》れる。人が何と言おうと、彼の言葉《パロール》は歪曲されるだろうと申し渡さ《シニフィエ》れる。彼の言葉《パロール》がもはや彼のものではなく、彼の声は押し殺されるだろうと申し渡さ《シニフィエ》れる。彼がもはやいかなる弁明の言葉《パロール》をも聞かせることができないこと、彼の原稿が奪われてしまうこと、彼がものを書くために読めるインクもまったく見出せず、「わずかに色のついた水[39]」しか見出せないこと、後世が彼の素顔も、彼の本心をもまったく知らないだろうということと、彼が未来の世代に言おうとしたことをまったく伝えられず、彼には発言が許されていないのだから沈黙するのが彼にとってさえ利益にかなっているのだ、ということを申し渡される《シニフィエ》。そしてこの沈黙は、彼に対する見せかけの善意によってこの上なく重く、高圧的な仕方で彼に申し渡される《シニフィエ》。人が彼を歓待する[40]とき、あるいはひそかにテレーズに施しものを与える[41]とき、彼は何を言うことがあろうか。人が彼の悪徳を暴かず、彼の罪について沈黙し、彼が告白した罪でさえ人々は言わないのだから、彼は何を言うことがあるだろうか。彼は何に対して抗議できるだろうか、「あの方々」が彼を生かし、「悪人が罪を犯さずにいることができる範囲内で快適な仕方でさえ[42]」彼を生かしているのだから。われわれが沈黙しているのだから、彼は何を言うことがあろうか。

一つの世界がそっくり築かれ、それは、〈監視〉と〈記号〉の静かな世界である。いたるところから、ジャン゠ジャックは見張られている。「いたるところで彼は郵便配達人、店員、守衛、警察のスパイ、煙突掃除人に、そしてすべての劇場、カフェ、床屋、商人、行商人、本屋に指し示され、通報され、注意を要する人物として扱われた[43]。」壁や床には彼を尾行するための目がある[44]。この無言の監視は、告発する言語に変化するいかなる直接的な表現もない。あるのは記号だけで、そのいずれも言葉《パロール》ではない。彼が散歩すると通り道に唾を吐きかけられ、劇場に入れば人々は彼のまわりを避け、あるいは逆にこぶしを振りかざし、棒で脅しながら、彼を取り囲む。人々は彼について声高に語るが、それは無言の、凍りついた言語であり、彼には向けられず、彼が尋問されているのではなく、問題となっていることが感じられるように、彼の不安な耳の回り中で人から人へと遠回しに通っていく。モチエで人々は彼に石を投げつけ[45]、パリでは彼の住居の窓の下で人々は彼に似たわら人形を焼く[46]。それは二重の記号であり、人々は彼を火刑にしたがっているが、彼は嘲笑されるためにだけ火刑にされるだろうという意味だ。というのは、彼を断罪することが決定されれば、彼に発言権が与えられてしまうからだ。ところが彼は、彼から言葉《パロール》を奪うこの記号の世界に住むことを余儀なくされている[2]。

まさにそのような理由で、〈監視〉-〈記号〉というシステムに抗して、〈裁判〉-〈懲罰〉というシステムに入ることを解放として彼は要求している[47]。実際、裁判は言葉《パロール》の高らかな声を前提としている。裁判という構築物は、被告人の自白、すなわち犯人による罪の口頭での認知という頂点に達して、初めて完全に堅固なものとなる。誰かに裁判を免除する権利は誰にもない。人は裁かれ、断罪されなければならない、というのは、罰を受けることは、自白したということなのだから。懲罰は常にそれに先立つ言葉《パロール》を前提とする。結局、法廷の閉じられた世界は、空虚な空間よりも危険が少ない。というのは、後者においては、告発する言葉《パロール》は沈黙の中で広まるので何の抵抗にも会わず、そして弁護は無言に対して答えるだけなので人を説得することは決してない。監獄の壁は〔沈黙よりは〕好ましいだろう。それは〔公に〕宣言された不正を明らかにするだろうから。独房は、この監視と記号の反対になるだろう。その記号は、それが自由に漂う空間の中で無限に出現し、動き回り、消えそして再び現れる。独房は、懲罰に結びついた監視であり、ようやく裁判の明瞭な言葉を意味する記号となるだろう。ルソーはといえば、ジャン＝ジャックの裁判官になることを承諾したのだ。

しかし監獄の要求は弁証法的な契機にすぎない(一七六五年にサン＝ピエール島から追放された後、ルソーが実際にその要求を表明したとき[48]、戦術的な契機であったのと同様である)。〈監視〉を自由な視線に、そして〈記号〉を無媒介的な表現に再び転換する方法はほかにもある。

この作品の冒頭の神話、「われわれの世界に似ているがまったく異なった理想的な世界[49]」の神話の役割もそのようなものだ。その世界においては、すべてのことがわれわれの世界よりも際だっており、感覚によりよく示されているかのようである。「形はより優美で、色彩はより鮮明で、匂いはより心地よく、すべてのものはより興味を引く[50]。」見張られたり、反省されたり、解釈されたりする必要のあるものはなにもない。すべてが甘美であるとともに鮮明でもある力をもって知覚に訴えかける。魂は直接的ですばやい動きによって突き動かされ、その動きはいかなる障害によっても方向を変えられたりそらされたりされえず、関心がなくなるとともに消失する。それは秘密やヴェールのない、それ故仮説も秘密も陰謀もない世界である。曇った、あるいは近視の視線の空白を、反省[51]が埋め合わせる必要はない。事物の像は澄んだ視線の中におのずと反映し、そこにその輪郭の本来の単純さを直接的に描き出す。目を細め、対象をゆがめながら追いつめ、それを静かに包囲する監視に対して、限りなく開かれた視線が初めから対立しており、その視線は自由な広がりがその形と色彩を示すにまかせる。

現実それ自体によって自らを魔法にかけるこの世界の中で、記号は初めからその意味することによって満たされている。記号は、それが無媒介的な表象価値をもつ限りにおいてのみ言語を形作る。各人は自分の実体しか言い表すことができず、自分の実体を語りさえすればよい。「それ〔その記号〕はその源泉の次元でしか作用しない。[52]」それ故その記号は偽ったりだましたりする力はなく、それが伝達されるのと同じように、すなわちその表現の鮮明さにおいて、受け取られるのである。それ〔記号〕は多かれ少なかれ根拠のある判断を意味せず、非実在の空間においてある意見を流布させることもなく、ある魂から別の魂のために、「魂の変化の痕跡[53]」を表現する。それは刻印された（imprimé）ものを表現し（exprimer）、視線が示すものと絶対的に一体となる。〈監視〉の世界において、〈記号〉は世評、すなわち非実在、つまり邪悪さを意味していた。〈視線〉の世界では記号は見えるもの、すなわち実在とその無垢の新鮮さを意味する。[54]ある日、散歩の途中でルソーは一枚の版画の前で立ち止まり、それをながめ、その線や色彩に興味を引かれる。彼の没頭した様子、凝視する彼の目、不動の彼の体全体は、彼の視線に示されたものと、彼の魂に突然記された刻印以外のものを意味しない。それがこの魔法の世界で起こることである。しかし〔版画を〕見ているルソーは監視されている。何人かの陰謀の手先たちが、ルソーが要塞の図面を見ているのに気づく。そして彼はスパイ行為を働き、反逆を企てていると疑われる。〔55〕単なる版画に対するこれほどの関心は、この「反省」の世界においてほかに何を意味することがありえようか。

『対話』の初めでは、〈視線〉と〈表現〉の世界はほとんど架空の存在しかもっていない。自然状態と同様に、その世界は理解するための仮説であり、しかもそれ自身の反対、あるいは少なくともそのゆがめられた真実を理解するための仮説である。その世界は、非現実的な真実に方法的に還元されたわれわれの世界を表象し、その非現実的な真実は、まさにその隔たり、微細であるが決定的な差異によってわれわれの世界を説明している。視線の世界は『対話』の中で終始この説明的な価値を保っており、ルソーがなぜ無名の頃には大事にされ、有名になってから中傷されたか、どのように陰謀が生まれ、発展したか、なぜ今や後戻りが不可能となったか、ということを理解することを可能にしている。しかし同時に、この非現実的な世界の神話は、世界としての性格を少しずつ失うとともにその虚構的な価値をも失っていき、ますます限定され、ますます現実的なものとなっていく。しまいには、その世界はジャン＝ジャックの魂だけを示すことになる。

『対話』のごく初めの方から、ルソーはその世界がわれわれの世界と重なり合うものと想定している。その世界は、単一の空間でわれわれの世界と混ざり合い、われわれの世界と非常に錯綜した混合を形成するので、その世界の住人たちは互いに識別するためにある記号の体系を使う必要があり、その記号はまさにほかの者たちには感じられない表現の真実性である。そこでその世界の住人たちは、一つの世界というよりは一つの宗派《セクト》を形成する。彼らは、現実の世界の影で、秘儀を伝授された者たちによる、ほとんど識別できない組織網を形成するが、その存在自体も不確かである、というのは示されている唯一の例は、ジャン＝ジャック・ルソーの作品の著者だから。「第二の対話」において、ジャン＝ジャックは実際に神話の中に引き入れられるが、それはとても用心深くなされている。まず外観から、ルソーは彼が〈視線〉の〔世界の〕存在であることがわかった。ルソーは彼において、そのような人間に特徴的な三つのふるまいを見いだした。まず彼は孤独であり、自分の虚構、[56]つまり彼が完全に支配していていかなる影も彼の視線から隠すことのないもの、を観想している。想像することに疲れると（というのは彼は「生来怠惰な質[57]」なのだ）、彼は夢想し、知覚しうる事物に助けを求めて、その代わりに自然を「自分の心にかなった存在[58]」で満たす。そして、夢想をやめて気晴らしをしたいときは、受動的に「休息[59]」に身を任せ、まったく何の活動もせずにどうでもよい光景に心を開く。たとえば「通り過ぎる船、回っている水車、畑を耕す牛飼い、さまざまな球技をする人々、流れゆく川、飛んでいく鳥[60]」。ジャン＝ジャックの魂それ自体は、いわばアプリオリに導き出されるが、それは彼が属する権利がある社会に、推論によって彼を入らせなければならないかのようである。「しばらくの間、すべての事実を度外視しよう。[61]」極度に感受性が強く、想像力の活発な気質を想定しよう。そのような人にあっては、反省はあまり重要ではなく、隠し事はできないだろう。彼は感ずることを、感ずるときに、そのままあらわにするだろう。その人にあっては、この上なく鮮明で直接的な表現の記号以外のいかなる記号もないだろう。まだ抽象的なこの人物はジャン゠ジャックだろうか。そう、「それがまさに私が今検討した人物なのです。」[62]

しかし彼だけがそういうふうなのだろうか。そのようである。少なくとも彼は、まったく誠実であるとともにまったく秘密のその家族のうちから挙げられた唯一の例である。しかし、実のところ、ルソーと名乗っている『対話』の人物も確かに〔理想的世界の〕神話にかなった人間である。彼は〔ジャン゠ジャックが〕『新エロイーズ』と『エミール』の作者であることがわかり、ジャン゠ジャックにおいて記号の直接的な表現価値を見抜くことができ、偏見も反省もなくジャン゠ジャックを見ることができ、彼の魂に対して自分の魂を開いた。フランス人はといえば、もっと遅れて楽園に入ってきた。彼は記号と監視の世界の企画者というよりはむしろ腹心の部下だったが、彼はまずその世界を離れなければならなかった。しかし彼はルソーを通してジャン゠ジャックを見ることを学び、ジャン゠ジャックの書物を通してジャン゠ジャックを読むことを学んだ。作品の結末で、フランス人とルソーとジャン゠ジャックは三人で、しかし彼らだけで、『対話』の冒頭で大いなる方法的な神話として構築され、世界としての広がりをすっかり与えられていた、あの実在の世界を形成することができるだろう。このように三人によって構成される世界（その構造はルソーの作品全体の中で非常に特権的な地位を与えられている）は、『対話』の結末において間近に迫った夢として約束されており、それは幸福には至らないにしろ、少なくとも最終的な平和へと導きうるものである。ルソーはフランス人に次のように提案している。「誠実で正直な二つの心が彼の心に対して開かれるのを見る喜びもつけ加えましょう。そうしてこの孤独の苛酷さをやわらげましょう。彼の目が友人の手によって閉じられるという慰めを、彼の最期のために用意しておきましょう[63]。」

しかし神話はいくら魔法の三位一体に還元されたとしても、それはなお夢見られたものである。完全に現実のものとなるには、神話はさらに収縮し、幸福な三位一体とその黄金時代を祈願することをやめなければならないだろう。フランス人に呼びかけ、その第三者としての存在を希求することを断念しなければならないだろう。ルソーがジャン＝ジャックと完全に一体化しなければならないだろう。そうすれば〈監視〉は、中立で平穏な空の奥に退くだろう。〈記号〉は消え去るだろう。限りなく感受性が強く、常に打ち明け話に招かれる〈視線〉しか残らないだろう。それは事物に対して見事に開かれた視線であるが、見ているものの記号として示すのは、存在することの快楽のまったく内面的な表現だけである。監視のない視線と、記号の此方にある表現は、享受の純粋な行為において溶けあうだろうし、そこで夢見られた三位一体が、すでに神々しいものとなった至高の孤独と、ようやく実際に一体となるだろう。「そのような状況では、人は何を享受するのだろうか。自分の外部のなにものをも享受しない。自分と自分自身の存在以外のなにものをも享受しない。その状態が続く限り、人は神のように自己充足するのだ。(64)」『対話』の空間を開き、そこで一体化するために三人の人物がその中に位置していた神話は、結局『孤独な散歩者の夢想』の一人称、一人で夢想し一人で語るこの一人称においてのみ現実性を得るのであり、言葉《パロール》と夢はその現実性に向かって進んでいたのである。

＊

「それでは『対話』は狂人の作品ではないのですか。」

「その質問は、意味があったら重要でしょうけれど、作品は定義上、非＝狂気なのです。」

「ある作品の構造が病気の輪郭をあらわにすることもあるでしょう。」

「その逆が真ではないことは決定的です。」

「あなたは精神錯乱のことも迫害のことも病的な思い込みのことも、かたくなに話題にしないことで、逆が真となることを妨げたのです。」

「私は狂気がこれ以外のところで、しかも『対話』以前に存在していたことを知らないふりさえしました。一七六五年以降の書簡全体を通して、狂気が生じるのがわかり、それをたどることができるのです。」

「あなたは狂気の可能性より、作品を優先させました、そしてそれは作品の狂気をよりよく消し去るためであるかのようです。あなたは、錯乱が明らかになる点に言及しませんでした。常識を備えた人なら、ルソーにいやがらせをするためにコルシカ島が併合されたと考えることができるでしょうか。[65]」

「作品が作品であるなら、それを信用するように要求する作品があるでしょうか。」

「作品が錯乱性の〔＝常軌を逸した〕ものであれば、それはどのような点でおとしめられるのでしょうか。」

「作品と精神錯乱を結びつける言葉の結合は、とても頻繁に見かけられるもので、（しかも今日ではとても賞賛に満ちたものですが）、奇妙で野蛮な言葉の結合です。精神錯乱の中には作品はありえないのです。ただ、言語はその根底から作品を可能にしているのですが、言語がさらに、作品を狂気の経験的な空間に対して開くことはありえます。（それは言語が作品をエロティスムや神秘主義の空間に対して開くことがありえたのと同じです。）」

「では、作品は『錯乱された délirée[66]』ものでない限り、錯乱性のもの délirante でも存在しうるのですね。」

「言語だけが錯乱するもの délirant でありうるのです。錯乱するというのはここでは現在分詞です。」

「ある作品の言語ですか。そうすると、もう一度言いますが、……」

「ある作品にその空間、その形式上の構造そして言語作品としての存在自体を規定する言語は、作品の内部に存在する第二の言語に、精神錯乱と構造上の類似を与えることがあります。次のものを区別しなければいけません。まず作品の言語があり、それは作品自体の彼方で、作品が指向するもの、作品が言っていることです。けれど、それは作品自体の此方で、作品が語る出発点でもあります。この〔後者の〕言語については、正常と病的、狂気と精神錯乱といった範疇を適用することはできません。というのはそれは原初的な乗り越えであり、純粋な侵犯行為だからです。」

「錯乱していたのはルソーで、その結果として彼の言語全体もそうなのです。」

「われわれは作品の話をしていたのですよ。」

「けれど、まさにペンを手にして、彼の嘆き、誠実さ、そして苦しみの羅列を綴っていたときのルソーはどうなのですか。」

「それは心理学者の問題です。だから、私の問題ではありません。」

著者註

（1） このテーマについては、下記の著書におけるジャン・スタロバンスキーの注目すべき論述を参照のこと。[67] *J.-J. Rousseau*, Plon, 1958, p. 251 et sq.

（2） ルソーがこのパロールのない記号の世界に生きていた時期、彼は写譜の仕事を再開し、一二〇〇〇ページの楽譜を写したかも知れない。『対話』全体を通じて、彼はそれが見せかけの貧困ではなく実際の窮乏であり、彼がそのせいで健康と視力を損なう恐れがあることを強調している。[68]

訳者註

〔1〕『告白』第十二巻、*Œuvres complètes*, édition publiée sous la direction de Bernard Gagnebin et Marcel Raymond, Gallimard,《Bibliothèque de la Pléiade》I, 1959, p. 656.（以下、ルソーの作品からの引用はこの版に依り、*O.C.* と略してローマ数字によって巻号を示す。）

〔2〕『エミール』第四巻、「サヴォア人助任司祭の信仰告白」を参照のこと。*O.C.* IV, p. 565 sq.

〔3〕『告白』第十二巻、*O.C.* I, p. 656.

〔4〕『ルソー、ジャン＝ジャックを裁く――対話』（以下『対話』と略）、*O.C.* I, p. 662.

〔5〕『告白』第一巻、*O.C.* I, p. 5.「最後の審判のラッパはいつ鳴ってもいい。私はこの書物を手にして至高の審判者の前に進み出るだろう。私は高らかに、このように言うであろう、『これが私のしたこと、私の考えたことで、これが私という人間でした。』」

〔6〕『対話』前文、*O.C.* I, p. 659.

〔7〕一七七六年二月二十四日、ルソーは『対話』の原稿をパリのノートルダム大聖堂の祭壇に置こうとしたが、内陣を囲む柵が閉まっていたため、実行に移すことはできなかった。その経緯は一七七六年六月か七月に書かれた『さきの著作の後日談』と題された小品において語られている。Cf. *O.C.* I, p. 977

sq.

〔8〕『対話』「第二の対話」、O.C. I, p. 859.

〔9〕『さきの著作の後日談』、O.C. I, p. 978.

〔10〕ルソーによるノートルダム大聖堂での事件の叙述を参照のこと。「私は〔大聖堂〕側面の戸口から入り、そこから内陣に入り込むつもりだった。その戸口が閉まっているのに驚いて、私はもっと先の、身廊に通じるもう一つの側面の戸口を通った。入ると、柵が目に映ったが、それはかつて気づいたこともなく、内陣を取り囲む側廊の部分を身廊から隔てていた。その柵の扉は閉まっており、そのため前述の側廊の部分には人気がなく、そこに入ることはできなかった。その柵が目に入った瞬間、私は卒中で倒れる人のようにめまいに襲われ、そしてそのめまいに続いて、私はすっかり動転してしまい、それはかつて経験したおぼえのないほどのものだった。教会もすっかり様子が変わったように思われて、私が確かにノートルダムにいるのかわからなくなり、自分がどこにいるのか、目に見えるのは何なのかを見極めようとした。パリに来て三十六年になり、私はしばしば、様々な機会にノートルダムに来たが、内陣の回りの通路が開かれていて通れるようになっているのを常に見てきたし、覚えている限り、柵や扉に気づいたことさえなかった。私は自分の計画をだれにも言わなかったのでなおさらこの予想外の障害に驚いて、はじめは興奮して天さえもが人々の不正な企てに協力しているように思った。私が漏らした憤慨のつぶやきは、私の立場に立てる人にしか理解できないだろうし、心の奥底まで読みとることができる人によってのみ許されうるだろう。」(O.C. I, p. 979–980.)

〔11〕『さきの著作の後日談』、O.C. I, p. 989.

〔12〕『孤独な散歩者の夢想』「第五の散歩」、O.C. I, p. 1045.

〔13〕『言語起源論』第九章、O.C. V, p. 406.

〔14〕『告白』第二巻、O.C. I, p. 59–60.

〔15〕同。
〔16〕『告白』草稿、*O.C.* I, p. 1154.
〔17〕同、*O.C.* I, p. 1150.
〔18〕この「感受性（sensibilité）」はもちろん通常の意味ではなく、十八世紀の人間論の中心的概念の一つを踏まえている。「感受性」は広い意味で知覚する能力を指しており、感覚器官を通じて外界の事物を知覚する能力と、より精神的な意味（感情の知覚や他者の気持ちの察知、さらには道徳的社会的な感情）を含むことが多かった。しかしルソーは同時代の多くの思想家（特に唯物論者たち）に反して、「肉体的感受性」と「精神的＝道徳的感受性」を峻別し、前者がすべての動物に共通のものであるのに対して、後者は人間特有のものであり、道徳的感情の源泉であると論じている。この二種類の感受性の区別は「第二の対話」でも論じられており、そこではルソー自身も、そのような「精神的＝道徳的感受性」の強い人間として描かれている。Cf. *O.C.* I, p. 804 sq.
〔19〕『告白』第四巻、*O.C.* I, p. 175.
〔20〕『告白』草稿、*O.C.* I, p. 1150.
〔21〕『告白』第一巻、*O.C.* I, p. 5.
〔22〕同。
〔23〕『告白』第四巻、*O.C.* I, p. 175.
〔24〕『対話』「第一の対話」、*O.C.* I, p. 693.
〔25〕『対話』「第三の対話」、*O.C.* III, p. 975.
〔26〕『対話』の手稿をノートルダムの祭壇に預けるという計画の失敗の後、ルソーは旧友コンディヤックに原稿を委託し、さらに、「なおも正義と真実を愛するすべてのフランス人へ」と題された回状をパリの街頭で配布した。Cf. *O.C.* I, p. 981 sq.

〔27〕おそらくコンディヤックの冷淡な態度のこと。ルソーは、コンディヤックに『対話』の原稿を託してから二週間後に再びコンディヤックを訪問したものの、期待に反して、『対話』の内容についてのコメントは得られず、文学作品であるかのように批評された。このエピソードは『さきの著作の後日談』で述べられている。Cf. *O.C.* I, p. 981-982.

〔28〕『対話』「第三の対話」、*O.C.* I, p. 976.

〔29〕同。

〔30〕『さきの著作の後日談』、*O.C.* I, p. 985.

〔31〕『孤独な散歩者の夢想』「第一の散歩」、*O.C.* I, p. 995.

〔32〕この「実在 existence」と「非実在 inexistence」の対立は、おそらくルソーにおける「実体 l'être」と「外観 le paraître」の対立を踏まえている。もちろん、ルソーの用語自体、モラリストたちの伝統的な概念を継承したものだが、ルソーにおいては、l'être は特定の人物の本来の姿だけでなく、人間の自然＝本性とそれに由来する性質を指す。それに対して、le paraître は単なる外見だけでなく、社会生活によって発生したさまざまな情念や欲望、社会的な地位や財産などを指し、さらに、世評（opinion）やその中での評価なども含む。この図式は、思想家としてのルソーの処女作である『学問芸術論』にすでに見られ、『人間不平等起源論』においては、自然状態から社会状態への移行に伴って、他者との比較を通じて外観が重視されるようになったことが論じられ、『エミール』でも、外観に惑わされて生きることの不幸が強調されている。『対話』の文脈では、世評はルソーを悪人に仕立て上げる手段として利用され、それがルソーの本来の善良さを覆い隠してしまう。そのような意味で、ルソーの理論的著作と『対話』に共通の図式があると、フーコーは考えているものと思われる。

〔33〕この文は、ルソーにおける「善良さ bonté」と「美徳 vertu」の対立を踏まえたものと思われる。ルソーにとって、邪悪さ méchanceté は人間の自然＝本性に由来するものではなく、社会生活による情

念の膨張が招いた状態である。その意味で、人間は本質的に善良なものとされ、その典型が『人間不平等起源論』における自然人である。それに対して、美徳は、情念を克服することによって初めて達成されるものであり、精神的な強さを必要とする。「善良であるが有徳になれない」というのはまさに自伝作品におけるルソーの自画像であり、「第二の対話」でも、ジャン＝ジャックは、邪悪ではないが、弱さゆえに有徳にはなれない人間とされている。Cf. O.C. I, p. 824.

〔34〕『対話』「第一の対話」、O.C. I, p. 752. ただし、フーコーの引用は原文と少し異なっている。また、「第三の対話」にも、「嘘と詐欺の三重の壁」という表現が見られる。O.C. I, p. 950.

〔35〕啓蒙思想家たちとイエズス会のこの対比は「第二の対話」と「第三の対話」に見られる。O.C. I, p. 889-891, p. 967. なお、フランスでイエズス会が解散を命じられたのは一七六四年のことである。

〔36〕『対話』「第一の対話」、O.C. I, p. 759-760.

〔37〕『対話』「第二の対話」、O.C. I, p. 894.

〔38〕『対話』「第三の対話」、O.C. I, p. 943.

〔39〕『対話』「第一の対話」、O.C. I, p. 717.

〔40〕同、p. 711, 716.

〔41〕同、p. 718, 721.

〔42〕同、p. 716.

〔43〕同、p. 713.

〔44〕同、p. 712.

〔45〕一七六四年九月六日、ルソーはスイスのモチエに滞在中、住民による投石を受けた。その事件は『告白』第十二巻で語られている。O.C. I, p. 634-635.

〔46〕『対話』「第一の対話」、O.C. I, p. 714. ただし、プレイヤッド版の注によれば、これはパリの民衆

の祝祭であって、自分に対する当てつけという解釈はルソーの思い過ごしだということである。

〔47〕 これは特に「第一の対話」において繰り返し現れるテーマである。以下の箇所を参照のこと。O. C. I, p. 707-708, p. 714 n., p. 731-734, p. 767-768.

〔48〕『対話』「第一の対話」、*O.C.* I, p. 754.

〔49〕 同、*O.C.* I, p. 668.

〔50〕 同。

〔51〕「反省 (réflexion)」はルソーの人間論においては、広い意味で人間の思考能力を指し、むしろ「熟考」、「思索」、あるいは単に「考え」というニュアンスに近い場合も多い。しかし同時にそれは、自然状態における自己の統一性や感情の純粋さに対して、社会生活に伴う自己の分裂をも意味し、特に道徳論の文脈では、他者との比較の結果としての羨望や嫉妬など、利己的な情念の源泉とされている。「第一の対話」の理想社会を描いた部分でこの用語が使われているわけではないが、その理想社会の住人たちは自然本来の純粋な感情を備えていることが強調され、「第二の対話」でも、ジャン＝ジャックは他者に敵対的な感情をもたない人間として描かれている。*O.C.* I, p. 806 sq.

〔52〕 同、*O.C.* I, p. 672.

〔53〕 同。

〔54〕 ルソーは当時の言語論の大枠に従って、signes de convention (「制度的・習慣的記号」すなわち言語)、signes naturels または signes physiques (「自然の記号」または「肉体的記号」すなわち身ぶり、表情、叫びなど) という用語を使っている。「第二の対話」(*O.C.* I, p. 825) でも signes physiques という表現が使われているし、ルソーが人の表情などに大変興味をもっていたことはよく知られている。しかし「第一の対話」の理想社会の住人たちの記号は、表情などの「肉体的記号」にもっとも近いものの、この範疇ともかなり顕著な違いも見られる。それは、フーコーも強調しているように、

内面性の直接的表現に重点が置かれ、能記と所記（あるいはむしろ記号と指示対象）の区別のない状態が夢想されていることである。他方、フーコーが「監視の世界」と形容している場面で登場する「記号」については、引用されているルソーの原文でそのような用語が使われているわけではなく、フーコーがこの部分におけるルソーの記述を踏まえて使用しているものである。Cf. O.C. I, p. 713 :「〔劇場の〕平土間では、人々は用心を怠らず、彼〔ジャン＝ジャック〕の周囲の人たちに彼がいることを知らせ、彼の近くに常に衛兵か警察官を配置し、そうしてそれが無言のうちに彼について明瞭に語るのです。」「記号」という用語はルソーの作品の中でかなり多様な文脈で使われており、その意味もそれによって異なり、その概念自体に特定の価値判断が込められているわけでもない。このような問題についてもスタロバンスキーの前掲書（p. 168 sq.）を参照のこと。

（55）『対話』「第二の対話」、O.C. I, p. 817.
（56）同、O.C. I, p. 816.
（57）同。
（58）同。
（59）同。
（60）同。
（61）同、O.C. I, p. 820.
（62）同、O.C. I, p. 825.
（63）『対話』「第三の対話」、O.C. I, p. 976.
（64）『孤独な散歩者の夢想』「第五の散歩」、O.C. I, p. 1047.
（65）コルシカ島はジェノヴァ領だったが、一七六八年、フランスに併合された。これはもちろんルソーに対する嫌がらせなどではなく、当時のショアズル内閣による、七年戦争敗北後の国力回復政策の一環である。ルソーはコルシカ独立派の求めに応じて、一七六五年に『コルシカ憲法草案』を執筆している。

〔66〕 délirer は自動詞なので、文中のような受動的意味の過去分詞は本来ありえない。

〔67〕 ここに挙げられているのは『ジャン＝ジャック・ルソー――透明と障害』の初版のこと。現在流通している第二版（Gallimard, «Tel», 1971）では p. 244-245。ここで『新エロイーズ』や『エミール』において恋する男の状況について使われている enlacé（「からめ取られた、縛られた」）という語が、『対話』や『孤独な散歩者の夢想』においては、陰謀の犠牲となり、敵に運命を左右されているルソー自身の状況について当てはめられていることが論じられている。

〔68〕 『対話』「第一の対話」、*O.C.* I, p. 690.「第二の対話」、*O.C.* I, p. 830-831.

最後に、本稿で引用されているルソーの著作の邦訳について、一般に入手あるいは参照しやすいものをいくつか挙げておく。

『対話』の邦訳は種類が少なく、『ルソー全集』（白水社刊）第三巻に小西嘉幸氏の訳と、現代思潮社刊の原好男氏の訳だけである。

『告白』は『ルソー全集』第一、二巻に小林善彦氏の訳が収められているほか、岩波文庫に桑原武夫氏の訳と、新潮文庫に井上究一郎氏の訳がある。

『孤独な散歩者の夢想』は『ルソー全集』第二巻の佐々木康之氏の訳のほか、岩波文庫に今野一雄氏の訳や、新潮文庫に青柳瑞穂氏の訳がある。

『言語起源論』は『ルソー全集』第十一巻に竹内成明氏の訳と、現代思潮社刊の小林善彦氏の訳がある。

なお、上記作品の邦訳のうちで『ルソー全集』に収められているもので『対話』以外のものについては、『ルソー選集』（同じく白水社刊、全十巻）に再録されている。

7 父の〈否《ノン》〉

「父の〈否《ノン》〉」、「クリティック」誌、一七八号、一九六二年三月、一九五―二〇九頁（J・ラプランシュ『ヘルダーリンと父の問題』パリ、PUF社、一九六一年刊について）。
«Le "non" du père», *Critique*, n° 178, mars 1962, pp. 195-209. (Sur J. Laplanche, *Hölderlin et la question du père*, Paris, P.U.F., 1961.)
――『思考集成I』No. 8

『ヘルダーリン年鑑』[*1]の重要性は多大なものがある。一九四六年以来、この『年鑑』は、ヘルダーリンの作品に註釈を施してきた。それまで半世紀にもわたって、明らかにゲオルゲ・サークル[*2]から影響を受けた解釈がヘルダーリンの作品に分厚い伝統をまとわせていたが、『年鑑』は、そんな厚みからヘルダーリンを解き放ったと言える。旧来の解釈を示す例を挙げれば、「多島海」[*3]についてのグンドルフの註釈がある（一九二三年）。自然が循環的に、かつ神聖なものとして現存していること。神々がすぐ間近に臨在し、眼に見えるものとして身体の美のうちに形態化していること。歴史の諸サイクルのなかで、神々は光明へと到来すること。そして神々はついに帰還すること。彼らの帰還は、「子供」の束の間の現存によってもう既に徴候を与えられていること。この「子供」は「火」の永遠の、かつ滅びゆく守護者であり、逃げ去りやすい、束の間の存在にほかならないこと。これらのテーマはすべて、その時代の切迫感に由来するリリシズムをおびているが、あるものを窒息させていた。つまりヘルダーリンがその断絶の激しさのなかで告げていたものを、押し殺していたのだ。ゲオルゲのテーマ系に従えば、「束縛を破った河流」[*4]の青年——強奪によって、驚き、茫然とした岸辺から連れ去られ、神々の限りのない荒々しさにさらされることになる主人公——は、温和な、産毛に覆われた、未来に期待を抱かせる子供になってしまう。もろもろの循環《サイクル》の歌〔という見方〕が、言葉《パロール》を、時代を分割する厳しい言葉を、黙させてしまった。それゆえヘルダーリンの言葉《ランガージュ》は、その言葉が生まれた地点でもう一度考え直す必要があったのだ。

　伝統的に信じられてきた伝記上の指標にも、古いものも新しいものもあるが、さまざまな研究によって一連の意味深いずれが生じた。ランゲが確立した単純な年譜は、もうずいぶん以前からあやふやだと指摘されてきた。なにしろランゲは、「不可解な」テクスト（たとえば『エンペドクレスの底にあるもの』のような）はすべて、精神の病いの時期に帰属させていたのだ。この病いの時期の開始の年は、ボルドーでのエピソード[*5]によって決められるとされていた。しかしその日付はもう少し早めねばならなかった。いくつかの謎は、これまで思われていたよりももっと早く生まれたと考えねばならない（『エンペドクレス』の起草、推敲などはすべて、フランスに出発する以前に行われていた）[*6]。しかし、こうした事実の判明とは逆に、意味のほうは執拗に浸食作用を受けて、すり減る傾向にあった。バイスナーは倦むことなく、後期讃歌や狂気のテクスト群を問い続けた[*7]。リーグラーとアンドレアス・ミュラーは、ある同じ詩的な核が次々と継起する形象について、研究を発表した（「さすらい人」および「ガニュメート」）[*8]。言葉《ランガージュ》の活動の限界上における闘い、そういう闘いの契機であり、その唯一無二の表現であり、つねに開かれている空間である「神話的なリリシズムの近寄りがたさ――険しく切り立った難解さ」は、もう（これまで信じられていたように）最後の輝きなのではない。迫ってくる夕闇のなかでの最後の光ではない。それらは、意味する働きの順序から言っても時代的な順序から言っても、中心点に位置している。つまり詩《ポエジー》が、自らに固有の言葉から出発して、詩自身へと開かれる地点、中心的で、かつ深く隠されている地点に位置しているのだ。

アードルフ・ベックは伝記的な事実に関して、誤った情報を取り除く作業を行ったが、この作業によってもわれわれは、一連の見直しを命じられている[*9]。この見直しはとくに、次の二つのエピソードに関わる。一つは、ボルドーからの帰還である。もう一つは、一七九三年の終わりから一七九五年半ばにかけての一年半、ヴァルタースハウゼンでの家庭教師という勤めの開始と、イェーナからの出発とに区切られた時期である。この時期のなかでも、とりわけ、これまでほとんど知られていなかった、というかよくわからなかった人間関係が、新しい光のもとに映し出された。それは、シャルロッテ・フォン・カルプとの邂逅の時代だ。またシラーとの関係が緊密でもあり、距離もある時代、フィヒテの講義を聴講した、そして突然のように母の家に帰郷した時代である。それはとくに、奇妙にも未来の先取りが起こる時代だ。つまり逆向きの反復が生じるのだ。後になって、別のかたちで、強拍とともに再現される出来事が、まず弱拍とともに出現する。シャルロッテ・フォン・カルプはむろんディオティーマとズゼッテ・ゴンタルトを予告している。シラーという人物は、遠くからヘルダーリンを見守り、保護し、そして慎みある高みから〈法〉を告げる者だが、そんなシラーへの忘我的なまでの愛着は、あの「不実な」神々の恐るべき臨在を、出来事の順序に沿って、外側から素描している。すなわちオイディプスが、神々にあまりにも接近し過ぎたために、自分で自分の眼を潰す行為（つまり「神聖な作法にのっとって裏切り者」がする行為）をしつつ、背を向けることになる、あの「不実な」神々の臨在を、輪郭として描いている。そしてニュルティンゲンへと逃げるように戻るのは、すなわちシラーから離れ、法を定める者たるフィヒテから離れ、既に神格化されたゲーテのような存在（寡黙なヘルダーリンに向かって沈黙したままの存在）からも遠く離れて、母の家に戻るのは、いくつかの予期せぬ出来事の点描画のなかで、あの帰郷を告げるものと解することのできる形象ではないだろうか。この帰郷は、もっと後になると、神々の決定的な帰還に――それに釣合いをとるために――対比されることになるだろう。やはりイェーナにおいて、そしてそこで形成されるシチュエーションの濃密さのなかで、また別の「反復」が生じる。ただしこんどは、二つの鏡に映るような同時性に従って起こるのだ。ヘルダーリンとヴィルヘルミーネ・マリアンネ・キルムスとの恋愛関係は、今日では確実なものとみなされているが、この関係は、シラーとシャルロッテ・フォン・カルプとがまるで神々がそうするように結ばれ合う関係、美しく、かつ近づくことのありえない結合関係の複製をなしている。その結合関係の影響に依存しているという様態において、いわばその写しとなっている。また若い家庭教師は、強い熱意を込めて教育にあたり、おそらく過酷なまでに厳しく、多くを求め、自分を押しとおすのだが、そうした教育的企ては、ヘルダーリンがシラーのうちに求めた〈師〉の姿、いつも現存し、愛情に溢れた〈師〉の姿の、裏返されたイメージを浮かび上がらせる。彼が実際にシラーのうちに見出したのは、せいぜいのところ慎みある気遣い、適度に保たれた距離、そして言葉には出さなかったもののの、密かな無理解にすぎなかったが。

『ヘルダーリン年鑑』はこれまでずっと、心理学者たちの騒々しいおしゃべりなどには無縁なままだったが、それは天の恵みと言うべきだ。同じく天の恵みで(別の天、かもしれないが)、心理学者のほうも『年鑑』など読みはしない。神々が見張っていてくれたのであり、そんな機会は失われたのだ。ということはつまり、救われた、という意味だ。どうしてそう言うのか。なぜならヘルダーリンとその狂気について、多くの精神科医（ヤスパースは、その最前列かつ最後尾に位置する）[*10]が、これまでわれわれに向かって、役に立たない模範として繰り返してきた言説《ディスクール》に較べるとたしかに手堅いけれども、しかし同じ性質の言説を行う誘惑は、きっと大きかっただろうと思えるから。ヘルダーリンの作品の意味《サンス》、その諸テーマ、その固有な空間は、彼の狂気のただなかにまで維持されたのであれば、実際の出来事の筋道からそうした輪郭を借りているように思われる（そして今日では、それら出来事は細部まで知られている）。「臨床」心理学の概念を持たぬ折衷主義にとっては、人生＝生活を作品に、実際の出来事を言葉《パロール》に、狂気の黙した諸形態を詩の本質に、裂け目もなく、不連続もないままに結び付ける一連の意味作用《シニフィカシオン》の鎖を連結することが可能なのではないか。

こういう可能性は、実のところ、それに引き込まれるというのではなしにそれをよく聞き取る者にとって、ある方向転換を強いる。古くからの問い、作品＝作業 œuvre はどこで終わり、どこから狂気が始まるのかという問いは、年譜上の日付を訂正し、いろいろな現象を相互に入り組ませる厳密化によって、根底から転倒され、ある別の任務に取って代わられる。その任務とは、病理的な出来事のなかに落日を——つまり作品が自らの密かな真実を完了しつつ、夜のなかへ崩壊していく落日を——見るのではなく、むしろ作品が少しずつ一つの空間へと自らを開いていく運動に従い、そのあとを辿らねばならないという任務だ。それは、精神分裂症的な存在がいや増していく空間、そして極限的には、いかなる言語行為も（その言語行為がまさに沈み込んでいく深淵の外側では）言いえなかっただろうと思えるもの、どんな落下も、もしその落下が同時に頂点への接近でなかったとしたら提示しえなかっただろうと思えるものを、ついに開示するような空間である。

ラプランシュの書物〔『ヘルダーリンと父の問題』〕が辿る行程は、以上のようなものだ。この書は、「心理学的伝記」というスタイルにおいて、もの静かな調子で始まる。それから、自らに割り当てた領域を真っ直ぐに踏破しつつ、結論へと至るときに、はっきりと問題の設定を見出す（もっともその問題提起は、そもそも最初からこのテクストに威信とみごとなコントロールとを与えていたものだ）。それはどんな問いかと言えば、詩と狂気について、ある一つの同じ言説を行うような言語行為《ランガージュ》は、どのようにして可能なのかという問い、さらにはいったいどんな統辞法がありうるのか、すなわち自分で自分を告げる意味《サンス》を経由するのとまったく同時に解釈される意味作用《シニフィカシオン》も経由するようなシンタックスは、どういう統辞法として可能なのかという問いである。

ラプランシュのテクストは体系的な転倒力を秘めているが、しかしこの書物をまさにそれ自身の持つ光によって照らし出すためには、おそらく次のような問いが、たとえ解決されるというのではないにしても、少なくともその根源的なかたちで提起される必要があるだろう。つまり、そんな言語行為の可能性は、いったいどこからわれわれへとやってくるのか、またどうしてこの言語行為はずっと昔から、そんなにも「自然な」もののように見えるのか、言い換えれば自分自身が含む謎を忘れていると見えるのかという問いである。

＊

キリスト教ヨーロッパにおいて、初めて芸術家というものが名ざされ出したころ、芸術家たちの実存に与えられたかたちは、「英雄という、匿名的な形態」であった。完璧な再生＝繰り返しというサイクルがあるものと思われており、そういう循環のなかで、個々の名称などというのは、ただ単に年代上の記憶のための地味な役割を果たすべきものにすぎない、とでもいうかのようだった。ヴァザーリの『イタリア画人列伝』は、遠い昔のことを思い出すのを使命としている。つまり社会的な慣習としきたりが規定するところに従っているのである。[*11] そこでは、天才は子供のころから天才として語られる。とはいっても、早熟さという心理的なかたちにおいて、ではない。そうではなく、天才たる権利、時代に先駆けており、既に完成した姿でしか現れないという権利によって、なのである。天才は誕生するのではなく、歴史の裂け目に、仲立ちもなく持続もなく出現する。英雄がそうするように、芸術家は時間を破って裂き、自分の手でそれを結び直す。ただしこういう出現は、波瀾を巻き起こす出来事なしにはありえない。最もよく起こる出来事の一つは、あの「初めの誤認‐後の承認」というエピソードをなす。ジョットーが羊飼いで、自分の羊たちの姿を石のうえに描いていたとき、チマブーエがそれを見て、彼のうちには王たる者の資質が潜んでいると称揚した（ちょうど中世の物語において、王族の息子が流離し、迎え入れてくれた農民たちのあいだに紛れ込んでいたのが、あるなにか神秘的な符合のおかげで、突如として王の血筋と承認される、というのと似ている）。承認されたあと、修業時代が来る。それは現実のものであるよりもはるかに象徴的なものだ。というのもこの修業時代は、要するに師と弟子との対峙、独特でつねに一方が優る対峙へと還元されるから。老いたる師は青年にすべてを与えたと信じた、が、しかし青年は既にすべてを所有していたのだ。最初の競い合いから、青年の勲しが優り、両者の関係は逆転する。徴しを身におびた若者は師の師となり、象徴的な仕方で、師を殺すのだ。なぜなら若者の君臨が始まるのは簒奪することにほかならず、無名の羊飼いは取り消しえない権利を手にしたのだから。ヴェロッキオは、レオナルドが「キリストの受洗」のなかの天使を描いたとき、絵画を断念した。老いたるギルランダイオは、ミケランジェロの前で頭を垂れた。しかし青年が至高な君臨に達するまでには、まだなお紆余曲折を経る。彼はまた新たに、密かに身を隠すという試練を経験しなければならない。ただしこのたびは、自ら進んで秘めるのだ。ちょうど闘う英雄が黒い鎧を身に付け、兜の庇を深く下げてそうするように、画家は自分の作品を隠し、ただ完成したあかつきにのみ開示する。それこそミケランジェロが「ダヴィデ」に関してやったことだし、ウッチェロが「サン・トマッソの扉の上を飾るフレスコ画」について行ったことだ。そのとき、王国の鍵が授与される。それは、造物主（デミウルゴス）の鍵である。画家は一つの世界を、つまりわれわれの世界の写しであり、兄弟のようなライバルである一世界を産み出す。その世界は、錯覚による瞬間的な両義性のうちで、われわれの世界に取って代わり、匹敵するものとなる。レオナルドはセル・ピエロの円楯のうえに怪物たちの絵を描いたが、その怪物画がひとを怖がらせる力は、自然なものの持つ力と同じくらい大きいのだ。そしてこういう同一のものが再来し、みごとに完成するということにおいて、一つの約束が成就する。人間は解放されるのだ。ちょうどフィリッポ・リッピが、逸話の言うところでは、師の肖像画を超自然的なまでに類似した絵として描き上げた日に、実際に自由を得たのと同じように。

ルネッサンスは、芸術家の個人的性格について、ある種の「英雄叙事詩」的な感覚を抱いていた。そこには、中世風の英雄という懐古的人物像と、秘儀伝授的な試練のサイクルというギリシア風のテーマとが混ざり合って流入していた。そしてこの境界線のところに、いま見たような両義的な構造が現れる。つまり密かに隠れているものとその発見、錯覚の陶酔させる力、一つの自然への（結局のところ、同じではなく他のものである自然への）回帰、さらにはまたある新しい土地（やがて同じものであることが判明する土地）への到達などが、あまりにも多くつまり過ぎた諸構造である。こうした叙事詩風の価値付けの持つ力と意味を、自分のものとして取り戻すことによって初めて、芸術家は匿名性から抜け出したのだ。かつて英雄武勲詩を歌っていた人々は、何世紀ものあいだそんな匿名性にとどまっていたのだけれども。英雄的なものの次元は、叙事詩の主人公から、それを表すreprésenter 者へと移ったのである。それは、ちょうど西欧の文化それ自身が表象＝再現の世界un monde de représentations になった時代だった。もはや作品は、記念碑であることからもっぱらその意味を引き出すのではない。あの、時間を横切って、まるで石の記憶のように形姿を留めるモニュメントのごとくに。そうではなく、作品は、かつては自分が歌っていた英雄伝説に属する。作品は「武勲 geste」なのだ。というのも作品こそが、人間たちに、そして彼らの有限な行動に、永遠なる真実を与えるのだから。そのうえまた作品は、ちょうど自分の本来の生誕地に送り返すように、芸術家の生涯の驚異的な次元に参照を求めるから。画家は、叙事詩の英雄が主体の側へと湾曲したかたちの最初のものである。自画像というものも、画家が、タブローの片隅で、自分の表す光景にこっそりと参加しているというのでは、もはやない。それは制作の核心にあって、作品の作品である。制作がたどる道程の果てにおいて、起源と完遂との出会いであり、英雄たちを出現させ、存続させる者を、絶対的に英雄化するものだ。

こうして芸術家にとっては、その芸術的行為 geste の内部において、自己から自己への関係が結ばれた。こんな関係は、かつて英雄は知ることができなかったのだが。その関係においては英雄性は、出現するものと表象されるものとの境に、表示 manifestation の最初の様式として包み込まれている。それはちょうど、自分にとっても他の人々にとっても、作品の真実と一つのものになる一様態であるかのようだ。こういう一体性は、脆いものだが、しかし消え去ることはありえないものである。この一体性は、自分自身の底から、さまざまな乖離の可能性を開く。たとえばまず、「道に迷った英雄」というものをありうるものとする。その英雄の作品では、彼の実際の人生ないしは情念が絶えず異議を申し立てるのだ（フィリッポ・リッピは、どうしてもひとりの女性を所有することができず、情欲によって苦しめられていたが、「自分の熱を鎮める」必要に迫られたとき、その女性の絵を描いたのであった）。また、作品のなかへと我を忘れ、「狂乱した英雄」もありうるものとする。この英雄は自分自身を忘れ、作品自体も忘れてしまう（ウッチェロの場合がそうで、「もし彼が遠近法の研究に費やした時間を、人物像や動物に捧げていたとしたら、ジョット以来の最も精妙で独創的な画家になっていただろう」）。さらには、仲間たちから見捨てられた、「理解されない英雄」というのも、ありうるものにする（たとえば、ティントレットは、ティツィアーノが出てきたために地位を追われ、一生涯ヴェネツィアの画家たちから排斥されたのだ）。こうした変化、つまり芸術家の行為 geste と英雄の行為とのあいだを少しずつ分割していく変化のなかで、ある両義的な捕捉の可能性が開かれる。作品を問題にし、かつまた同時に作品でないものを（双方が混在している用語で）問題にするような捕捉の可能性である。英雄のテーマとそれが迷い込む脇道とのあいだに、一つの空間が開かれる。十六世紀が初めてその空間に気づき、われわれの世紀は、根本を忘却し、大喜びでその空間を走破している。まさにこういう空間こそ、芸術家の「狂気」が場を占めにくる空間である。狂気は一方で、芸術家を他の人間たち――黙したままの人々――にとって疎遠な者とすることで、芸術家をその作品と一体化させる。また同時に他方で、芸術家を、その同じ作品の外部にも位置づける。というのも狂気は、芸術家が自分の見ているものを見えないようにし、自分自身が語る言葉を聴こえないようにするからだ。そういう「狂気」はもうプラトンが言うような陶酔、幻の現実に対して人間を無感覚にし、神々の光のただなかへ位置させてくれた陶酔ではない。そうではなく、ある地下に潜んだ関係である。そこでは作品と、作品でないものとが、互いの外部性を、ある薄暗い内面の言葉《ランガージュ》づかいによって表明しようとしている。そのとき、「芸術家の心理学」という、あの奇妙な企てが可能になる。この企てには、たとえ病理学的なテーマが現れないときでさえも、狂気がいつもつきまとっている。こうした「芸術家の心理学」という企ては、初期の画家たちに、その画家としての名前を付与したあのみごとな英雄的一体性という地のうえに記載されている。しかしまたこの企ては、そうした一体性の裂け目、その否定、その忘却もマークしている。心理学的なものの次元は、われわれの文化にあっては、英雄武勲詩的な感覚の陰画となっている。そして現在のわれわれは、かつて芸術家とはなにであったかを問うために、斜行的で暗示的な道、作品と「作品とは別のもの」との古い、無言のままの繋がりが気づかれ、また見失われる道を辿るよう定められている。この繋がりの儀式めいた英雄性と、不変の循環について、以前にわれわれに語ってくれたのは、ヴァザーリだったのだ。

*

作品と、作品とは別のものとのこの一体性に、言説に関わるわれわれの知性は、ふたたび言葉を与えようとつとめる。こうした一体性はわれわれにとってはもはや失われてしまったのであろうか。それとも単に、「芸術と狂気との関係」についての言説がもつ退屈さのなかにはまりこんで、とうてい近寄れないものになっただけなのであろうか。その飽くなき繰り返しにおいても(わたしはヴァンションのことを考えている)[*12]、またその悲惨さにおいても(あの善良なるフルテ[*13]やその他大勢の者たちのことだ)、そうした類の言説は、この一体性によって初めて存在しえているのだが、同時に、そうした言説は、反復されるにつれて、この一体性を、覆い隠し、遠ざけ、四散させてしまうのである。作品と作品以外のものとの一体性は、これらの言説のなかで眠りこみ、これらの言説を通じて頑迷なまでの忘却へと沈み込んでゆく。しかしながら、芸術と狂気との関係をめぐる言説は、それが厳密であり妥協を排したものである場合には、この一体性を目覚めさせることもできるのである。そのことを証拠だてているのが、ラプランシュのテクストであり、これは彼にいたるまでかくたる戦果のなかった系譜から救い出されるに値する、おそらく唯一のテクストである。そこではヘルダーリンのテクストについての注目すべき読解が、精神分裂病が近年、精神分析に対して執拗に問いかけている諸問題を積み重ねているのである。〈父〉の空白の座とは、シラーがヘルダーリンに対して想像上占め、ついで見捨てる、まさにその同じ座であると人が言うとき、それは正確には何を意味しているのだろうか。それはまたヘルダーリンの最後期のテクストにあらわれる神々が、西洋人《ヘスペリアン》たちを制度としての王法のもとに置き去りにする前に、その不実な臨在によってきらめかせたその同じ座でもある。もっと単純にいえば、「ターリア断片」がズゼッテ・ゴンタルトとの実際の出会いより前に、輪郭を素描し、今度はディオティーマ最終稿においてこの出会いの忠実な反復が見出される、あの同じ形象とは何かということだ。[*14] 分析がこれほど安易に頼りにするこの「同じもの」とは何なのか。絶えず呼び出され、作品と作品ではないものとのあいだの移行を、見かけ上何の問題もなしに保証する、「同一のもの《イダンティック》」へのこの固執とは一体何なのだろうか。

　この「同一のもの」へと向かう道は多様である。ラプランシュの分析は疑いもなく最も確実な道を、ある時にはこの道を、またある時には別の道をといった風にたどってゆくのだが、それが歩みの方向を見失うことは決してない。それほどまでに彼の分析は、目前にあるときには接近不可能であり、目前にないときにはまるで手で触れることができそうなゆえに、分析にとりついて離れない、この「同じ」に忠実でありつづけるのである。分析がたどってゆく道筋は、この「同じ」へと向かって、方法論的には区別されるが結局は合流する、いわば三つの接近路を形作っている。第一は、諸々の主題を想像的なもの《イマジネール》の中に取り込み、同化させること、第二は、経験の根本的な諸形式を素描すること、そして最後に、作品と生とがそれに沿って対峙し、均衡を保ち、互いに相手を可能にすると同時に不可能なものにしている、あの線を引くことである。

(1)ヘルダーリンの詩が彼の内と外とでその奇妙で射抜くような力強さを試している神話的な力とは、その神的な荒々しさが死すべき者たちを貫いて彼らをある近接にまで、すなわち彼らを赤々と照らしだし、灰に変えてしまうような近接にまで導いてゆくような力なのである。それは〈青年〉Jungling の力であり、氷と冬と眠りとによって繋がれ閉ざされていた若い河が、一挙に自らを解き放ち、自己の外、遠く離れたところに、遥かで、奥深く、あたたかく迎え入れてくれる祖国を見出すときに現れる力なのである。それらの力はまた同時に、母親の手に握られ、彼女の吝嗇によって横取りされてしまったために、父親の遺産についてと同じく、その「損なわれない全的な使用」を許可してくれるように母親に対して要求することになるであろう子ヘルダーリンの力でもあるのではないのか。あるいはそれはまた、彼がみずから生徒との闘いのなかで生徒の力と対決させる力でもあるのではないだろうか。この闘いにおいて彼の力は生徒の力におそらくは鏡像のように自らの姿を認めて憤激するのである。ヘルダーリンの経験は、彼のものでありながら他人のものでもあり、遠くにあるとともに近くにあり、天上のものであるとともに地下のものでもある、このどうしようもなく儚い力の不可思議なまでの脅威によって、支えられると同時にのしかかられている。これらの力のあいだに、それらの力の間の同一性と相互的な象徴関係が根拠を与え、かつ異議を唱えるような想像的な距離が口を開いている。神々と彼らの解き放たれる若々しい活力とのあいだの海原を通じた結びつきは、母親の像とのあいだに結ばれる諸々のつながりの象徴的で輝ける表現、あるいはまたその深い、夜の、構成的な支えではないだろうか。こうした関係は限りなく反転する。

(2)この始点も終点ももたない戯れは、この戯れに固有の空間、すなわち近さと遠さのカテゴリーによって組織された空間の中で展開される。これらのカテゴリーは、即座に矛盾する揺れ動きにしたがって、ヘルダーリンとシラーとの関係を支配していた。イェーナで、ヘルダーリンは「真に偉大な精神たちと隣り合っていること」に高揚する。しかし、彼を惹きつけるこの豊饒さの中で、ヘルダーリンは自らの悲惨さを感じとる——それは砂漠のような空虚であり、彼を遠くへとおしとどめ、彼の内部にいたるまで寄る辺のない空間を開く。こうした不毛性は、ある豊饒さの虚ろな形態ともいうべきものである。すなわち、他者に多くのものを生み出させるために他者を受け入れる能力、それも慎重にかまえて自らを分け与えようとはせず、不在による隔たりを意図的に作り出そうとするような他者の豊饒さのための受け入れ能力。そこにこそ、イェーナからの出立の意味があるのである。ヘルダーリンがシラーのそばから遠ざかるのは、身近にいたのでは、自分がこの英雄にとっては無に等しい存在であり、そして無限にこの英雄から隔てられたままであろうと感じていたからなのだ。彼がシラーの愛情をわが身に引き寄せようと努めたのは、彼自身が「善へと近づく」ことを、すなわち、まさに彼の手の届かないところにあるものへと近づくことを望んでいたからである。それゆえに彼は、この、彼を結びつけるものでありながら、どんな絆も結局はそれを損ない、どんな身近さもそれを後退させてしまうことになるこの「愛着」を、よりいっそうそれ自身へと近づけるために、イェーナを立ち去るのである。こうした経験がヘルダーリンにとって、神々の臨在と迂回とが現れる、ある根本的な空間の経験と結びついているということは十分にありうることである。この空間とは、まず第一に、そしてその一般的な形態においては、「天上的なものの一なる全体」である自然の偉大なる円環である。しかし、この隙間もつなぎ目もない円は、ギリシアの今では消えてしまった光のなかにしか生まれでることはない。神々がここにいるのは彼方においてだけなのである。ヘラスの精霊は「高貴な自然の長子」であった。ヒュペーリオン[*15]がその無限の循環を歌う偉大なる回帰のうちに見つけだすべきは、まさにこの霊である。しかし、この小説の最初のスケッチである「ターリア断片」にしてすでに、ギリシアは臨在の地ではないことが明らかになる。ヒュペーリオンが死者となった英雄たちの跡を訪ねてスカマンドルの岸辺へ赴くために、出会ったばかりのメリーテのもとを立ち去るとき、今度は彼女が消え去ってしまい、彼にあの生地へと引き返すことを強いるのである。その生地では神々は「生もしくは死を与える大いなる秘密」の明らかな保護のもと、その場にありながら不在であり、現れ出ているとともに隠されている。ギリシアは神々と人間とが交差し、彼ら相互の現前と不在とが交差するあの浜辺を表しているのである。光の地であるというギリシアの特権はそこに由来する。この地において、（ノヴァーリスのいう夜の身近さに逐一対立する）光あふれる遠方が定められ、それを驚か稲妻のごとくに、凶暴でかつ恋するものである誘拐の暴力が横切ってゆくのである。ギリシアの光とは、遥かでかつ差し迫った神々の力が寄り集って廃棄し、そして強化する、あの絶対的な距離である。身近なもののこの絶対的な逃走に対して、遥かなものの放つ脅かすような矢に対して、どこに助けを求めればよいのか。一体誰が守ってくれるのだろうか。「空間とは永遠にこの絶対的できらめくような暇ごい、弱々しい身の翻しなのだろうか。」

(3)その最終稿において、『ヒュペーリオン』はすでに、一個の繫留点の探求となっている。ヒュペーリオンはそれを、一つの像とその鏡像のように、接しながらも相いれることのない二つの存在のあいだの起こりえない合一に求めるのである。そこでは、限界《リミット》＝境界はちょうどズゼッテ・ゴンタルトとの友情が円環的で、純粋なものであったように、どんな外部も持たない、完璧な一つの円へと収斂してゆくのである。結局は同じものである二つの顔が互いを映し合うこの光のなかで、不死の者たちの逃走は止み、天上のものは鏡という罠に囚われて、ついに不在と空虚との暗い脅威は遠ざけられるのである。いまや言語《ランガージュ》は、それが開かれることで言語を呼び寄せ、言語を可能なものにしてくれたこの空間にあらがって進んでゆく。言語はこの空間を、直接的な現前の美しいイメージの数々で覆い尽くすことで、閉じようとする。作品はそのとき、作品以外のものの尺度となるのだが、それは作品が作品以外の全空間を駆けめぐるという意味であるとともに、作品が対立を通じて作品以外のものを境界づけるという意味でもあるのである。作品は表現することの幸福と祓いのけられた狂気として生み出される。それはフランクフルトに滞在していたときのことであり、ゴンタルト家の家庭教師の職にあった時期、相思相愛の時期、互いの視線がぴったりと重なり合っていた時期のことである。しかし、ディオティーマは死に、アラバンダは失われた祖国を求め、そしてアダマスはあり得ないアルカディアの地を求めて出発してゆく。鏡像の双数的な関係のなかにひとつの像が入り込んでしまったのだ。大きく虚ろな姿、しかしそこに口を開いた空虚は、脆くも映っていた像を食らいつくしてしまう。それはそれ自体としては何ものでもないがそのあらゆる形態によって「境界《リミット》」というものを指し示す何かなのである。それは、死の運命であり、人間たちの友愛の不文律であり、死すべき者たちの神格化され到達不可能となった存在である。作品の幸福のなかに、作品の言語の縁に、こうした〈境界〉が、作品の言語を沈黙へと追いやり、終了させるものとして出現する。かつては作品自体が作品ではないものすべてに対してこうした境界であったのだが。均衡をなしていた形は、急激な断崖と化し、そこにおいて作品は、作品を作品自身から取り去ることによってしか作品を終わらせることができないような終点を見出すのである。作品を基礎づけていたものが、作品を破滅させるのである。ズゼッテ・ゴンタルトとの双数的関係とヒュペーリオンの魔法の鏡とがそれに沿って釣り合いを保っていた境界は、突如として人生のなかの境界として現れ（それはフランクフルトからの「理由なき」出立である）、作品自体の境界として現れるのである（それはディオティーマの死であり、ヒュペーリオンのドイツへの「まるでアテネの城門に立つ、盲目となり祖国を失ったオイディプスのごとき」帰還である。）

　かくして、作品が作品ではないものと合流することになるこの「同一者」という謎は、ヴァザーリがかつてそれを解決したと宣言した定式とは正反対の形で定式化されるのである。この謎は、作品のただ中にあってその消滅を（それも誕生のその時から）遂行するもののうちに宿る。作品と作品とは別のものとは、作品の境界《リミット》＝限界から出発してはじめて、同じものについて、同じ言語で語るのである。作品の最深奥部に到達することをめざすどんな言説も、たとえ暗黙のうちにであれ、狂気と作品との関係についての問いかけとなっていなければならない。それはただ単に叙情詩の諸々の主題と精神病のそれとが類似しているからというだけではなく、また、体験の構造が両者で同じ形をしているからというだけでもない。それはより根本的に、作品こそが作品を設立し、脅かし、そして完成させるところの境界を定め、かつそれを乗り越えるものだからである。

*

心理学者という種族の大部分が服している最大凡庸化法則の引力に引き寄せられて、心理学者たちはここ数年来、「フラストレーション」の研究に取り組んできた。この研究においては、ネズミたちの押しつけられた絶食が無限に豊かな認識論的モデルの役割を果たしているのである。ラプランシュは哲学者でもあり、精神分析家でもあるという二重の教養のおかげで、ヘルダーリンについての自らの言説を、否定的なものについての深い問いかけにまで導いてゆくことができたのである。この問いかけのなかで、イポリット氏のヘーゲル的反復とラカン博士のフロイト的反復とが、文字どおりに反復されている、すなわちその目的地へと差し向けられていることがわかる。

ドイツ語の ab-、ent-、-los、un-、ver- といった接頭辞や接尾辞による語形成は、フランス語よりも巧みに、精神病においてはとりわけ父親の像や男らしさのシンボルにかかわるものである不在や欠如や隔たりの諸々の形式を区分している。この父の「否定《ノン》」において、問題はそこに現実の、あるいは神話的な孤児状態を見ることでもなければ、産出者という性格の消失の痕跡を見ることでもない。ヘルダーリンの症例は一見したところ明白に見えるが、根底においては曖昧なものである。彼は実の父親を二歳でなくしている。彼が四歳になったとき、母親は市長であったゴックと再婚するが、このゴックもまた少年ヘルダーリンに魅惑的な思い出を残して、五年後に亡くなっている。この思い出に関して異父弟の存在が暗い影を落とすことは決してなかったようである。記憶の次元では、父親の座ははっきりとした、肯定的な姿によって大きく占められ、この姿に疑義を差し挟んだものがあるとすれば、それは死という出来事だけであった。おそらく、不在というものは、現前と消失の戯れのレヴェルでではなく、言われることとそれを言う者とがそこで結びつけられるあの別のレヴェルで把握されるべきなのだ。メラニー・クラインが、そして続いてラカンが証明したように、オイディプス的状況における第三の人物としての父親とは、よそ者として、ただ単に憎まれ、恐れられるライバルであるだけではなく、その存在によって母親と子供との間の限界を知らない、無境界的なつながりに境界を画するものなので
ある。母親と子供とのこうした融合的関係に最初に不安に満ちた表現を与えているのは、食われてしまうという幻想なのであるが、父はそのとき、分離するもの、すなわち保護するものとして、〈法〉を宣告しつつ、空間と規則と言語《ランガージュ》とを一個の重大な経験として結合するのである。現前と不在とが交替する区切りがそれに沿ってずっと展開することになる距離が、最初のかたちが命令のそれである言葉《パロール》が、そして言語が樹立される出発点であるばかりか、抑圧されたものの棄却 rejet と象徴化が行なわれる出発点でもあるシニフィアンのシニフィエに対する関係が、そこで一挙に与えられるのである。それゆえ、父の位置に現れる根本的な欠如は、扶養や機能的な意味において考えられてはならない。父が欠けているとか、父が憎まれ、棄却されている、ないしは取り込まれているとか、父のイメージが象徴的変貌を被っているとか言うことができるためには、父が最初からラカンのいう意味で〈排除〉されてしまっているのではないことが、父の座に絶対的な穴が開いているのではないことが前提なのである。この父の不在、精神病がそこに落ち込むことで明らかに示している父の不在は、知覚やイメージの領域に関係するのではなく、シニフィアンの領域にかかわっているのである。この裂孔が口を開けることになる「否《ノン》」は、父の名《ノン》が現実にそれを保持する人間をもたなかったことを意味するのではなく、父が一度として名指されるにいたらなかったことを、父が自らを名づけ、また〈法〉に従って、他のものを名づけるよりどころとなるあのシニフィアンの座が空のままであったことを意味しているのである。精神病が誤ることなく一直線に突き進んでゆくのは、この「否」の方なのである。精神病はそのとき、進行方向に現れる深淵へと一挙に落ち込みながら、このすべてを荒廃させる父の不在を、錯乱や妄想のかたちで、あるいはシニフィアンの破綻のなかに、突如として出現させるのである。

すでにホンブルクの時代から、ヘルダーリンはこの不在へと歩みを進めている。この不在を『エンペドクレス』の相次ぐ推敲作業は絶え間なく穿ちつづける。悲劇的な讃歌はまず、事物のあの核心へ向かって、あらゆる限定が霧散してしまうあの中心的な〈無限定なもの〉に向かって、跳躍する。火山の火口へと消えてゆくことは、岩石の地下に隠れた活力であると同時に真実の赤々と燃える炎でもある〈一なる全体〉に、その開かれていながら接近不可能な中心部において合流することである。しかし、ヘルダーリンが主題をとりあげ直すに応じて、根源的な空間の諸関係は変化してゆく。天上のもの（あらゆる完成がそこで再び始まりに帰る、高遠で深奥の炉としてのカオス）の焼けつくような接近が開かれるのは、すでに神々の遠く、またたくような、不実な臨在を指し示すためだけである。自らを神と称し、仲介者としての偉大さを身にまとうことで、エンペドクレスは美しき同盟関係を破棄してしまったのだ。彼は〈無限定＝無境界的なもの〉を突き抜けたつもりで、自らの存在そのもの、「自らの手の戯れ」という過ちによって〈境界〉をはねのけてしまったのである。境界の最終的な後退のなかで、神々の用心深さはすでに避けることのできない策略を企てている。盲目となったオイディプスはほどなく、敵対しつつも兄弟関係にある〈言語《ランガージュ》〉と〈法《ロワ》〉とが騒々しく父親殺しへと立ち上がる、あの見捨てられた浜辺へと目を見開いたまま進んでゆくことができるだろう。〈言語〉とはある意味では過ちの犯される場所なのである。エンペドクレスが神々を冒瀆し、事物の中心に向かって神々の不在という矢を投げつけるのは、神々の権威を声高に叫ぶときなのである。エンペドクレスの言語に対立するのは、兄弟である敵の耐久力である。その役割とは境界の中間に〈法〉

の台座を建立することであり、この法は悟性を必然性へと結びつけ、決定に運命という石碑を押しつけるのである。この実定性は忘却のそれではない。最終稿では、それはマーネスの姿のもとに、問いかけ（「おまえが何者であり、そしてわたしが何者であるかを言ってくれ」）の絶対的な力として、沈黙を守ろうとする忍耐強い意志として現れる。彼は決して答えることのない、永遠の問いかけなのだ。にもかかわらず時空の果てから来たものとして、彼は、エンペドクレスが〈召された者〉であることを、不在の最後の者であることを、すなわち、「一切は回帰し、起こるはずのことはすでに成就している」といわしめる者であることを、証言しつづけるであろう。

　この最後の、きわめて緊迫した対決において、両極端の可能性、最も隣り合うものでありながら最も対立する二つの可能性が与えられている。一方に描かれるのは、神々が彼らにとって欠くことのできない天空《エーテル》へときっぱりと帰還することであり、地上が西洋人《ヘスペリアン》にその取り分として与えられ、エンペドクレスの姿が最後のギリシア人のそれとして消え去り、オリエントの彼方からやってきたキリストとディオニソスのカップルが、神々がその臨終へと電撃的に移行したことを証立てる姿である。しかし、それと時を同じくして、その極限的な境界において、すなわち言語が自分自身にとって最も疎遠なものになる場所において、失われてしまった言語という領域があらわれる。それはもはや何にも合図《シーニュ》を送ることのない記号《シーニュ》の領域であり、苦しむことを知らない耐久力の領域である（「われわれは解釈を欠いた、一個の記号である」)。最後の叙情詩の始まりは狂気の始まりそのものである。神々の飛び立ちによって描かれる曲線と、それとは逆方向の、父祖の地へ帰ってゆく人間たちの描く曲線とは、ヘルダーリンを〈父〉の不在へと、彼の言語をシニフィアンの根源的な穴へと、彼の叙情詩を錯乱へと、彼の作品を作品の不在へと導いてゆくあの容赦なき直線とつまるところ同じひとつのものでしかないのだ。

＊

著作の冒頭でラプランシュは、ヘルダーリンを論じるブランショが、意味作用の統一というものを最後まで維持するのを放棄してしまったのではないか、あまりにも性急に狂気という契機のはかりがたさを持ち出すことで、それが何であるかを問いただすことなく精神分裂病のもの言わぬ本質というものに頼ってしまったのではないか、と自問している。[*16]「統一」理論の名のもとに、ラプランシュは、ブランショが断絶点の存在を、言語の絶対的な破局というものを認めてしまったことを非難する。本当はもっと長い間、おそらくは無限に、言葉《パロール》の持つ意味と病気の根底にあるものとを通底させておくことができたはずであったのだ、と。しかし、この連続性をラプランシュが維持できたのは、そこを出発点とすることで彼に狂気と作品とを一個の総体として語ることを許すあの謎めいた同一性を、言語の外部に置き去りにすることによってであった。ラプランシュの分析の才は目を見張らせるものがある。彼の緻密で敏捷な言説は行き過ぎを犯すことなく、詩的形式と心理学的構造との間にはさまれた領域を駆けめぐる。おそらくそれは、きわめて高速度でなされる往復運動であり、そのおかげで、類似する形象のほとんど知覚できないような双方向の移行が生じている。しかし（ブランショのそれのような）狂気と作品というときの「と」が示すような文法的姿勢に身をおく言説、この二つのものの間へと、その分割不可能な統一性において、そしてこの間が開く空間において問いかけるような言説は、〈境界《リミット》〉というものを、すなわち、まさに狂気がそこで永遠の断絶となっているあの線を疑問に付さないわけにはいかないだろう。

　この二つの言説は、一方から他方へといつでも置き換え可能な同一の内容を有しており、互いを証明し合っているにもかかわらず、おそらく深いところで両立不可能なものなのだ。詩的構造と心理学的構造とを連動させる解読は決して両者の間の距離を縮めることにはならないだろう。とはいえ、この二つの言説は、実現可能なものとそれを基礎づける可能性とが近接しているという意味で、無限に近接するものである。というのは作品と狂気との間の意味《サンス》の連続性は、断絶の絶対性の出現を許すような同一性という謎から出発して初めて可能になるからである。狂気のなかでの作品の廃絶、詩的言語《パロール》が自らの破滅へと吸い寄せられてゆく地点であるあの空虚とは、作品と狂気との間に両者に共通するであろう言語によるテクストが書かれることを可能にするものである。そしてそれは抽象的な図柄などではまったくなく、われわれの文化がそのなかで自らを問いただすべき歴史的なつながりなのである。

ラプランシュはヘルダーリンの人生における病状の初めての出現を「イェーナの鬱病」と呼んでいる。われわれはこの鬱病的出来事について次のように夢想してみることもできるだろう。ポスト・カント的危機、無神論論争、シュレーゲルとノヴァーリスの思弁、ごく身近な彼岸で響いていたフランス革命、それらが相まって、イェーナは、まさしく西欧的空間が突如として空洞と化した場所であった。西欧文化に対して、そこで空虚で中心的な空間というものが、神々の顕現と不在、彼らの出立と接近とによって定義されたのだ。こうして定められた空間のなかに、人間の有限性と時間の回帰とが、ただひとつの問いかけとして結びつけられて出現する。十九世紀は歴史という次元が開かれた時代だと見なされている。十九世紀がこの次元を開くことができたとすれば、それは円環という、時間の空間的で否定的な形象から発してであり、この形象に沿って神々はみずからの到来と飛び立ちを、人間は有限性という生まれ故郷への帰還を明らかにするのである。神の死が深く鳴り響いたのは、虚無への恐怖に駆られたわれわれの感受性のなかよりも、われわれの言語《ランガージュ》の内においてなのであり、神の死は、それがわれわれの言語の根源へと置いた沈黙、いかなる作品もそれがただの純然たるおしゃべりではないかぎりは、覆い隠すことのできない沈黙を通じて鳴り響くのである。このとき言語は至高者の姿を身につける。言語はここではない別の場所から来たものであるかのように、そこでは誰ひとり話すものがいない場所からやってきたものであるかのように突如としてあらわれる。しかし、言語は、自己の言説を遡り、あの不在の方向に向かって語る場合にしか作品となることはない。この意味で、いかなる作品も言語のあらゆる可能性を汲み尽くし、使い果たしてしまおうとする試みなのである。終末論は今日、文学的経験の一構造となった。この構造はその生得の権利によって究極のものである。シャールはそれを次のように言っている。「人間という堰が、神的なものの放棄によって開かれた巨大な裂け目に引き込まれて、崩れようとしたとき、遥か彼方のことばたちが、押し流されてしまうことを望まなかったことばたちが、途方もない圧力に抵抗しようと試みた。そこでこれらのことばたちの意味の王朝が定められたのだ。わたしはこの大洪水の夜の出口へと駆けていった。[*17]」

　こうした出来事において、ヘルダーリンは、比類のない、かつ模範的な位置を占めている。彼は作品と作品の不在とを、神々の迂回と言語《ランガージュ》の破滅とを結びつけ、両者のつながりを明らかなものにしたのだ。彼は、時代に先んじ、確信を生みだし、どんな出来事をも言語の高みに押し上げるといった壮麗さの特徴《しるし》を芸術家の姿から消し去ったのである。ヴァザーリにおいてはまだ支配的であった英雄叙事詩的な統一に代えて、ヘルダーリンの言語は、われわれの文化にとってはあらゆる作品の根底をなしている分割を、そもそもの初めから作品に関与している狂気のなかで、作品をそれ自身の不在へと、それ自身の永遠の消滅へと結びつける一個の分割を置くのである。ヘルダーリンがたどりついた極限《リミット》を示すものであったあの不可能な頂から降りてくる斜面に立って、われら実証主義的四足獣が詩人たちの精神病理学を反芻できているのは、この分割があればこそだったのである。

原書編者註

＊1 『ヘルダーリン年鑑』は一九四七年以来刊行されている。編集の責任者は、初めはF・バイスナーとP・クルックホンであった（チュービンゲン、J. C. B. Mohr）。次いでW・ビンダーとF・ケレタート、そしてB・ベッシェンシュタインとG・クルツである。

＊2 ドイツの詩人シュテファン・ゲオルゲ（一八六八―一九三三）のまわりに集った友人たちのサークル。メンバーには、C・デルレート、P・ジェラルディ、A・シュラー、F・ヴァルタースなどの詩人や、L・クラーゲス、F・グンドルフ、E・ベルトラム、M・コメレル、E・カントロヴィッツなどの哲学者、ゲルマニスト、歴史家がいた。

＊3 F・グンドルフ、「ヘルダーリンの『多島海』」、『詩人と英雄』所収。*Hölderlins Archipelagus*, in *Dichter und Helden*, Heidelberg, Weiss, 1923, pp. 5-22.

＊4 ヘルダーリン、『束縛を破った河流』（*Der gefesselte Strom*, 1801）、『ヘルダーリン全集』2、河出書房新社。

＊5 W・ランゲ、『ヘルダーリン――病理学的研究』（*Hölderlin. Eine Pathographie*, Stuttgart, F.

Enke, 1909)。さらに、ヘルダーリン、『エンペドクレスの底にあるもの』（*Grund zum Empedokles*, 1799)、『ヘルダーリン全集』4、河出書房新社、も参照されたい。

＊6　ヘルダーリン、『エンペドクレス』(a)第一ヴァージョン『エンペドクレスの死』一七九八年　(b)第二ヴァージョン『エンペドクレスの死、五幕悲劇』一七九八年　(c)第三ヴァージョン『エトナ山上のエンペドクレス』一八〇〇年。

＊7　F・バイスナー、「ヘルダーリンのテクストに寄せて。エンペドクレスの読解――詩と民族性（承前）」、『ヘルダーリン年鑑』XXXIX巻、一九三八年、三三〇―三三九ページ。「ヘルダーリンの最後の讃歌」、『年鑑』III、一九四九年、六六―一〇二ページ。「ヘルダーリンの後期讃歌の構成法について」、『年鑑』IV、一九五〇年、四七―七一ページ。バイスナーの論文集 *Reden und Aufsätze* Weimar, H. Böhlaus, 1961 も参照されたい。

＊8　L・リーグラー、「〈束縛を破った河流〉と〈ガニュメート〉――ヘルダーリンのオード改作における形態の問題の具体例」、『年鑑』II、一九四八年、六二―七七ページ。A・ミュラー、「ヘルダーリンのエレジー〈さすらい人〉の二つの稿」、『年鑑』III、一九四九年、一〇三―一三一ページ。ヘルダーリンの作品、「さすらい人」（一八〇〇年）および「ガニュメート」（一八〇一年）も、参照されたい。

＊9　A・ベック、「ヘルダーリンの生涯の最後期について――新資料」、『年鑑』III、一九四九年、一五―四七ページ。「ヘルダーリンの〈将来の伝記〉のための準備作業、その1：ヘルダーリンのボルドーからの帰還について」、『年鑑』IV、一九五〇年、七二―九六ページ。「その2：モーリッツ・ハルトマンの〈推測〉をめぐって」、『年鑑』V、一九五一年、五〇―六七ページ。

＊10　K・ヤスパース、『ストリンドベリとヴァン・ゴッホ。スウェーデンボリとヘルダーリンの比較対照による精神病理学的分析の試み』*Strindberg und Van Gogh. Versuch einer pathographischen Analyse unter vergleichender Heranziehung von Swedenborg und Hölderlin*, Bern, E. Bircher, 1922.

なお、この本の仏訳の序文として、モーリス・ブランショの「まさに狂気たるもの」が書かれた。*Strindberg et Van Gogh. Swedenborg-Hölderlin*, trad. H. Naef, précédé de *La Folie par excellence*, de M. Blanchot, Paris, Éd. de Minuit, coll.《Arguments》, 1953.

＊11　G・ヴァザーリ、『イタリア画人列伝』。*Les Vies des meilleurs peintres, sculpteurs et architectes italiens*, trad. et éd. critique sous la dir. d'A. Chastel, Paris, Berger-Levrault, coll.《Arts》, 1981-1985, 9 vol.

＊12　J・ヴァンション『芸術と狂気』一九二四年（Vinchon, J., *L'Art et la Folie*. Paris, Stock, coll.《Série psycholo-gique》, 2e éd. augmentée, 1950）。

＊13　J・フルテ『詩的精神異常、レンブラント、マラルメ、プルースト』一九四六年（Fretet, J., *L'Aliénation poétique. Rembrandt, Mallarmé, Proust*, Paris, J.-B. Janin, 1946）。

＊14　F・ヘルダーリン『ターリア断片』一七九四年（*Fragment Thalia*, trad. Ph. Jaccottet, in *Hypérion*, Paris, Gallimard, coll.《Poésie》, n° 86, 1973, pp. 17-47.）。『ディオティーマ』一七九九年（*Diotima*, trad. R. Rovini, in *Œuvres, op. cit.*, p. 776.）。

＊15　F・ヘルダーリン『ヒュペーリオン、あるいはギリシアの隠者』第1巻、一七九七年、第2巻、一七九九年（*Hypérion ou l'Ermite de Grèce*, trad. P. Jaccottet, Paris, Gallimard, coll.《Poésie》, n° 86, 1973, pp. 49-240.）。

＊16　問題のテクストは、モーリス・ブランショ「まさしく狂気たるもの」（*La Folie par excellence*）である。このテクストはカール・ヤスパース前掲書への序文として出版された（pp. 7-33）。

＊17　R・シャール「閾」、『怒りと神秘』一九四八年、所収（*Œuvres complètes*, Paris, Gallimard, coll.《Bibliothèque de la Pléiade》, 1983, p. 255）。

8 狂気、作品の不在

「狂気、作品の不在」、「ターブル・ロンド」誌、一九六号、一九六四年五月「精神医学の状況」、一一―二一ページ。
«La folie, l'absence d'œuvre», *La Table ronde*, n° 196 : *Situation de la psychiatrie*, mai 1964, pp. 11-21.
――『思考集成II』No. 25

狂気とはいったい何であったのか、ひとにはもうよく分かりはしない、という日がやがてくるだろう。その日にはもう、狂気の形象はそれ自身のうえに閉じられてしまい、それが残した痕跡はもはや解読することもできない。それらの痕跡じしんは、無知な視線《まなざし》にとっては、もはやたんなる黒ずんだ跡以外のなんであろうか。それらの痕跡は、たかだか、いまのところわれわれには描いてみることはできぬ諸々の形象的布置の一部をなすにすぎず、しかし、将来、それらは、われわれを、つまりわれらとわれらの文化とを、読みうるものにするためには不可欠な解読格子となるのである。アルトーは、われわれの言語活動の地盤崩壊にではなく、われわれの言語活動の地盤に属することになろうし、諸々の神経症は、われらの社会の逸脱にではなく、われらの社会の構成的諸形態に属するものだ、ということになるだろう。われわれが今日、極限＝境界、異様性、耐え難さとして体験しているもののすべては、実定的《ポジティフ》なものの平穏へと復帰することになるだろう。そして、いま現在、われわれにたいしてこの〈外部〉を指していることがらが、われら自身をある日指すことになるのである。

ただこの〈外部性〉の謎のみが残ることになろう。中世の奥底以来二十世紀そしておそらくはそれを超えてまでもはたらいてきたこの奇妙な境界画定とはいったい何であったのかと、ひとは自問するであろう。なぜ西欧文化は、みずからがそこに自分自身を認めえたかもしれず、じじつ斜めのやり方で自らをそこに認めた当のそのものを、いや果てへと排斥してきたのか？　なぜ西欧文化は、十九世紀以来明確に、しかし、古典主義時代からすでに、狂気とは、人間の裸出した真理であると述べながらも、狂気がそこにおいてはいわば失効されてしまうような中性化された蒼白い空間のなかに狂気を位置づけてきたのか？なぜ、ネルヴァルやアルトーの言葉を収集し、それらの言葉のなかには自らを見いだしながら、それらの者たちのなかには自らを見いださなかったのか？

かくして炎に包まれた理性という強烈なイマージュは潰え去る。狂気において、われら自身の果ての姿にわれら自身を映しだそうとするお馴染みのゲーム、遥か遠くからやってきて、もっとも身近から、われらとは何であるのかを語るあれらの声を、聴き取ろうと耳を傾ける、あのお馴染みのゲームは、つまり、それらに固有の規則、術策、発明、計略、黙認された非合法性を備えたあのゲームは、もはやそしてこれ以後つねに、意味作用が灰と化した複雑な儀式にすぎないということになろう。それは、古代《アルカイック》社会における交換と対抗の大セレモニーのようななにかとなろう。あるいは、ギリシアの理性がその託宣に寄せていた曖昧な注意というようななにかとなろう。あるいはまた、十四世紀以降のキリスト教世界における魔術の実践と裁判の双生児的な制度化のようなものとなるだろう。歴史家たちの文化の手に落ちれば、一方には、収容の立法化された諸措置と、医学の諸技術、他方には、私たちの言語の中への、排除された者たちの言葉の突然の闖入的な組み入れのみが残ることになろう。

＊

この変化の技術的な支えとは、どのようなものとなるのだろうか？　医学が、精神疾患を、他の何らかの器官的疾患と同様に、抑えることができるようになる可能性だろうか？　全ての心的な症候を薬理学的にコントロールできるようになるということだろうか？　あるいは、行動の逸脱を十分に厳密に定義することによって、社会がそれぞれの逸脱について適切な防止措置をとることができるようになるということだろうか？　あるいは、それとはまたちがった変化がおきることで、そのどれとしてじっさいに精神疾患を廃絶することはないにせよ、それらの変化のすべては私たちの文化から狂気の顔立ちを消し去る意味をもつことになるのだろうか?

私は、この最後の仮説をたてることによって、通常認められている次のことがらに異を唱えることになる、ということを承知している。その通説とは、つまり、医学の進歩が、やがては精神疾患を、癩病や結核のように根絶やしにすることができるだろうということ、しかし、ただ、人間が、みずからの幻想や、不可能性や、身体ぬきの苦悩や、かれの夜の亡骸に対してもつ関係だけは残るだろうということ、病理的なものが埒外におかれたとき、人間の狂気への暗い帰属は病気としての形態においては消されたが不幸としては執拗にとどまりつづける悪の遠い過去の記憶となるだろう、というものである。本当のことをいえば、こうした考えは、おそらくはもっとも儚いこと、病理的なものの恒常性よりもずっと儚いことを、変化しないものだと決めてかかってしまっている。それは、ひとつの文化が、それがまさに排除するものに対してもつ関係であり、もっと正確にいうなら、われわれの文化が、狂気のなかに発見すると同時に隠している、あの、遠くかつ逆転した、己れ自身の真理との関係なのである。

遅からず死ぬことになるであろうもの、すでにわれわれの内で死につつある(そしてその死こそが現在のわれわれのことばを動かしているのだが)、それこそは、homo dialecticus〔ホモ・ディアレクティクス、対話する人間、弁証法的人間〕というものなのである。ホモ・ディアレクティクス、すなわち、出発と回帰と時間の存在、己れの真理を失いそして啓示にうたれてそれを再発見する動物、自己にたいして余外者でありつつ再び身内にもどる者。この人間こそ至高なる主体、はるか昔から人間について語られてきたあらゆる言説の、とりわけ疎外された〔＝精神疾患の〕人間について言われてきた言説の客体＝対象としての奴隷なのである。そして幸運にも、この人間はそれらの言説のおしゃべりのもとで死に瀕している。

したがって、ひとは、人間が、どのようにこの自分自身の形象を遠ざけることができたのか、どのようにして彼自身に起因し、そのなかに彼自身が維持されていた、まさにそのものを、境界＝極限の向こう側へと追いやることができたのかを、もはや分からないということになろう。西欧的人間がごく最近までまだみずからの水平的な位置を測っていた、その運動を、いかなる思考ももはや思考することができない、ということになるだろう。失われる、しかも永遠に失われることになるのは、（精神疾患についてのこれこれの知とか、精神的に疎外された人間を前にしたこれこれの態度というわけではなく）狂気との関係なのである。ひとはただ、われわれ、五世紀にわたる〈西欧人〉とは、この地球上において、他の諸々の基本的な特徴のなかでも、とりわけ奇怪な特徴をもった人間たちであったということだけを知ることになろう。つまり、その特徴とは、深く、悲劇的《パセティック》で、おそらくはわれわれ自身にとってさえ言い表すことが困難な、しかし他の誰にも理解できないような関係を、われわれは精神疾患と持ち続けてきたということであり、その関係においてこそ、われわれは、われらの最も熾烈な危険、そしておそらくはわれらに最も身近な真理を体験してきたのだ、ということなのである。ひとは、われらが狂気からの距離にあり続けてきたというのではなく、狂気からの距離のなかにこそあり続けてきたというであろう。それは、ギリシア人たちが、ὕβρις〔ヒュブリス、過剰〕を非難していたからといってὕβρις から遠ざかったというわけではなく、ギリシア人たちはむしろこの途方もなさの遠ざけのなかにこそいた、かれらが ὕβρις をそこに保ち続けたこの遠さのただ中にこそいた、ということと同じである。

　もはやわれわれではない者たちにとっては、この謎を思考することが残されることになる（それは、どのようにしてアテネがアルキビアデスの錯乱にとらえられたりそこから脱却したりすることができたのかを、われわれが今日理解しようとするのと少し似ているかもしれない）。いかにして、人間たちは、かれらを震撼させ、それを見つけるやいなや目をそらせることを自らに禁じ得なかった危険の中にこそ、かれらの真理、かれらの本質的な言葉、かれらの徴を探すということをなしえたのか？　そして、それらの人々には、それは、人間の真理を死に対して問うことよりもさらに奇妙なことに思われるだろう。というのも、死は、すべての者たちがそうなることを述べているだけである。それに対して、狂気は、むしろ稀な危険、それが生みだす恐怖、それに対して発せられる多くの問いに比べればとるにたらないひとつの偶発事にすぎない。どのようにして、ひとつの文化のなかで、かくも希薄な蓋然性が、かくも啓示的な恐怖の権能をもつことができるのだろうか？

この問いに応えるために、自分たちの肩越しにわれらを見やる者たちは、おそらくは、かれらの手持ちに多くの材料を持つことはないだろう。唯一灰と化した幾つかの徴を見いだすのみであろう。狂気の渇水位が上がり世界を浸水させてしまうようになるのではないかという何世紀にもわたって繰り返されてきた恐れ、狂人の排除と包合の数々の儀式、十九世紀以来つづけられてきた、狂気の中に人間とは何かを示しうるような何かを捉えることができるのではないかという注意深い聴取、狂気の言葉を棄却したり受け入れたりする同じような性急さ、それらの言葉の無意味さあるいは決定を認めることへの躊躇のみが、そうした数少ない材料となろう。

それ以外のすべて、すなわち、われわれが狂気に会いに来ると同時にそこから遠ざかるあのただひとつの運動、あの恐怖にあふれた再認、境界を設定すると同時に統一的な意味の横糸によってその境界を補完しようとするあの意志、そうしたすべては沈黙に帰されることになろう。それは、われらにとって、今では、μανία〔マニア、譫妄〕、ὕβρις〔ヒュブリス、過剰〕、ἀλογία〔アロギア、没論理〕、という三つの論理連関がよく分からなくなってしまっていること、あるいはまた、これこれしかじかの原始社会におけるシャーマンの憑依の姿勢がよく分からなくなってしまっていることと同じである。われわれは、病のある種の技術的なコントロールが、狂気の経験をそれ自身のうえに閉じる運動を指さすよりは覆い隠すことの多い地点、時間の折り目にいるのである。だが、まさしくこの折れ目こそが、何世紀にもわたって相互に折り込み《インプリケート》されたままにされてきたことがらを折り返し繰り広げて見せることをゆるすのである。その折り込み《インプリケーション》とは、精神疾患と狂気との関係であり、それらの二つの異なった形象の布置は、十七世紀から結び合わさり、混ざり合ったのだが、今われらの目の前で、あるいはむしろ、われらの言語活動のなかで結ぼれを解かれようとしているのだ。

＊

今日狂気が消え去りつつあるというとき、それが意味しているのは、狂気を同時に精神医学的な知と人間学的なタイプの省察のなかに捉えていた、この折り込み《インプリケーション》こそが、崩れようとしているという事態である。しかしそれは、だからといって、何世紀にもわたって、狂気がその目に見える顔だちであった侵犯の一般的なあり方が消え去ることを意味しない。あるいはまた、この侵犯は、狂気とは何かをわれわれが問うているまさにこの時に、新たな経験を引き起こそうとしているということでもない。

この世界には、すべてを行うことが許されているような文化はひとつとしてない。そして、はるか昔から、ひとは、人間とは、自由とともに始まるのではなく、境界と、超えるべからざるものの線とともに始まるのだということを知っている。ひとは禁止された行為が従うシステムを知っている。それぞれの文化ごとに近親相姦の禁止の体制を提示するということも行われた。しかし、言語活動の禁止の組織はまだよく分かっていない。というのも、それらの二つの制限のシステムは、一方が他方の言語的なヴァージョンであるというようには、重なり合うものではないからだ。言葉のレヴェルで現れてはならないものは、必ずしも、身ぶりの次元で禁じられているものではないからだ。ズニ族は、兄妹の近親相姦を禁止するが、それを物語る。そして、ギリシア人たちも、オイディプス伝説を物語るではないか。逆に、一八〇八年の〔ナポレオン〕法典は、肛門性交の古くからの刑罰法を廃絶したが、十九世紀の言語は、先行する諸時代よりもずっと同性愛（すくなくとも男性的形態においては）に対して不寛容であった。そして、このような現象は、おそらくは、代償行為とか、象徴表現といった心理学の諸概念では理解できそうにないのだ。

いつか、こうした言語活動の禁止の領域をその自律性において研究すべきなのである。おそらく、まだどのようにその分析をすべきなのかを正確に知るのは時期尚早である。ひとは現在認められているような言語活動の分割を使うことができるだろうか？　そして、まず、禁止と不可能性と境界を接するものとして、言語的コードにかかわる法則（ひとが、明確に、言語の過ちとよぶもの）を、ついで、そのコードの内部において、そして、既存性的、呪術的な冒瀆的な言葉のすべて）を、認めることができるのだろうか。そして次に、コードによって許可され、言語行為において許されてはいるが、その文化にとって、一定の時期には、容認されざるものである言表——そこでは隠喩的な迂回はもはや可能ではなく、というのも検閲の対象となるのは意味そのものであるのだから——を認めることができるのだろうか。そして最後に、排除される四つ目の言語活動の形態が存在する。それは、承認されたコードに見かけ上は合致した言葉を、その言葉自体のなかに鍵が与えられている別のコードに従わせるというやり方で、そのようにして、言葉はそれ自身の内部で二重化されてしまう。この言葉はみずから述べることを述べるとともに、沈黙の裡にそれが述べることを述べると同時にそれを述べるために従うコードを述べるような、沈黙せる付加を付け加えるような言葉である。それは暗号化された言語活動ではなく、構造的に秘法的な言語活動である。すなわち、禁止された意味を隠しつつ伝えるのではなく、のっけから、言葉の本質的な折り返し（＝隠退）のなかに陣取っているような言語活動である。この折り返し（＝隠退）は、言語を内側から空洞化し、おそらくは、無限に空洞化していくのである。そのような言語活動においては何が言われているのか、どのような意味が差し出されているのかは、さして重要ではない。この言葉のただ中における言葉の謎めいた中心的な解放、つねに光なき焦点へと向かう言葉の統御不可能な逃走こそ、いかなる文化もすぐに受け入れることができぬものなのだ。意味においてでも、言葉の素材においてでもなく、その戯れにおいてこそ、そのような言葉は侵犯的なものなのである。いかなる文化であれ、すべての文化は、おそらく、これらの禁止された言葉の四つの形態を、知り、実践し、（ある度合において）寛容し、と同時に、抑圧し、排除しているものなのである。

西欧の歴史において、狂気の経験はこの尺度にそって移動した。じっさい、狂気の経験は長い間、行動の禁止と言語の禁止との間の、われわれにとって明確化することが難しい、未決定の領域を占めていた。そこから、ルネッサンスの末期にいたるまで、狂気の世界を、身ぶりと言葉の境域にしたがって組織した、furor〔狂暴〕‐inanitas〔無意味さ〕という対の模範的な重要さが起因したのだった。〈大監禁〉（十七世紀に設立された一般施療院、シャラントン、サン＝ラザールといった施設）は、狂気が、正気ならざるものの領域へと移動したことを示している。狂気は、禁止された行為とは道徳的親近性をしかもたないが（狂気は本質的に性的な禁止に結びつけられている）、言語の禁止の世界のなかに含み込まれている。古典主義時代の収容は、狂気とともに、思想と言葉の放埒《リベルティナージュ》、頑迷な不敬神や異端、冒瀆、魔術、錬金術など、非理性の言葉にされ禁止された世界を特徴づけることがらのすべてを包摂している。狂気は、排除された言語活動であり、言語のコードに抗して、意味のない言葉をしゃべる者たち（「きちがい」、「ばか」、「痴呆」）か、聖化された言葉を発する者たち（「粗暴」、「憑き者」）か、禁止された意味を広めようとする者たち（「放埒者《リベルタン》」、「頑迷者」）か、なのである。ピネルの改革は、この禁止された言葉としての狂気の抑圧の、変更というよりはむしろ、はるかに、あきらかな成就であるのだ。

その変更は、ほんとうにはフロイトとともにしか起こらなかった。狂気の経験が、われわれが先ほど述べた言語の禁止の最後の形態の方へと移動したときにその変更は起こったのだ。そのとき狂気は、ことばの過ち、発せられた冒瀆の言葉、耐え難い意味であることをやめたのである（この意味では、精神分析はフロイト自身が定義したように、諸々の禁止の大いなる解除である）。狂気の経験はそれ自身をみずから包み込む言葉であり、それが述べることの下で、他のことを、しかもその言葉自身がその可能な唯一のコードであるような他のことを述べるような言葉として現れることになったのである。いうならば、それは、秘法的な言語活動であり、というのも、その言語活動は、この折れ込み《インプリケーション》みを最終的には述べるだけの言葉の内部にその言語を保持しているものだからだ。

したがってフロイトの作品をありのままに正当に理解しなければならない。フロイトの作品は、狂気が日常生活の言語活動と共通した意味作用の網状組織のなかに捕らえられていることを発見し、心理学的な語彙の日常的な平板性において狂気を語ることを許したというのではないのだ。フロイトの作品は、狂気のヨーロッパ的な経験を、自ら自身を包含している言語活動の地帯へと、すなわち、言表において、言語活動が言表する言語自体を言表しているような言語活動の地帯という、あの危うい、つねに侵犯的な（したがって、特殊な様式でまだ禁止されている）地帯へと、ずらすものなのである。フロイトは、意味の失われた同一性を発見したのではない。かれは、他のようなものでは絶対にないシニフィアンの突然現れたかたちを囲い込んで見せたのだ。そのことは、フロイトの作品を、われわれの半世紀が、「人間科学」と、その脱性欲化された統一性という（笑うべき）名の下に、フロイトの作品を覆い隠してしまった心理学主義的解釈から護るために十分であるべきである。

そして、そのこと自体によって、狂気は、隠された意味の奸智としてではなく、驚くべき意味の留保地帯として現れたのだった。ここでも、この「留保地帯」という語を、しかるべく理解しなければならない。それは、貯蔵地帯というよりもはるかに、意味を留めおき宙づりにし、これこれの意味、別の意味、次にまた別の意味が、おそらくは無限につぎつぎとやってきてはそこに留まる空虚をつくっている形象《かたち》なのである。狂気は空隙のあいた留保地帯を開き、その地帯は、言語体系《ラング》と言葉《パロール》とが相互に包含しあい、一方が他方から形づくられ、それらのまだ言葉を持たない相互関係をしか述べることがない穴を指さし示すだけなのだ。フロイト以来、西欧的な狂気は、ひとつの非言語となった。というのも、狂気は二重の言語（そのことばにおいてしか存在しない言語、みずからの言語をしか言わないことば）となったからだ。すなわち、厳密な意味では、何も言わない言語活動の母胎となったということだ。話されていることの折れ目、すなわち作品の不在となったのである。

フロイトをいつの日か、正当に理解する必要があろう。かれは狂気に話させたのではない。狂気は、数世紀来、まさしくひとつの言語活動（排除された言語活動、饒舌な無意味さ、理性の反省された沈黙の外へと無際限に流れ出してしまう言葉）であったのだ。フロイトは、反対に、非理性的なロゴス（＝言葉）を枯渇させ、乾燥させ、その言葉たちを、その源にまで、なにも言われることのない自己－包含《オート・インプリケーション》の白い地帯にまで遡らせたのである。

＊

現在起こりつつあることはまだわれわれにとって不確かな光のなかにある。しかしながら、ひとは、われわれの言語活動のなかに、奇妙な運動が描かれているのを目の当たりにすることができる。文学もまた（そしてそれはおそらくマラルメ以後なのだが）徐々に、その言葉が、それが述べることがらと同時にまた同じ運動において、その言葉を言葉として解読可能にする言語を言表するような、ひとつの言語活動になりつつある。マラルメ以前には、書くということは、みずからの言葉を一つの所与の言語の内部において打ち立てることであり、言語の作品は、〈修辞〉や〈主体〉や、あるいは諸々の〈イマージュ〉の徴《しるし》を除くなら（もちろんそれらの徴は威厳のあるものではあったが）、他の全ての言語活動と同じ性質のものであった。十九世紀の終わりに（精神分析の発見の時代か、そのほぼ同時期）、言語の作品は、それ自身のうちに、自らの解読の原理を書き込んだ言葉となった。あるいは、いずれにせよ、作品は、自らのそれぞれの文、それぞれの語の下に、それでもやはり（そして事実として）作品が帰属している言語の、価値と意味作用とを、至高者のように変えてしまう力を前提するようになったのだ。作品は、言語体系の支配を、エクリチュールの現在の身ぶりによって宙づりにしてしまったのだ。

そこから、（人が批評とよぶ）あれらの二次的な言語活動の必要が生まれる。それらの言語活動はいまでは文学に対して外から付け加えられる付加（創造の心理学的な謎へと送り返される作品と読書の消費的な行為とのあいだに打ち立てることが有益だとひとが考える、判定、媒介、中継など）としてはもはや機能していない。いまでは、それらの言語活動は、文学のただ中において、文学が自らの言語のなかに制定する空虚の一部となっている。それらは、言葉《パロール》がその言語《ラング》へと引き戻され、そのことによって言語が言葉のうえに打ち立てられる、必然的だが、必然的に未完成の運動なのである。

そこからまた、狂気と文学とのあの奇妙な隣接がうまれるのだ。この隣接にはついに裸にされた心理学的な親近性という意味を与えられるべきではないのだ。自ら自身へと重ねられ沈黙する言語活動として発見された狂気は、作品（あるいは、天才とか幸運によって作品となりえたかもしれない何か）の誕生を明らかにしたり語ったりはしない。狂気は、その作品がそこから生み出される空虚な形式を指し示す。すなわち作品がそこから不断に不在であり、作品はそこに位置していたことが決してなかったがゆえに決してそこに作品を見いだすことができない場所を指し示すのである。この蒼白い地帯において、この本質的な隠し場所の下で、作品と狂気との双子的な両立不可能性が露わになるのだ。そここそが、それらそれぞれの可能性と相互排除の盲点なのである。

しかし、レーモン・ルーセル以後、アルトー以後、そここそまさしく文学の言語活動が近づこうとしている場所なのである。しかし、その言語活動はそこに、言表すべき務めがある何かのように近づくわけではない。文学の言語活動は、それが語ることによっても、また、その言語活動を意味あるものにする構造によっても定義されるものではない、ということをわれわれは悟るべきである。この言語活動はひとつの存在を持っているのであって、その存在においてこそ、文学の言語活動を問うべきなのだ。その存在とは、現在ではどのようなものなのか？　自己‐包含、分身、その言語活動の中に穿たれる空虚に関わる何かである。この意味では、マラルメ以来われわれに至るまで生起してきた、文学の存在は、フロイト以来狂気の経験が成立している地帯に及びつつある。

未来のなんらかの文化の目から見れば――その文化はおそらくすでに近くに迫っているのだが――、われわれは、決してじっさいには発音されたことのない以下の二つの文、有名な「私は嘘をついている」と同じほど矛盾していて不可能な二つの文を最も近くまで近づけた人間たちだということになろう。その二つの文とは、「私は書く」と「私は狂う」というものだ。われわれはこうして、「私は気狂いだ」という文を、「私は獣だ」、「私は神だ」、「私は記号だ」に近づけた他の無数の文化や、はたまた、フロイトに至るまでの十九世紀のすべてがそうであったように「私は真理だ」という文に近づけた文化と肩を並べることになろう。そして、もしその文化が、歴史のことが分かる識別力をもつとすれば、狂人となったニーチェが(それは一八八七年のことだ)、自分は真理だ(なぜ私はかくも賢く、なぜ私はかくも多くのことを知り、なぜ私はかくも良き本を書き、なぜ私は運命なのか)と宣言したこと、そして、それから五十年もたたぬうちに、ルーセルが、かれの自殺の前夜に、『いかにして私は私の本の何冊かを書いたか』[*1]のなかで、体系的に対にされた、自らの狂気と自らのエクリチュールの手法の話を書いたことを、思い出すことになろう。そして、ひとはおそらく、われわれが、長い間、叫びとして、恐れられてきたことがらと、長いこと、歌として待望されてきたこととの間に、かくも奇妙な親近性を認めることができたことに驚くことになるだろう。

＊

しかし、おそらく、まさにこの変化は、いかなる驚きにも値するとは思われないだろう。

われわれの歴史によってその両立不可能性が打ち立てられてきた（狂気の言語活動と文学の言語活動という）二つの言語活動が通じ合うことを見て驚くのは今日のわれわれなのである。十七世紀以来、狂気と精神疾患とは排除された言語活動の領野において同じ空間（おおよそ、非正気の空間）を占めてきた。排除された言語活動のべつの領域（ひとが文学と呼ぶ、それ自身のうえに垂直に立てられ、無益で侵犯的な〈折れ目〉において自らへと関係づけられる、囲い込まれ、聖なる、恐れられた言語活動の領域）に入ることによって、狂気は、精神疾患との、ひとが選び取る尺度によっては古くも新しくもある、親近性を解くことになるのである。

精神疾患は、疑う余地なく、ますますよくコントロールされた技術的な空間へと入ることになろう。病院では、薬理学はすでに手に負えない暴れる患者たちの病室をなま暖かい大きな水族館に変えてしまった。だが、それらの変化のしたで、そしてそれらの変化とは無縁に見える（少なくともわれわれの現在の視線には）理由によって、ひとつの解消が起こりつつあるのだ。狂気と精神疾患は同じ人間学的な統一性への帰属を崩しつつあるのだ。この統一性は、それ自体、過渡的な公準としての人間とともに消えつつあるのである。病の叙事詩的な輝きである狂気は、消え失せることをやめはしない。そして、病理性からは遠く、言語活動の方で、言葉がまだなにも言わずに退き折り込まれる場所では、私たちの思考にかかわる、ひとつの経験が生まれつつある。その経験の間近さは、すでに可視的であるにせよ絶対的に空虚であり、まだ名づけられえないのだ。

原書編者註

＊1　レーモン・ルーセル『いかにして私は私の本の何冊かを書いたか』、パリ、ジャン＝ジャック・ポーヴェール社、一九六三年。

9 哲学と心理学

「哲学と心理学」（アラン・バデューとの対話）、『教育テレビ・ラジオ放送資料集』一九六五年二月二十七日、六五―七一ページ。

この討論は、『思考集成Ⅱ』No. 31と同様、一九六五―一九六六年度、ディナ・ドレフュス企画、ジャン・フレシェ監修のもとに教育テレビ・ラジオ放送によって制作された番組である。

これらの番組は最近、国立教育資料センターおよびナタン出版社によって、『哲学者の時代』シリーズにビデオカセットとして再版された。一方、「カイエ・フィロゾフィック」誌増刊号（一九九三年六月）にもこれらの番組内容の逐語的な転写が掲載されているが、それはここに収録したテクストと大きく異なっている。なお、ここに収録したテクストのみが、討論の参加者たちによる見直しを通過したものである。

«Philosophie et psychologie», *Dossiers pédagogiques de la radio-télévision scolaire*, 27 février 1965, pp. 65-71.

――『思考集成Ⅱ』No. 30

――心理学とは一体何なのでしょうか。

――心理学を定義しようとするなら、それを科学としてではなく、むしろ、文化的形態として定義すべきであると思われます。つまり心理学は、西欧の文化が古くから知ってきた一連の現象のなかに書き込まれているということです。そうした現象のなかで、告白や決疑論、対話、談話、推論などといったものが生まれ、それらは中世のある特定の環境、あるいは愛の法廷、十七世紀のプレシオジテなどという場において、保持されることもできたのでした。

――文化的形態としての心理学と、文化的形態としての哲学とのあいだには、内的もしくは外的な関係があるのでしょうか。そして、哲学とは、これもまたひとつの文化的形態なのでしょうか。

――あなたは二つの質問をされました。
第一に、哲学はひとつの文化的形態なのかどうか。私は、自分自身があまり哲学者的ではないので、この問いに答えるためにあまり都合のよい立場にあるとは言えません。とにかくそれは大きな問題であり、人々は現在それについて議論を戦わせています。哲学とは、実際、おそらく最も一般的な文化的形態のことであり、そこにおいて我々は、西欧とは何かということについて反省することもできるのでしょう。

第二に、現在、文化的形態としての心理学と哲学とのあいだには、現在どのような関係があるのか。そうですね、私が思うに、この問題は百五十年来哲学者と心理学者を対立させている争点であって、現在、教育改革をめぐるすべての問いかけがこの問題を再び取り上げています。

まず言えることは、心理学、そして心理学を通じて人間諸科学は、十九世紀以来哲学に対して、非常に錯綜した関係にある、ということです。では哲学と人間諸科学とのそうした錯綜を、どのようなものとして理解したらよいのでしょうか。まず、次のように考えることが可能でしょう。すなわち、西欧世界において哲学は、盲目的にそしてある意味で空回りしつつ、暗がりの中、自らの意識と諸方法の闇の中で、ひとつの領域を画定したのだ、そしてその領域とは、哲学が「心」あるいは「思考」と呼んできた領域であり、それが今や、人間諸科学が明解で明晰かつ実証的なやり方で利用すべき遺産として役立っているのだ、したがって、人間諸科学は、哲学が指示しつつも未開墾のままに残したこの領域を占有する正当な権利があるのだ、と。

以上のように答えることが可能かもしれません。私は、こうしたことを多少とも好んで口にする人々を、人間諸科学の信奉者とみなすことができると思います。すなわち、そうした人々は、ギリシアの思考とともに西欧に生まれた哲学の古くからの任務が、今や人間諸科学に備わったさまざまな道具によって取り上げ直されるべきであると考えているのです。しかし、私には、そのような考え方によって問題が正確に画定されるとは思えません。そうした分析のやりかたは、明らかに、実証主義というひとつの哲学的なパースペクティヴに強く結びついているように思われます。

ところで、哲学と心理学との錯綜について、ひとはまた、別のこと、以上とは反対のことを言うことができるかもしれません。すなわち、その錯綜は、おそらく、十九世紀以来ひとつの人間学というようなものが可能になったという、西欧哲学の運命の一部をなしているのだ、と。人間学ということで私が考えているのは、我々の文化の外部の探求としての、「人類学」と呼ばれる特定の科学のことではありません。そうではなくて、私が考えているのは、哲学の諸問題のすべてを人間の有限性の領域と呼ぶことのできる領域の内部に宿らせることになった、本質的に哲学的な構造のことです。

もし、自然人である限りでの人間について、あるいは有限な存在である限りでの人間についてしか哲学することができないのだとしたら、その場合、哲学の全体が結局はひとつの人間学になってしまうのではないだろうか。そのとき哲学は、一般にあらゆる人間諸科学がその内部において可能であるような文化的形態となるだろう。

ひとは以上のように言うことができるかもしれません。そしてこれは、私が最初に粗描した分析とは、いわば正反対の分析です。つまり、最初の分析においては、哲学を人間諸科学がそうであるべきものについての空虚なプログラムとして回収することができたのに対し、第二の分析は、西欧哲学の大いなる運命のなかに人間諸科学を回収する、ということです。哲学と心理学とはこのように錯綜しているのであって、現在、そして今後数年間にわたって、我々はこの錯綜について考察してゆかねばならないでしょう。

――あなたのおっしゃった第一の観点においては、まず哲学が自らの領域をひとつの実証的な科学に委ね、ついでその科学が実際にその領域を解明する、とみなされました。そうした観点からすると、他のタイプの諸研究に対する心理学の特殊性は、何によって保証されるのでしょうか。実証主義が、それに固有の手段によって、そうした特殊性を保証できるのでしょうか。

――そうですね、人間諸科学が実際に自らにとっての問題、領域、諸概念を、十八世紀の哲学から受け取っていた時代には、心理学を、心の科学、意識の科学、個人の科学などとして定義することが可能であっただろうと思います。その限りにおいて、心理学と、当時すでに存在していた人間諸科学とを、十分明確なかたちで区別することもできたのでしょう。すなわち、心を身体に対置させるようなかたちで、心理学を生理学などの諸科学に対置することができましたし、個人を集団やグループに対置するようなかたちで、心理学を社会学に対置することもできました。もし、心理学を意識の科学として定義するならば、それと対置されるものは何でしょうか。そうですね、ショーペンハウアーからニーチェにいたる時代においては、意識が無意識に対置されるようなかたちで、心理学は哲学に対置されていた、と言えるでしょうか。ところで、私には、人間諸科学の再編成と再区分がなされたのは、まさに無意識とは何であるかということの解明を中心に、すなわち、とりわけフロイトを中心にしてであるように思われます。そして、意識の科学とか個人の科学とかいうような、十八世紀から受け継がれた実証的なものとしての心理学の定義は、フロイトが存在してしまった今となっては、もはや有効ではありえないと思うのです。

――ならば今度は第二の観点に移りましょう。無意識に関する問題系が、人間諸科学の領域の再編成の原理のように思われる、とあなたはおっしゃいましたが、人間諸科学が西欧哲学にとっての運命としてみなされるのであれば、あなたはこの無意識に関する問題系に対してどのような意味を与えるのでしょうか。

――無意識の問題は、実は非常に厄介な問題です。精神分析とは、一見すると、意識の心理学に付加され、それを無意識という補足的な層によって二重化する、心理学の一形態のようでもあります。しかし実際は、ひとはすぐに次のことに気づいたのです。すなわち、無意識の発見と同時に、もはや個人にも、身体に対置されるものとしての心にも関与しない大量の問題が、まるごと吸いよせられるということ、そして、それまで心理学から排除されていたものが、心理学に固有の問題の内部に回収される、ということに。つまり、生理学の名において排除されていた身体の問題がそこに再導入され、社会学の名において排除されていた個人の問題が、その環境、彼が帰属するグループ、彼がその一員たる社会、彼やその先祖たちがずっとそのなかで思考してきた文化などとともに、心理学のなかに再導入されるのです。したがって、無意識の発見という些細な出来事は、研究領域の追加でも、心理学の拡張でもありません。それはまさに、心理学による、人間諸科学のほとんどすべての領域の没収です。したがって、フロイト以来、あらゆる人間諸科学は「プシュケ」の学になった、と言うことができるでしょう。そしてデュルケーム流の古い実在論、すなわち、社会を個人に対立するひとつの実体として考え、個人についてはこれもまた社会の内部に統合された一種の実体としてみなすという、この古い実在論は、現在では思考不可能なものであると私には思われます。同様に、心と身体という古くからの区別、十九世紀の精神生理学においてさえまだ有効であったこの区別も、もはや存在しません。というのも、今や我々は、我々の身体が我々のプシュケの一部であるということ、あるいは、我々の身体が、意識的であると同時に無意識的でもあるような経験の一部であって、心理学が扱うのはそうした経験であるということを知っているからです。したがって、もはや心理学に属するものしかないということです。

——一種の心理学的全体主義にまで達するこの再構造化は、あなたの表現をお借りするなら、無意識の発見というテーマを中心にしてなされている、ということですね。ところで一般に、発見というこの語は、科学的なコンテクストと結びつけられます。とすると、あなたは、無意識の発見をどのように理解するのでしょうか。そこで問題となっているのはどのようなタイプの発見なのでしょうか。

——無意識は、フロイトによって文字どおりひとつの事物として発見されました。彼は無意識を、人間一般のなかと個々の人間のなかとに同時に存在するいくつかのメカニズムとして知覚したのです。

ならば、フロイトは心理学を徹底的に事物化し、後に近代の心理学の全歴史がメルロ＝ポンティや現代の思想家たちに至るまで反発したのも、この事物化に対してなのだということでしょうか。それはあり得ることでしょう。しかしそもそも心理学というものが可能になったのは、おそらく、たとえそれに対する批判としてにせよ、まさに事物というこの絶対的な地平においてなのです。

しかし他方、フロイトにとって、無意識は、ひとつの言語的構造を備えたものでもあります。もっとも、フロイトは釈義学者であって記号学者ではないということを忘れてはなりません。彼は解釈者であって文法学者ではありません。彼にとっての問題は、言語学的な問題ではなく、判読にかかわる問題なのです。ところで、解釈するとは一体何でしょう、言語学者としてではなく、釈義学者、解釈学者としてひとつの言語を扱うとは、一体何でしょう、もしそれが、絶対的なかたちで書き記されたものの存在を認めることでないとしたら。すなわち、解釈において我々は、この「書き記されたもの」について、まずそれをその物質性そのものにおいて発見しなければならず、次に、その物質性が意味を持つということを認めねばならず、さらに第三に、それが何を意味しているのかということ、そして最後に、それらの記号がどのような法則にしたがってその意味するところを意味するのかということを発見しなければなりません。そして、この第四の発見によってはじめて、記号学の層に出会うことにもなります。つまり、例えば比喩と換喩に関する諸問題や、諸記号の総体がそれによって何かを意味することのできるようなそうした諸々の方式に、出会うことにもなるでしょう。しかしこの第四の発見は、よりいっそう基本的な他の三つに対してはやはり第四の位置にあるにすぎません。そしてそうした最初の三つの発見とは、我々の前にあるひとつの何物かの発見であり、解釈すべきテクストの発見であり、ひとつの可能な解釈学にとっての一種の絶対的な地盤の発見なのです。

——テクスト判読の専門家たちは、判読 déchiffrement と解読 décryptage とを区別しています。すなわち、判読とはすでにそのための鍵を手にしているテクストを読み解くことであり、解読とは、鍵を手にしていないテクストを読み解くこと、メッセージの構造そのものを読み解くことである、というわけです。とすると、心理学的方法は、判読に属するのでしょうか、それとも解読に属するのでしょうか。

——解読に属する、と言いましょう。ただし完全に、というわけではありません。というのも、判読、解読という概念は結局、言語学者たちが、あらゆる言語学にとって回収不能であると思われるもの、すなわち解釈を、なんとか回収することができるようにと規定した概念であるからです。ともあれ、解読という観念を認めることにしましょう。フロイトは実際、解読する。つまり彼は、ひとつのメッセージがあるということを認めつつも、そのメッセージが何を意味しているのか、どのような法則によって諸記号がその意味するところを意味することができるのか、ということを知らず、したがって、ただひとつの動作によって、メッセージが何を意味しているのかということと、メッセージがその意味するところを意味するのはどのような法則にしたがってなのかということを、同時に発見しなければならない。別の言い方をすれば、無意識のなかに、それが語っている内容のみならず、その内容を解読するための鍵をも捜さなければならないということです。そしてまたそれゆえに、精神分析、精神分析の経験、精神分析的言語といったものは、常に文学を魅了してきました。現代文学は、精神分析のみならず狂気に属するあらゆる現象によって魅惑されています。というのも、狂気とは今、現在の世界において、ひとつのメッセージ、とは言えないとしても、少なくともそこに何らかの意味を期待できるような言語、記号でないとしたら一体何でしょう。もっとも、そうした期待が持たれるのは、もしそうでなければあまりにいたたまれないであろうからであって、ひとはそれらが何を意味しているのかも知らずどのようにしてその意味するところを語るのかも知らない。したがって、狂気を、みずからの解読のための鍵をみずからのうちに持つようなひとつのメッセージとして扱わなければならない。これはフロイトがヒステリーの症状を前にして行うことであり、いま精神病の問題に手をつけようとしている人々が行うことでもあります。

そして結局、文学とは一体何でしょうか、もしそれが、その語っていることを語らないということがわかっているようなあるひとつの言語でないとしたら。というのも、文学がもしその語るところをそのまま意味するものだとしたら、それはただ単に、「公爵夫人は五時に外出した……」と語っているだけであるということになってしまうでしょう。文学が語っているのはそんなことではないということをひとはよく知っているし、その語っていることと別のことを意味しているのが、みずからに折り畳まれたもうひとつの言語であるということも知っています。しかしひとは、背後に潜むそのもうひとつの言語とはどういうものかを知らない。したがってひとはただ、小説を読んだ後に、それが何を意味しているのかということと同時に、何によってそしてどのような法則によって作者はその言いたいことを言うことができたのかということを発見していなければならないということ、つまり、テクストの釈義と記号学とを同時にやり遂げていなければならないということを、知るばかりなのです。

したがって、文学と狂気とが対をなすようなひとつの構造があるということになります。つまりそれは、文学や狂気についての記号学が可能であるためにはそれらの釈義が不可欠であり、逆にそれらの釈義が可能であるためにはそれらの記号学が不可欠であるといった、そうした構造です。そして釈義と記号学とのこの帰属関係は、解きほぐすことが絶対に不可能であるように思えます。一九五〇年まで、ひとは単に、そして非常に不完全かつ大雑把なかたちで、精神分析あるいは文学批評において解釈のような何かが問題になっているということを理解していただけでした。つまり、ひとはそこに記号学の側面、諸記号の構造そのものの分析という側面がそっくりあるということに、気がついていませんでした。それが今や、そこに記号学的な次元が発見され、そしてその結果、解釈の側面が隠蔽されています。しかし実際は、包み込み、巻き付きの構造こそが、狂気の言語と文学の言語とをともに特徴づけているのであって、それゆえに、人間諸科学だけが心理学化されているのではなく、文学批評と文学もやはり心理学化されている、と言えるのです。

――もし無意識が結局ひとつの対象＝テクストとして現れるのだとしたら、つまり、メッセージが常にそのコードに貼り付いたかたちで発見される以上メッセージの意味をア・プリオリな仕方で発見することを可能にするような一般的なコードというものは存在しないという、あなたの事物主義的な観点を保持するとしたら、その結果、心理学は、一般性の科学ではありえないということになります。すなわち、心理学は、みずからに固有のコードを持つような根本的に個別のテクストにしか決してかかわることがなく、したがってそれは、単にその対象においてのみならず、結局その方法においても、個の学であるということになります。それとも、ひとつの一般解釈学なるものが存在するのでしょうか。

――ここではまず、一般的なものと絶対的なものとを区別する必要があります。ひとは最終的なテクストを手に入れることについて確信は持てないし、テクストがその意味していることの背後でさらに別のことを意味してはいないという確信を持つこともできないという、そうした意味において、絶対的な解釈学というものはありません。同様に、絶対的な言語学を作り出すということについても、決して確信を持つことはできません。すなわち、絶対的に一般的な形式に到達するということについても、絶対的に最初のテクストに到達するということについても、決して確信を持つことはできないということです。とはいえ、私には、ある程度大きな一般性を備えた諸構造があるように思われます。例えば、複数の個人において同一であり、その各々について同様の仕方で見いだすことのできるようないくつかの行動があり得るでしょう。そして、一人について見いだされた諸構造が、別の一人にはあてはまらないという理由はありません。

――では、最終的に心理学はそうした構造の学であるということになるのでしょうか、それとも個別的テクストの認識であるということになるのでしょうか。

――心理学は諸構造の認識となり、そして心理学と結びついたものとしての治療学は、個別的テクストの認識となるでしょう。すなわち、私には、心理学をある種の規範化のプログラムから切り離すことは不可能であると思われるのです。心理学は、哲学と同様、おそらく、いや確かに、ひとつの医学でありひとつの治療学であると言えるでしょう。そして、その最も実証的な形態における心理学が、例えば心理学と教育学、あるいは精神病理学と精神医学といった、二つの下位科学に分離しているとしても、そうした分離は、実はそれらを再び結びつけなければならぬというしるし以外の何物でもありません。心理学のすべてがひとつの教育学であり、判読のすべてがひとつの治療学なのであって、そこでは変容させることなしには知ることができないのです。

――あなたは何度にもわたって次のように言われたように思います。すなわち、心理学は、与えられた諸要素のあいだにどんなに厳密でどんなに複雑な関係ないし構造を発見したとしてもそれに満足することはなく、心理学は常に諸々の解釈を伴っている。それに対して他の諸科学は、解釈すべき所与に出会ったときもはやそれに対処することができず、そしてそのとき、心理学が舞台に登場するのだ、と。もしそうだとしたら、「人間心理学」と「動物心理学」という二つの表現のいずれにおいても心理学という語は同じ意味を持っていると、あなたには思われるということでしょうか。

――あなたがその質問をして下さって私はうれしく思っています。なぜなら、実は私自身、話が少々ずれてしまったことに責任を感じていたからです。私は最初に、人間諸科学の一般的な構成は無意識の発見によって完全に改編された、そして心理学は逆説的にも他の諸科学に対して一種の強制力を持つことになった、と言いました。そしてその次に私は、完全にフロイト的なパースペクティヴのなかで心理学について語り始めたのです、あたかも心理学のすべてがフロイト的なものでしかありえないかのように。なるほど確かに、フロイト以来人間諸科学の一般的な再編成がなされたということは、否定しえぬ事実であり、それは最も実証主義的な心理学者たちでさえ否認しえなかったことです。しかしだからといって、心理学のすべてが、その発展のなかで、無意識の心理学、あるいは、意識の無意識に対する諸関係の心理学になってしまったということではありません。ある種の生理学的心理学が残り、ある種の実験心理学も残りました。結局、私と同名の人によって今から五、六十年前に打ち立てられた記憶に関する諸法則は、フロイト的な忘却の現象とさえ何の関係もありません。そうしたことは以前のまま残っているのであって、つまり、実証的で日常的な知のレヴェルにおいては、フロイト主義が、動物に対してさらには人間の行動のある側面に対して行うことのできる観察を現実に変化させたとは、私には思えないのです。フロイト主義による変容とは、深層における一種の考古学的な変容のことであって、それはあらゆる心理学的な知の一般的な変容のことではない、ということです。

——しかし、心理学という用語がそれほど互いに異なるさまざまな側面を容認するということになれば、そうした側面のすべてに共通の意味とは一体何なのでしょう。心理学の統一性というものはあるのでしょうか。

——はい。つまり、もし、迷路の中での鼠の行動を研究する心理学者が明確にしようとしているのは、一匹の鼠についてと同様ひとりの人間についても有効であるような行動の一般的形態である、ということを認めるとするなら、問題は常に、人間について何を知りうるかということである、ということが言えます。

——ならば、次のように言ってよいのでしょうか。すなわち、心理学の目標は人間についての認識であって、諸々の「心理学」は、その認識のための諸方法であると。

——はい、結局そういうことになるでしょう。ただ私があえてそう言おうとしないのは、それではあまりに単純にすぎるような気がするからです……実際、事態はとてもそんなに単純なものではありません。つまり、十九世紀のはじめに、人間を認識しようという非常に奇妙な企図が出現したということについて考えてみる必要があります。そこで起こったのはおそらく、ヨーロッパ文化の歴史における根本的な出来事のひとつです。というのも、十七世紀そして十八世紀において『人間論』[*1]あるいは『人間本性論』[*2]などが存在したということが事実であるとしても、それらが人間を扱っていたやりかたは、我々が心理学において人間を扱っているやりかたとは全く異なっているからです。十八世紀末まで、つまりカントに至るまで、第一次的な思考とは、無限についての思考だったのであり、人間に関する考察は、それに対して二次的なものにすぎませんでした。そこでの問題は常に、次のような問いに答えることでした。つまり、真理がそれがそうであるところのものである以上、また数学ないし物理学が我々にしかじかのことを教えてくれた以上、我々が知覚するようなかたちで我々が知覚し、我々が認識するようなかたちで我々が認識し、我々が誤るようなやりかたで我々が誤る、といったことがどのようにしておこるのか、といった問いに答えることでした。

カント以来、そこに転回が起こります。すなわち、人間の問題とはもはや、無限あるいは真理から出発して、それらにかかわる問題が投影されたものとして提出されるものではありません。カント以来、無限はもはや与えられず、もはや有限性のみがあるのであって、この意味において、カント的批判はそれ自身のなかに、ひとつの人間学の可能性、あるいはその危険をはらんでいたのです。

——ある時期、我々の哲学学級において、人間諸科学に関して「説明すること」と「理解すること」との区別が議論されました。あなたにとってこれは意味のあることに思われますか。

——断言することはできませんが、「説明すること」と「理解すること」とを最初に区別し、それらを根本的で絶対的かつ互いに両立不能な認識論的形式として最初に提示したのは、ディルタイであるように思います。ところで、その区別はやはり非常に重要です。そして、私の知る限り、西欧の歴史において、解釈学についての少々大雑把ではあるけれども非常に興味深い唯一の歴史を著したのは、まさにこのディルタイです。解釈学というものが、非常に特異な反省の様態であるということ、そしてそれにもかかわらず、その意味とその価値とが、自然科学から借り受けたさまざまな認識の様態によって隠蔽されつつあるということ、こうしたことを感じていたところに、彼の奥の深さがあります。自然科学の認識論的モデルが人間諸科学に対して合理性の規範として課されつつあるけれども、実はおそらくその人間諸科学とは、まさに解釈学的諸技術の化身のひとつであるということ、そしてこの解釈の技術はといえば、それは、ギリシアの最初の文法学者たち以来、アレクサンドリアの釈義学者や近代のキリスト教聖書釈義学者たちのもとで、西欧の世界のなかに存在し続けてきたものであること、そうしたことを、彼は完全に感じとっていたのだと思います。彼は、心理学と人間諸科学一般とが、我々の文化の歴史のなかで一般性を保ってきた解釈学的コンテクストに属しているということをわかっていたのでしょう。そうした事態を彼は、「説明」と「理解」とを対立させることによって、少々神話的なやり方で規定したのです。説明は、悪しき認識論的モデルとされるでしょう。理解、それは、釈義というその根本的な意味にまで連れ戻された、人間科学の神話的形象なのです。

——科学としての、そして技術としての心理学について、あなたは、精密科学や厳密な科学について言えるのと同じことが言えると考えていらっしゃいますか。つまり、心理学は自分自身についての哲学を行っているのだ、心理学は自分自身でみずからの方法、みずからの概念などについての批判を実行しているのだ、と言うことができるでしょうか。

——現在、精神分析において、そして人類学のような他のいくつかの諸科学において起こっていることは、そのようなことだと私は思います。フロイトの分析以後、ラカンの分析のようなものが可能になり、デュルケーム以後、レヴィ＝ストロースのようなものが可能になったということ、こうしたことのすべてが証明しているのは、実際、人間諸科学が、自らのなかにそして自らのために、物理学あるいは数学が自らに対して設定している批判的関係を思わせずにはおかぬひとつの批判的関係を設定しようとしているということです。言語学についても同様のことが言えるでしょう。

——しかし実験心理学についてはそれが言えないのですか。

——そうですね、現在までのところ、言えません。しかし結局、心理学者たちが学習についての研究をするとき、そしてそれによって獲得された諸結果を情報についての分析によってどの程度まで形式化できるかということを吟味するとき、心理学がみずからに対して打ち立てようとしているのは、これもやはり一種の反省的で一般化する関係、基礎づけの関係です。ところでそうは言ってもやはり、サイバネティクスあるいは情報理論が学習心理学についての哲学であるとは言えないのであって、それは、ラカンが現在やっていることあるいはレヴィ＝ストロースがやっていることが人類学の哲学あるいは精神分析学の哲学であるとは言えないのと同様です。そこにあるのはむしろ、科学のみずからに対するあるひとつの反省的関係です。

——仮にあなたが今、哲学学級において教壇に立つとしたら、あなたは心理学についてどのような授業をなさいますか。

——もし私が哲学教師として心理学を教えなければならないとしたら、まず第一に、想像しうる限り最も完璧な仮面、私の本当の顔と最もかけ離れた仮面を購入し、生徒たちが私を見分けられないように心を配ることでしょう。私は、『サイコ』のアンソニー・パーキンスのように全く別の声を出して、私の言説の統一性が何一つ現れることのないようにとつとめるでしょう。私の第一の配慮は以上のようなものとなるでしょう。次に、実験の手段、社会心理学の手段として現在心理学者によって用いられている諸々の技術について生徒たちに手ほどきをするため全力を尽くすでしょうし、また、精神分析とは何かということについても説明しようとするでしょう。そして次の時間、私は仮面をはずし、自分の声をとり戻して、哲学の授業を行うでしょう。そしてそのときまた心理学に出会うことになるかもしれません、つまり完全に不可避的で宿命的な一種の袋小路、十九世紀における西欧の思考がとらわれた一種の袋小路としての心理学に。しかし、それが全く不可避的で宿命的なひとつの袋小路であると語りつつも、私は心理学を科学として批判したりはしないでしょう。私は心理学があまり実証的とは言えぬひとつの科学であるとも、それがより哲学的あるいはより非哲学的な何かであらねばならぬとも言わないでしょう。私はただ単に、次のように言うことでしょう。一種の人間学的な眠りがあって、そこで哲学と人間諸科学とがいわば互いに魅惑され眠りへと導かれたのだ、そして、かつて独断論の眠りから眼をさましたように、我々は、この人間学的な眠りから目を覚まさねばならないのだと。

原書編者註

＊1　R・デカルト、『人間論』、パリ、クレルスリエ社、一六〇四年（『著作と書簡』、パリ、ガリマール

社（プレイヤード版）、一九五三年刊、八〇三―八七三ページ所収（邦訳『増補版デカルト著作集』第四巻所収、伊藤俊太郎、塩川徹也訳、二一三―二九六ページ、白水社）。

＊2　D・ヒューム、『人性論』、ロンドン、J・ヌーン社、一七三九―一七四〇年刊、全三巻（邦訳『人性論』全四巻、大槻春彦訳、岩波書店）。

10
宗教的逸脱と医学

「宗教的逸脱と医学」、ジャック・ルゴフ編『ヨーロッパ前近代における異端と社会（十一―十八世紀）』、パリ、ムートン社、社会科学高等研究院、一九六八年、一九―二九ページ（ロワイヨーモン会議、一九六二年五月二十七―三十日）。
«Les déviations religieuses et le savoir médical», *in* Le Goff (J.), éd., *Hérésies et sociétés dans l'Europe préindustrielle. XI*ᵉ*-XVIII*ᵉ *siècle*, Paris, Mouton et É. H. É. S. S., 1968, pp. 19-29. (Colloque de Royaumont, 27-30 mai 1962.)
――『思考集成III』No. 52

それぞれの文化には、たしかに一連の一貫した分割の身ぶりがあり、近親相姦の禁止や狂気の境界、またおそらくはある種の宗教的な排除もその個別の例にすぎないでしょう。それらの身ぶりの機能は、言葉の厳密な意味で両義的です。境界をしるす瞬間に、いつでも違反が可能な空間を開いてしまうのですから。こうして区切られると同時に開かれた空間には、固有の形状と掟があります。この空間は時代ごとに、「違反性の体系」と呼べるものをかたちづくっています。実をいえば、それは違法性や犯罪性、革命性、怪物性や異常性とも、それらの逸脱する形態すべての総合とも合致してはいません。しかし、これらの単語はそれぞれ、少なくとも間接的にはそれを示しており、すべてのものが全体として可能性をもち歴史的に出現するための条件であるこの空間を、ときとして部分的に明らかにしてくれるのです。

近代の意識は、正常と病的との区別に、不規則、逸脱、不合理、不正、さらには犯罪的なるものを区切る力を与えがちです。近代意識が外部のものと感じるすべてに、裁くときには排除の、説明する場合には包含の地位をこうして与えるのです。われわれの文化の中で境界線の両側に適当なものと逸脱するものを分配する根本的な二分法の総体は、そこに正当化と見かけ上の基礎を見出します。しかし、それらの威信にまどわされてはいけません。それらが制定されたのは最近のことであり、正常と病的の間に線を引くという可能性自体、さらに古い時代には述べられることはありませんでした。十八世紀から十九世紀にまたがるビシャの文章がもつ絶対的な新しさを認めねばならないのです。どれほど奇妙に見えようとも、西洋世界には数千年の間、正常と病的とが根本的なカテゴリーをなさない病気認識に基づく医学があったのです。

十五世紀から十六世紀にかけての宗教的逸脱の数種の形態と医学認識との論争は、その例になり得ます。悪魔の介入による人間の身体的な力の変質の信仰にここでは限って論じてみたいと思います。

この増加の支持者と反対者との間で論争になっているのが罰ではないことをまず指摘しましょう。よく称賛されるモリトールとヴァイアーの寛大さは、相対的でかなり部分的なのです。モリトールは実際の行為に関してはすべて魔女を無実としますが、それはいっそう確実に魔女を死刑に処すためでした。「なぜなら背教と堕落により、この女性たちは完全に神を否定し、悪魔に身を任せたのだから。」(『魔女と占い師』一四八九年、八一ページ)[*1] なるほど、ヴァイアーは司法官が神の怒りに十分な信頼をおかず、「まだ青い麦を嵐が襲ったからとして[……]頭の弱い愚かな女性を何人も逮捕した」と憤慨しますが、「はっきり自覚し、望み、知りつつ」(『悪魔の幻想と欺瞞について』一五七九年、一六四ページ、三六二ページ)[*2] 悪魔と契約を結ぶ魔法使いをそれだけいっそう彼は厳しく断罪するのです。エラストゥスは、「一般に彼女たちがすると考えられている驚異的な物事は、魔女たちにはまったくできない」としますが、魔女には死刑を求めてこう述べています。「ここまでで十分に示したと思うが、魔女たちが罰せられねばならぬのは、彼女たちがすることとやしようとすることゆえではなく、背教と神への従順に反発したためであり、悪魔と結んだ契約のためである。」(『魔女たちの力に関する対話』一五七九年)[*3]

この寛大さの問題は付随的なのです。重要なことは、十五世紀末のモリトールも十六世紀のヴァイアーとエラストゥスも悪魔性に引導を渡していない点にあります。シュプレンガー、スクリボニウス、ボダンとの論争は、悪魔の存在そのものや、人々の間に悪魔がいることに異議を唱えるのではなく、悪魔の現れ方、悪魔の行動がいかに変化し多様な外観の下に隠れるかの仕方に関してなされているのです。それは、自然と超自然との紛争ではなく、錯覚の真実性の様式に関する微妙な論争でした。

いくつかの指標を示してみましょう。

一　悪い天使だとはいえ何よりもまず天使であるサタンは、身体を獲得してからも霊であり続けました。サタンが最も容易に意思を疎通できるのは霊とです。なぜなら、地上の物は神が与えた掟に従いますが、霊は自由だからです。したがって、サタンが身体に作用する場合、そこに神の特別な許可がないわけはなく、一種の奇蹟なのです。魂に作用するのは、神が堕落の後にサタンに与えたこの総合的な許可ゆえであり、つまり罪の普遍的な結果なのです。エラストゥスは悪魔の行動の可能性をこう定義しています。悪魔は物と身体にはあまり力をもたず、地上の世話を神から任された人間ほどにも力がないが、霊には大いに力をもち、騙したり誘惑したりできる。神が特別な恩寵によって心と霊から悪魔を遠ざけることに同意しない限り、霊こそがいまや悪魔の悪事の場になった、と。

二　霊の中でサタンは好んで安易な対象を、すなわち強い意志と信仰をもたない脆弱な者たちを選びます。まず女性です。「巧妙で狡賢く、手練手管に通じた敵である悪魔は、好んで女性を誘惑する。女性はその体質ゆえに移り気で信じやすく、意地が悪く忍耐心に欠け、憂鬱で気持ちを統御できない。とくに衰弱し、愚かで頭の弱い老女たちは。」（ヴァイアー、三〇〇ページ)[*4]次に、メランコリー気質の者たち。「彼らは小さな損失などのことで簡単にふさぎこむ。クリュソストモスの言葉によれば、悪魔に騙される者はすべて、怒りか悲しみによって騙される。」(二九八ページ)[*5]最後に、正気を失った人。「体液と酩酊によってもそうだが、理性の使用は泥酔した者や気の狂った者たちでは利己的である。そこで、霊である悪魔は簡単に神の許可によって彼らの心を動かし、錯覚に従わせ、理性を堕落させることができる。」(三一三ページ)[*6]このように悪魔は、自然の秩序に対しては力をあまりもたないが、その秩序をなんら乱すことなく、魂の中にこの秩序が引き起こしうる欠陥や欠点を利用し、魂に襲いかかる術を心得ています。悪魔は、みずからが従属している世界のひとつの秩序から、魂の無秩序へと移行し、それを従わせるのです。「脳が身体の中で最も湿った部分であること」と「月がそこで体液に及ぼす」(四〇ページ)[*7]影響を悪魔が利用すると説明する際、シュプレンガーの『魔女への鉄槌』はなんら他のことは述べていません。

三　自然に対しては無力だが魂には全能である悪魔は、とくに騙すことによって作用します。外部の物の秩序は何も変えられませんが、その外見の中、魂に伝えられる像の中ではすべてがかき乱されます。シュプレンガーがすでに説明した通り、もはや存在しないものの像をみずからの意志で復活させる力を人間はもっている以上、悪魔はなおのこと、似た力をもっているのです。人間の意思が眠っているとき、夢に命令を下すのは悪魔ではないでしょうか。（五〇ページ）[8]悪魔は夢の支配者、偉大なる欺瞞の力です。自然の法則を中断する力はないため、悪魔はみずからがその力をもっているという誤った確信を、夢と像によって人間に与えるだけなのです。「魔女たちがサバトに向かうために夜の静寂の中をはるか遠くまで越えてゆくということは間違っている。魔女は、悪魔が彼女たちの脳に刻み込んだ［……］夢か何かの強力な幻想の玩具になっているのである。」（モリトール）[9]悪魔の作用は世界そのものの中に位置するのではなく、世界と人間の間、自然が像に転じる「空想力」と感覚の面に沿って入ってきます。自然の真理を改変することはまったくなく、その外見をすべて乱すことによって、悪魔はまさにこの操作を混乱させるのです。「悪魔は多様な形象を見せることが［……］できる。すなわち、無益な偶像を人工的に作る、視覚を乱す、目を眩ませる、間違った物を正しい物として与えながら、人がそれに気づくことを巧妙に妨げるというように。また、正しい物を隠してそれが現れないようにし、本当には存在しない物をもってきてそれを見せるなど［……］。あるいは、人間の空想力を複数の幽霊が愚弄して乱す、目覚めている人を惑わせる、眠っている人を夢によって驚かす、旅人を正しい道から遠ざける、失敗する人やその他の人々を冷笑する、彼らを恐がらせる、解きほぐしようのない考えの迷路によっていくつもの物事を乱し、混ぜるといったこともよく悪魔はする。」（ヴァイアー、五五—五六ページ）[10]

四　したがって、悪魔の介入の場は限定されていますが、それは、その複雑さや驚くべき力を減らすことではまったくありません。なぜなら、共犯と照応のシステム全体なしにはなされないからです。魂の能力すべての中で、想像力は最も物質的です。いやむしろ、身体から魂へ、魂から身体への移行が各瞬間になされるのは想像力の中なのです。なるほど、ある宗教的な一連の変遷に押されて十六世紀の思想家たちが悪魔の力をしだいに霊的にしているのはたしかですが、身体の内部機構に対してはいっそう全面的な力を悪魔は与えられています。魂の境界にあるもの、像と幻想と夢のこちら側にあるもの、すなわち感覚、神経、気質は隣接関係ゆえに悪魔がとくに好む領域になりました。「この狡猾な霊はそれ以上に［……］これ［身体］の気質を動かし、脳にある神経の源を乱すことがよくある。」（ヴァイアー、五八ページ）[*11] サタンは身体の連帯関係すべてを動員する術を心得ています。脳のすぐ近くの神経を動かすとき、幻想が現実そのものと見なされるためには、感覚の諸器官にも同時に刺激を与える必要があります。こうして、身体はこの大規模な欺瞞の中にとらえられ、魔女たちの愚かな霊の前に悪魔が登場するのです。しかし、この複雑なメカニズムでもまだ十分ではありません。魔女が見るものを、今度は他の人々も見なくてはなりません。観衆の霊の中に、同じ幻想が生まれる必要があるのです。こうして、想像力から神経へ、そこから感覚の諸器官へと広がった悪魔の操作は拡散し、他の人々の身体、感覚、脳、想像力に到達し、密集した植生を形成し、外界を排除するとはいえ、それは現実のものとなります。（この協力しあう作用の全体によって、「この狡猾な霊は皆が見ている前で悪魔憑きの身体から」からみ合った髪の毛、砂、鉄釘、骨、麻くずを「巧妙に出すことができる。」「それは、目を眩ませた後にするのである。[*12]」）

五　この力は想像力の空間に限定されるだけに、いっそう深さを増します。こうして、犠牲者と共犯者を騙すだけではなく、信仰によって悪魔の誘惑に最もよく抵抗できるはずの人々さえも騙すことができるのです。すなわち、本当にサバトにいたか狼に変身したかどにより魔法使いを追及する人々です。しかし、それは欺瞞にすぎず、悪魔は頭の弱い者と、堅固な信仰によって直接には籠絡されない信心深い者とをまとめて騙してしまいます。それらの身体的な力すべての現実性を信じるとは、それもまたサタンに従属することです。断罪するためにサバトへの現実の移動を断言する者は、「彼らの頭であるベルゼブルの主要な奴隷であり、悪魔は教会の庇護の下でとくによく奉仕を受けたことを誇っている。」（ヴァイアー、二五五―二五六ページ[*13]）しかし逆に、身体的な変化を産み出す操作が想像上のものだという理由から身体的な変化を否定する者も、サタンの欺瞞の犠牲者です。すでに乱された想像力にだけ訴え、幻想と夢によって作用することで、サタンは人々が自分をあまり恐れなくなり、悪魔の力をまったく信じなくなるだろうと知っていました。こうして防御を解いた人は、悪魔の犠牲者になります。錯覚のきわみは、その身体的な力が錯覚にすぎないと信じることなのですから。スクリボニウスによればそれは、「魔女たちはみずからが犯罪を犯したと想像しているだけで、実は何もしていないと表明する際の」ヴアイアー自身の場合でした。「[……]率直に言おう。あらゆる場面で魔女と毒殺者たちを擁護してきたヴァイアー自身、魔法使い、毒薬を混ぜる者なのだと、ボダンとともに私は思っている。ああ、あのような奴が生まれないか、少なくとも一言も書かなかったらよかったのに。彼とその書物は人々に、罪を犯し、サタンの王国に飛び込む機会をあれほど多く提供しているのだから。」[*14]いずれにせよ、この帝国は勝利を収めます。悪魔性から出ることはできません。断罪するためにそれを追及する者はそれを裏づけることになり、身体的な力を否定する者は悪魔に助け船を出すことになります。人がサタンを追い出したところにまさしくサタンは常にいますし、サタンが空けておく場は、彼の勝利のしるしでもあるのです。

いまや幻想の世界にすぎないこの身体的な力の秩序の中で、サタンは永遠の不在者になりました。しかし、この不在の中にこそ、サタンの存在は確立し、証明されます。超越的な存在をもって世界と自然のある固有の点に位置を与えられることができなければできないほど、その操作は普遍化し、あらゆる真実と外見すべての間に侵入することで、不可視の巧妙さを増します。一種の「存在論的」論証が樹立されるのです。この言説は、理念から存在へと直進的には向かわず、像(眩まされた霊に存在する幻想)から不在(幻想にすぎない以上)へと、そして空白を掘った者、みずからの不在に満ちた形象である者へと向かいます。サタンの像をサタンではなく幻影と見なすとき、サタンは、この誤った無信仰によって彼が存在することを示します。一方、サタンの像を幻影ではなくサタンだと見なすとき、この空しい信仰によって、ただちに彼が存在することをサタンは示すのです。

悪魔性に引導は渡されてはいません。むしろ悪魔性は接近しています、しかも無限に。悪魔性は魂と身体の連結に、想像力が生まれるところに差し込まれるのです。逆説的にも、十六世紀の医師たちは悪魔性の存在から無生物しか解放してはいません。彼らはこの存在を間近に、魂のごく近くに、身体と接触する面に置きました。ヴァイアーも、モリトールやエラストゥスも、彼らの敵対者たちと同じく、身体的な力を想像力のもとに刻み込むことで、身体の中に悪魔性を根づかせました。それは、はるか後に、自然主義的なスタイルへの還元を可能にするものです。しかし、想像界が不在世界ではなく、身体が自然ではなかった十六世紀においては、それを促すものではまったくありませんでした。

第三の結果として、この地点に置かれた悪魔性は、真理へのすべての接近を指揮しています。その力は、誤謬の可能性自体と一致します。いずれにせよ、同じ面を覆い、そこで固有の次元をもちます。人は、誤謬に従属し得る限り悪魔に従属するのです。しかし、誤りを免れたときでも、まだサタンから逃れてはいません。なぜなら、この幻想を暴き告発する際、サタンに押しつけられた誤りの愚かな真実を明らかにしてサタンに勝ったのか、みずからが幻想にすぎないと信じさせようとするサタンにまだ騙されているのか、はっきりは分からないのですから。いま異議を唱えられるようになったこの身体的な力の中心には、悪魔性の経験があり、それは外見と真理、存在と非存在の大きな両義性であり、ヴァイアーが同時代人とともに精神の「眩惑」と指したものです。

つまり、この超宗教体験の「医学化」があったということはできますが、この医学化は

——縮小させる価値はもちません。存在のいっそう強力な、不可避の証明なのですから。

——自然主義的説明の意味はもちません。悪魔の介入のかなり複雑な作用分析が問題なのですから。

——心理への指示ではありません。「幻影」の身体的な土台が問題なのですから。

——病的領域の無邪気な境界を限定することはありません。過ちと誤謬の混乱した、しかし本質的な所属が問題なのですから。

十六世紀の医学の発展は、超自然性が病的領域にとって代わられることとではなく、身体と想像力の逸脱的な力の出現と結びついています。モリトールやヴァイアーのような医師は、悪魔性を病気のかたちで自然化することはできず、悪魔とは身体をみずからの策略に従わせることができ、その力の誤った像を押しつけることができる巧妙な医師と見なしました。十七世紀に、幻視家、狂信者、狂人など想像し間違いを犯す者すべてに同じタイプの排除が監禁の中で課されるときに、その証拠は得られることでしょう。

われわれがいくつかの過程をこうして見た変遷の最初から最後まで、二分法の項は変わってはいません。同じ要素が受け入れられ、同じ要素が拒否されています（空間内の移動、

怪物の誕生、遠距離の操作、身体の中の物の発見)。変化させられたのは、排除されたものと包含されたもの、認められたものと放棄されたものの関係です。それはいま、身体の逸脱可能性のレヴェル、いやむしろ、魂と身体の作用を囲む間隙の中に置かれています。違反の「本当の」場は、幻想と非現実のすべての形態になりました。身体とその狂気は、この時代に、そしてなお長い間(われわれの時代はその証人です)、違反の勃発点をなすのです。

討論

ジャック・ルゴフ——フーコー氏の発表は、主観的、客観的に魔術と異端との間に存在した類縁関係と相違を見きわめるようにわれわれを促すものです。また、きわめて豊かな違反性の概念をもたらしてくれました。異端と異端に対する態度を排除と分割の体系の中に置き直すことは、異端に深く堅固な次元を与えることでしょう。異端と狂気の間につけようとされた関係を指摘することは興味深いといえます。中世の文献ではごく早い時期から、異端者はしばしば狂人として、異端は狂気として示されています。それは、論争的な論拠というより、いま話題になったメカニズムのひとつを認めることでした。同じく、ある種の性的行為、「逸脱行動」への暗示は、単に論拠——おそらく悪意のこもった——であるだけではなく、ひとつの社会体系、思想体系の中で異端者が占める位置を深くしるす身ぶりと態度を認めることでもありました。不道徳と異端の間には、深い絆があるのでしょう。正統派によればある集団が悪魔の餌食に容易になりうることへのフーコー氏の暗示は、異端における女性の役割をとくに思い出すよう、われわれを誘っています。最近これらの問題に関心を示したエルンスト・ヴェルナー教授が欠席なのが残念です。最後に、フーコー氏が描いた概念によるところのサタンの異端者に対する作用の実に変わった性質について触れておきたいのですが、中世末期にひとつの転機があったのではないかと考えています。中世の異端においては、サタンは悪い神が創造した悪い世界と結びつき、物質の全体的な断罪とつながっています。この体系の中では、いかに悪魔が「霊的」に作用しうるのか分かりません。

ギー・ショーレム——魔術と異端の関係は、中世教会の歴史の中で混乱の要因です。長い間、魔術は異端ではありませんでした。第一に法の目から見て犯罪行為である魔術と魔法は、十三世紀に教会の最高権力者たちによって異端と定義されました。この現象と、異端の意味に関するシュニュ師の指摘とを私はうまく符合させられないのです。根本的には、これらの現象は何も変わっておらず、異端の枠から外に置かれ、はっきり定義された社会現象でした。それが突然、単に神学的な理由ではなく、いやもしかしたらまったく神学的な理由ではなく歴史的な理由から、異端が驚くべき次元をもち、私の知るところ教会が迫害した社会現象の最も重要なもの、中世後期の最大の現象のひとつになったのです。

O・リュトー——時代が下り、合理化の傾向が出現している時代でもある十七世紀末には、異端と魔術の体系的な同一視が現れています。事態はサレムの魔女たち〔一六九二年〕の歴史物語の中のように実際のところ起こっており、たとえば「過激派」(lunatic fringe) という表現は、おおよそ清教徒左派の敵対者すべてによって使われています。十七世紀にはとくにイングランドと、カミザール派に関してフランスで、「熱狂」がなお批判されています。これは、十八世紀初頭にはまだ、ルネサンスの伝統に沿ってプラトン的な神憑りでしたが、十八世紀末から十九世紀には、政治的急進傾向をもつ危険な狂気になりました。神憑りにとって代わるのでしょうこの悪魔憑きは、身体と精神の絆を示しています。悪魔的な霊と聖なる霊のこの連合は、新約聖書の文章の中に起源があるように思われます。キリスト教はみずからの正統な典拠の中で、一般的には神の、社会的には教会が代表する聖霊と、ある霊をみずからも論拠とするような潜在的な異端者すべてとの間の競合として異端を解釈する傾向に拍車をかけたのではないでしょうか。

A・アベル——魔術についての文献の中で、異端の非難の傍らで憑依の非難がいかなる役割を正確に演じているか、フーコー氏にお尋ねしたい。われわれがそれを目にするのは通常、異端者たちに関する文献の中ではマニ教についてです。次いで、それはひとつのトピックになり、忌むべき生活習慣（性的な異常、女性共同体など）をもつ罪びとという異端者の総合的なイメージが生まれます。悪魔の霊に対する作用の教義は、流出主義的な教義との関連で、西欧では十二世紀に形成されたように思われます。その後、ドゥンス・スコトゥスの中にこの問題についての一章があったと思います。それは、とくに東方では広く流布していますが。トマス・アクィナスにも見られます。

ロベール・マンドルー——異端と魔術を結びつけるのはまったく正当だと思います。この混淆は、私が研究している十六世紀の魔女裁判の中に見られますが、少なくともいくつかの地域では引き継ぎがあったようです。十七世紀初頭のフランシュ＝コンテ地方にこの混淆が見てとれるのですが、異端撲滅運動はそこでは政治的理由で止められ（ナントの勅令は広がっていました）、この運動は魔女裁判のかたちで再開しています。医術に関しては、十五、十六世紀の医学化は魔女裁判の方向に働いたと、あなたと同じく私も思います。魔法使いと見なされた者が傷や注射で苦痛を感じないことを確かめるために医者が呼ばれたのですから。しかし、正常と病的の区別は十八世紀末にようやく確立するとあなたは考えていますが、私が思うに、十七世紀初頭からすでに何人かの医師は、変化に大きく貢献し、新たな方法を探しています。アンリ四世に仕えて悪魔憑きマルト・ブロシエを一五九九年に診断した医師デュローランや、ウルバン・グランディエの処置をした医師は、あなたが描写した、実際十六世紀全体に通用している医者たちの古典的な結論とは違う、新しい結論を出しています。

E・ドラリュエル——ジャンヌ・ダルクに関してジェルソンが収集した資料では、裁判全体が魔術と異端のこの混同と、容疑者に有利なものはすべて魔術の現れだと解釈する裁判官たちのあの激化を証言しているにもかかわらず、ジェルソンは逆に、ジャンヌが潔白であり、彼女の場合には「正常」の現れしかないと結論づけているのが分かります。[*15] 結論と方法の対立があるのです。おそらく、神学者の世界を調査する余地があるでしょう。結局のところジェルソンは例外なのでしょうか。

J・セギー——異端者が、その異端の信仰のゆえだけで治癒する者、医師と見なされる場合がとりあげられませんでした。ベールは（彼の『辞典』の「再洗礼派」の項）[*16]、オランダでは再洗礼派になると即座に読むことができるようになると言われたと語っています。十八世紀にはフランスの再洗礼派もまた優秀な医者とされ、やぶ医者とはされませんでした。十九世紀初頭、彼らの中のひとりは、大学教育を受けませんでしたがヴォージュ地方で医療に携わる権利を得ています。しかし、この医学的な力は両義的でもあります。十九世紀中葉に彼らの生活様式が解体すると、彼らは反魔法使いと見なされ、中には、社会から彼らを閉め出す再洗礼派の教義を憎み、本当に魔法使いになる者も出てきました。

ガブリエル・ルブラ——ドラリュエル師は、たとえば護符の話の中で教皇ヨハネス二二世〔在位一三一六—一三三四年〕に向けられた非難と医師たちの間に何か関連を見つけましたか。また、聖堂騎士団の裁判の中では？

E・ドラリュエル――その問題は細かく研究はしていません。『中世の秋』[*17]の中でホイジンガが「メランコリー」の単語の意味について大変示唆的なことを述べていることも見るべきでしょう。

R・マンセッリ――民衆的な異端（カタリ派やワルド派）は、魔術の世界とはめったに関係をもっていません。私の知る限り、証言の中ではただひとつの場合しか、魔術的な力を帰せられた二元論的な異端者はありません。それは「ペリゴール派」と呼ばれる異端集団です。彼らは縄を解き、聖書を一目で学ぶといわれました。しかし、ヨハネス二二世の時代には逆に、この魔術的世界が登場しています。ヨハネス二二世は勇気ある教皇ではなく、魔術を大いに恐れ、蠟人形の注射というよくある儀式でギベリン派に殺されることを心配していました。彼は、魔女と魔術師について調査するよう絶えず宗教裁判所判事に書き送っています。しかし、南フランスで教皇がフランシスコ会厳格主義者やベギン会と闘う場合、彼らに魔術や魔法の嫌疑をかけはしません。魔術や魔法は、イタリアのギベリン派とマルケ地方とウンブリア地方のフラティチェッリの特徴でした。異端と魔術が結びついたのは、おそらくこの歴史的瞬間、十四世紀初頭のことでしょう。この関連をつけたのはまさしくヨハネス二二世ではないかと私は疑っています。

ミシェル・フーコー――しかし、カタリ派と魔術の間にはいくらかの関係があるでしょう。

R・マンセッリ――証言はきわめて明確です。北イタリアの宗教裁判所判事のひとりは、それが誤った非難だと言明しています。そもそも、宗教現象でありそれ自体を目的とする悪魔崇拝と、みずからのために悪霊を使って自然を支配することを目的とする悪魔的な手段である魔術（同じく、猫崇拝とそのすべての儀式）とは区別すべきです。

ミシェル・フーコー――十六、十七世紀に魔術の漸進的な異端化が行われたことでは、われわれ全員が一致しているでしょう。少なくとも、異端者と魔法使いが同じように扱われています。神学によるある種の自然概念の使用が医学によるその使用に先行していることはドラリュエル師と同意見です。十七世紀末、教会自体がジャンセニストとセヴェンヌのプロテスタントに関して医者を召集しています。フレシエは、単に病的な現象、幻視、幻覚だと証言しに来るよう医師に求めています。この一連の現象において、宗教認識の方が医学認識より「進歩的」でした。最後に、アベル教授が指摘する通り、宗教的失地回復主義の数種の現象に狂気が属すると私は思いますし、全体の構造的研究をする必要があると思っています。それは、システムが各時代にもちろん異なる以上、共時的研究となるでしょう。

原書編者註

＊1　Molitor (U.), *De laniis et phitoniciis mulieribus Tractatus*, Cologne, C. de Zyrickzee, 1489 (*Des sorcières et des devineresses*, trad. E. Nourry, Paris, Bibliothèque magique des XVe et XVIe siècles, t. I, 1926, p. 81).

＊2　Wier (J.), *De praestigiis daemonum et incantationibus ac veneficiis*, Bâle, J. Oporinum, 1564 (*Cinq Livres de l'imposture et tromperie des diables, des enchantements et sorcelleries*, trad. J. Grévin, 2e éd., Paris, J. Du Puys, 1579, livre III, chap. XVI).

＊3　Erastus (T. L.), *Deux Dialogues touchant le pouvoir des sorcières et la punition qu'elles méritent*, Francfort, 1579. Réédité *in* Wier (J.), *Histoires, Disputes et Discours des illusions et impostures des diables, des magiciens infâmes, sorcières et empoisonneurs*, éd. D. Bourneville, Paris, Bibliothèque diabolique, 1885, premier dialogue, p. 426.

＊4　Wier (J.), *Cinq Livres...*, *op. cit.*, livre III, chap. VII, p. 300.

＊5　*Ibid.*, livre III, chap. V, p. 298.

＊6　*Ibid.*, livre III, chap. XIII, p. 313.

＊7　Institoris (H. K.) et Sprenger (J.), *Malleus Maleficarum*, Strasbourg, Jean Prüss, 1486 (*Le Marteau des sorcières*, trad. A. Danet, Paris, Plon, coll. 《Civilisations et mentalités》, 1973, *Question V*, p. 194).

＊8　*Ibid.*, *Question III*, p. 165.

＊9　Molitor (U.), *op. cit.*, p. 80.

＊10　Wier (J.), *op. cit.*, livre I, chap. XII.

＊11　Wier (J.), *ibid.*, p. 58.

*12 *Ibid.*, p. 57.

*13 *Ibid.*, livre II, chap. XVII, p. 255.

*14 Scribonius (W. A.), *De sagarum natura et potestate. Contra Joannen Ewichium*, Francfort, Pauli Egenolphi, 1588, *Liber primus* : *De sagis*, pp. 97-98.

*15 Gerson (J. C. de), *Au sujet du triomphe admirable d'une certaine Pucelle, qui a passé de la garde des brebis à la tête des armées du roi de France en guerre contre les Anglais* 1429 ; éd. Dom J. B. Monnoyeur, Paris, Champion, 1910.

*16 Bayle (P.), article «Anabaptistes», *Dictionnaire historique et critique*, Rotterdam, R. Leers, 1697, 3e éd., t. I, 1765, pp. 233-237.

*17 Huizinga (J.), *Herbst des Mittelalters*, Munich, Drei Masken Verlag, 1924 (*Le Déclin du Moyen Âge*, trad. J. Bastin, Paris, Payot, 1932).

11 十七世紀の医師、裁判官、魔法使い

「十七世紀の医師、裁判官、魔法使い」、「フランス医学」誌、二〇〇号、一九六九年第一三半期、一二一―一二八ページ。
«Médecins, juges et sorciers au XVIIe siècle», *Médecine de France*, n° 200, 1er trimestre 1969, pp. 121-128.
――『思考集成III』No. 62

民族学者には周知の通り、医学はその社会的な機能の中で分析できる。そしてその分析は、医療関係者――その勢力、秘密、脅威と処方、彼らが備えている不安を与える力と合わせて――だけに関するのではなく、より広く、その実践の諸形態と医学が扱う対象とに関わる。それぞれの文化は、医学に属し、医学的処置を要請し、医学に特別の実践を求めるような苦痛、異常、逸脱、機能的な異変、行動の障害の領域を、その文化に固有の仕方で定義している。究極のところ、普遍的に完全に医学に属す領域というものは存在しないのである。

十九世紀の医学は、病的領域の規範と呼べるものを確立したと考えていた。あらゆる場所、いかなる時にも病気と見なされるべきものを認識したと思っていた。病的と見きわめるべきであったのに以前には無知ゆえに異なった地位を与えられていたものを、遡って診断することが可能だと考えていた。おそらく、今日の医学は正常性の相対性と、病的領域の境界がどれほど変化し得るかをよく認識するようになっている。その変化は、医学自体はもとより、その研究と処置の技術、国の医療体制の度合いによるが、人口の生活規準、価値体系、感受性の境界、死との関係、与えられた労働の形態、つまり経済的、社会的組織全体にもよっている。結局のところ病気とは、ある時代のある社会の中で医療措置――実際にであれ理論的にであれ――がなされるものなのだ。

この医学の新しい意識を、歴史分析にも入れるべきときが来た。あまりに長い間、医学の歴史は諸発見の年表であった。いかに理性や観察が偏見に打ち勝ち、障害を取り除き、隠された真実を明るみに出したかがそこでは語られていた。実は、科学や思想の歴史がより厳密になり、社会学や経済史のような他の学問と関連づけられるためには、おそらくその伝統的な領域と方法をずらす必要がある。われわれが自分の知識に注ぐ視線を民族学化するよう――たとえ完全には到達しえないにせよ――試みるべきなのだ。科学知識がどう使われたかをとらえるだけでなく、それが統御する領域がどう区切られたか、いかにその対象が形成され、概念の中で区分されたかをとらえるべきである。ある全体的な社会組成の中で、「知」——知るべきものの空間、実際の知識の総合、それを保証する物理的、理論的な道具という意味での「知」——が確立した様を再構成しなくてはならない。そうすると科学の歴史は、過去の誤謬や中途半端な真実の単なる記憶ではもはやなくなり、その科学の存在条件、機能する法則、変化の規則の分析になるであろう。

そのような描写の例をひとつ示そう。他の場で、十六世紀から十九世紀にかけてヨーロッパ社会が狂気の境界をいかにずらし、描き直したかを分析し、「反理性」(それはとりわけ、社会的、人種的、宗教的な分割を産み出していた)の領域全体がこうして医学の対象になったことを検討する機会があった。ここでは、魔術と憑依の個別ケースを検討してみたい。古典的には、それは病的症例がそれとして認められなかったのだと考えられており、二種類の問いが出されている。このような顔をもち得た病気(偏執症、幻覚性精神病、ヒステリー、強迫神経症など)とはいったい何だったのか。医者たちはいかに真実を発見し、この病人たちを迫害者の無知からもぎ取ることができたのか、という問いである。私が立てる問いは逆である。すなわち、彼らを排除し断罪する儀式の中に完全に統合されていた魔法使いと憑かれた人たちが、彼らに別の地位を与えて別の様式で排除する医学的実践の対象にどのようになり得たのか。この変容の原理は、知識の進歩の中に求めるべきではなく、ある社会に固有の変遷の仕方の中に求めねばならない。

この芝居は裁判官、司祭、修道士、司教、国王、医師という六人の登場人物からなる。

それに、都市の合唱団から選ばれた、無名で顔のない某をつけ加えねばならない。彼にはエピソードごとに、ある姿や異なる性格や名前が与えられる。この某は十八世紀、劇の幕切れには——サタンの犠牲者か工作員、邪悪で淫乱な精神、頑固な異端者、信じやすい弱い頭とされた後、投獄され拷問を受け、火刑に処され、乞食や放蕩者とともに収容所に追いやられた後——「雲」の中に消えてゆく——アリストファネスの登場人物のように——。十九世紀には、彼には解剖学的に確かな身体が与えられ、そこではヒステリーの象徴的な形象と想像上の道とが描かれることになる。しかしそれは別の話である。

十六世紀末、憑かれた者＝魔法使いの組合せの上に幕が開くとき、医師はすでに主役のひとりになっている。医師は、宗教伝統に対してすでに明確に反対していた（『魔女への鉄槌』の著者のような宗教裁判所判事とヨハネス・ヴァイアーのような医師との長い論争）。しかし注意しよう。当時の医師は悪魔が幻覚にすぎないと証明してはいない。彼が証明しようとしたのは、悪魔の行動様式が雄山羊のかたちで実際に現れたり魔女たちをサバトに現実に運んだりすることではなく、最も弱い身体、気質、精神（無知な者、若い娘、惚けた老女）に作用し、彼らにとりつき、冒瀆的なミサに参加し、汚らわしい獣を崇拝していると彼らに信じさせるものだということである。ヨハネス・ヴァイアーにとって悪魔の行動は無ではなかった。それは、世界の劇場ではなく身体の内奥で繰り広げられる。その行動の道具は病気、悪魔的に支配された病気であった。この説に反対して教会人たちは

結束したが、教会人の立場には、大いに逡巡と議論があった後に裁判官も合流した。しかしそこで、筋が変わる。(1)

＊

十七世紀の魔女事件を宗教裁判の路線上でとらえ、かつての宗教的恐怖政治に戻ったとするし、高等法院の司法が教会の要請に再び従属したしるしと見なすことは間違っている。これらの裁判の再燃に、反宗教改革の直接の結果を、プロテスタントとの闘いの後に再び勝ち誇った宗教意識の激化を見ることも正確ではないだろう。むしろ事実を検討すれば、十六世紀末から十七世紀初頭にかけての大きな魔女裁判と憑依裁判は、教会と高等法院の紛争状態を常に示していることが分かる。(2)

宗教戦争の直後に、宗教裁判以来教会が要求していた厳格さを忠実に維持することに高等法院が抱く様々な留保をよく示す、ふたつの事象がある。一五九八年、刑事代官の請願によってアンジェ裁判所は、狼に変身し子供をひとり食べた件でルーレという若い男の死刑を宣告した。「何名の児童を殺害したかと尋ねられると、数名であり、最初に殺した子供はブルナン近くのフレーニュ村で殺したと答えた。その子供を見分けられるかと尋ねられると、はいと答え、体の真ん中と上の方、頭さえも食べたと答えた。［……］その子供がこうして死に、食べられたのは自分が原因だと告白し、裁判官殿に、どこをつかんだかを指と目で示した。それは腹の下と腿であった。[3]」さて、上訴を受けてパリ裁判所は、「この貧しく憐れむべき白痴には、悪意と魔術よりは狂気が」あると見なし、「教育を受けて頭を矯正すべく、極度の貧困によって認めなくなっていた神を知るように仕向けるべく[4]」サン・ジェルマン・デプレに彼を入れるよう命じた。数年後、似たような事例が、今度はボルドー裁判所で裁かれた。ここでもまた、事実は規則に従って確定され、自白が得られ、被告である若い羊飼いは、犯罪に関して補足的な細部をみずから提供している。「狼に変身して、前記マルグリートに襲いかかったのが自分であり、もし彼女が棒で身を守らなければ、彼が言うように二、三名の児童か女子を以前に食べた通りに、彼女も食べていただろうと語った。」自白さえもが十分とは見なされず、犠牲者との対決がなされた。「両者はすぐに互いを見分けることができた。四、五名の他の女子の中から彼女を彼はすぐに選び、裁判所官吏の前で傷を見せた。左側の顎と口につけられた傷がまた完全には治っていなかった。」これほど詳細な点が集められたにもかかわらず、そもそも事実の正確さや少年の罪状に疑念を差し挟んだわけではないが、ボルドー裁判所は彼の死刑は宣告しなかった。というのも、彼は「あまりに愚かで白痴なため、普通の七、八歳の児童の方が彼より判断力を示すほどであり、あらゆる面で栄養に欠け、年齢相応に成長せずに十歳程度の身長しかない」点を強調し、裁判所は「彼の救済を諦めることは望まず、一生修道院に幽閉するよう命じる[5]」のだった。

これらの判決は、一連の民事上ならびに宗教上の判例に逆行し、ボダン(6)の有名な結論に反論してヨハネス・ヴァイアーの抗議に同調するものである。ヴァイアーはこう述べる。「時折危険な狼に出会う場合［……］それが本当の狼であり、その悲劇を引き起こすように悪魔に苦しめられ唆されていると考えるべきである。しかしながら、その狼は徘徊して多様な行動をするため、愚かな狼化妄想患者たちの想像力は狼男で満たされ、彼らはそれらの徘徊や無秩序な行動を自分がしたと考えて告白する。それほど彼らの想像力は乱されたのである。(7)」高等法院が判決の中で医学的な概念を援用するのは、事実の現実性と悪魔の介入に異議を唱えるためではなく、それが責任能力のない状態——心神喪失か痴愚——にしか発生しえず、あらゆる刑事上の判例に従って被告を無実とせざるを得ないと示すためであった。悪魔の領分とはまさに幻覚、脆弱、痴愚の領分、すなわちローマ法以来刑罰を与えられない領分なのである。

しかし、じきに事態は完全に逆転する。すでに数年前から、教会は魔術の諸事象に関して批判的な認識のしるしを示していた。一五八三年のランス司教区会議は、魔法をかけられたと疑われている者を悪魔祓いする前にとるべき注意を細かく規定していた。(8)逆に高等法院の方は厳格な伝統に戻っていた。十六世紀末、マルト・ブロシエが町から町へ引き回され、憑かれた者として見世物にされたとき、介入したのは教会当局であり、オルレアンとクレリーの教会参事会の決議は「前記司教区のいかなる司祭も前記マルト・ブロシエに悪魔祓いを行うことを」禁じ、それに反する司祭は「典礼を行うことを停止する」[9]とした。アンジェ司教シャルル・ミロン[11]は詐欺だと告発し、結局、パリ大司教が医学鑑定を命じた[10]後、一方で再鑑定を行わせたパリ高等法院から強制的に、マルト・ブロシエが故郷の町ロモランタンに戻るようにする判決を得たのであった[12]。

しかし、高等法院が再び熱心さを見せて教会当局の新しい懐疑主義に刃向かうこの対立の最初の兆候は、その後に来る、さらに深刻な紛争を予告していた。十七世紀の大規模な魔術裁判の大半が司祭を主要な犠牲者としており、魔法の第一の原因に、しかもしばしば唯一の原因に司祭が次第になったことは注目すべきではないだろうか。この事態はルネサンス期にはかなり稀であったにもかかわらず[13]、ラブール地方のあらゆる長い裁判においてそうであり、エックスのゴーフリディ、ルーダンのグランディエもそうであった。ルーヴィエ、ナンシー、ルーアンでも司祭たちがさらに深刻に巻き込まれている。それはおそらく、ルネサンス末期、民衆意識の中で司祭が奇妙に両義的な力をもったことの兆候であり、あるいは、その両義性がまさにもう堪えられなくなっていて、ときに暴力的なかたちでカタルシスを行ったということかもしれない。しかし、常に高等法院が司祭の責任を強調するためにそれをできるだけ切り離していることも認めねばなるまい。数年前に羊飼いに対してあれほどの寛大さを示した、その同じボルドー裁判所に属すド・ランクルは、一六一〇年の大流行の際、とくに司祭を狙っている。彼はそれをよく自覚しているため、正当化を求めて、悪魔を礼拝した件で断罪されたポワティエの博士を引いて言う、「最も学問のある者が最も危険なのだ[14]」と。神の法が十分に表明されていないか十分に厳密ではない場合、人間の法で足りると彼は強調さえしている。まさにその人間の法こそ司祭に、その人格の聖性ゆえに、誰よりも魔術とのあらゆる関係をもたないことを要請するのだった。司祭の聖なる両義性を教会がかなり容易に認め、神と悪魔の双方に関わる力を司祭の中に暗黙のうちに容認していたことはあり得なくはない。高等法院の中流階級の市民意識は、国家秩序の名の下にこれらの力の本質的な両義性を進んで犠牲にした。司祭の力は、これらの危険すべてを免れるべきで、平板にされ、単純になり、社会の利益と調和しなくてはならないのだ。「魔術や呪術、それに類した犯罪を司祭に、とりわけ魂の世話をする者に赦すことは大変危険である。なぜなら、それは不適当な寛大であり、国家にとって大変危険だからである[15]。」ド・ランクルの文章には、司祭の役割のひとつの政治哲学すべてが隠されている。多くの裁判を通じて分かるのは、中世とくにルネサンスが教義的なあらゆる不確定に乗じて暗黙のうちに魔術的な力をとりわけ地方と田園地帯で与えていた司祭が、十七世紀に確立しつつあった社会にいま統合されるのがいかに困難かである。高等法院は、国家の最高善の名の下に、広範に粛清の務めを果たそうとしている。司祭が信徒に及ぼす、隠れていささか神秘的な影響、決して正確に管理されたことがない影響の中に、高等法院が宗教裁判の言葉を繰り返しつつ魔法使いの悪魔的な力を告発することは容易であった。

この攻撃を前にして、教会の態度がはっきり決まっていなかったことは理解できる。一般的に修道会は、宣教活動の中でスキャンダルを告発し奇蹟を引き起こしたいという欲望ゆえか、在俗聖職者に対する敵意からか、告訴人の役割をかなり進んで演じたようである。マルト・ブロシエの「巡業」を組織したのはカプチーノ会であり、司祭グランディエに魔術とサタンとの契約を認めさせるよう努めているのはイエズス会士たちであった。反宗教改革にさほど熱心ではない在俗教会は、地域的な状況に応じて態度が異なるとはいえ、悪魔憑きの外見にはすべて、かなり系統的に懐疑的な態度を示している。マルト・ブロシエに関するアンジェ司教とパリ大司教の態度はすでに見た通りである。「メランコリーは大変稀な効果を及ぼすため、悪魔憑きから通常生まれる効果と区別することは容易ではない」(16)というオッサ枢機卿の言葉は有名で、十六世紀にはよく引用された。ザキアスは、憑かれているように見える者の多くが実はメランコリー気質の者だと考えている。しかし、いずれにせよ彼にとっては、黒胆汁と似た気質に由来する先天性がなければ、真に憑かれた者はいないことは確実である。その証拠にデル・リオのような医師の多くが、悪魔祓いの後ですら悪魔憑きを治すには医学の薬が必要だと認めている。(17)さらにつけ加えるなら、医学部に診察と鑑定を求めたのは教会当局であった。たとえば一六七〇年、モンペリエの医師たちが鑑定を依頼されたが、それは、自然を超えるように見える、憑かれた者に頻繁に見受けられるこれらの現象を「憑依の確実な兆候」と本当に認めるべきか、教会が尋ねたのであった。[18] 明らかに、教会の在俗当局は律修聖職者の熱意に大いに警戒心を抱き、高等法院と修道会の連合した介入を避けるために司教たちは多くの状況で医師に助けを求めている。[19]

この秘かな紛争において、高等法院と修道会に結局勝ったのは在俗教会のようである。それは、[20] 王権の介入のおかげであった。十七世紀初頭、何度も権力は総合的な政治的理由にせよ一時的な理由にせよ、[21] 魔術裁判を支持する方を選んでいた。ド・ランクルが説明したまさにその理由から、司祭が常に罰を受けずにすむと感じ、あらゆる場合に民事裁判を免れることは権力の意向に添わなかった。高等法院の監督と律修修道士の熱意もおそらくは、宗教生活の市民的再編成の仕事に関して権力を助けていたのであろう。しかし、高等法院との世紀中葉の大規模な紛争の後、フランス教会を作り上げる努力の中で王権は態度を変えた。逆に、可能な限り魔術裁判を抑えるよう務めたのである。高等法院の大半は、パリ高等法院を筆頭に譲歩し、[22] 魔術の事件は次第に稀になってゆく。しかし、頑固な高等法院もあった。一六七〇年、十七世紀を通じて最も独立的だったルーアンの高等法院は、複数の魔法使いを焚刑に処し、多くの共犯者と容疑者を牢獄に送った。そこで国王が、直接に介入してきた。検事長には、刑の執行を延期し、進行中の裁判を停止し、宣告した死刑を無期追放に減刑するよう命じた。第一判事には、高等法院を召集し、「魔術に関して、異なった判決を下すパリやその他の王国内の高等法院の判例よりもこの高等法院の判例に従うべきかどうかを検討する」[23]よう命じた。

攻撃されたルーアンの裁判官たちは答えたが、教会は、これらの魔術裁判がもはや教会の問題ではないか、それ以上に、魔術裁判に終止符を打つ方を望んでいたかのように、一言も発さなかった。そもそもルーアン高等法院はその抗告の中で、用心の意味と皮肉な注意の意味でしか宗教にほとんど言及していない（「国王陛下が常にその配慮と武器をそのために見事に使ってこられた宗教の諸原則に反する新たな意見を陛下の治世に導入することは、陛下の敬虔が許されないでしょう」）。[*1] 論拠は世俗のもので、国家の秩序に関わっている。悪魔の介入の証拠はなんら与えられず、魔術の明確なしるしへの言及はあまりない。その代わりに、荘厳にふたつの点が喚起される。いつでも判例は、秩序ある国家が魔法使いを罰するためにしてきた努力を示している、今日もなお民衆は、これらの輩によって不安と混乱の状態に置かれている、の二点である。「致命的な恐ろしい病気と所有物の驚くべき紛失によって毎日この種の人々の作用を感じている民衆は、彼らの脅威の恐怖の下に喘いでいる。」[24]これは、イングランドでセルデンが次のような文章を書いていた時期にまさに当たる。「魔女を罰する法律は、魔女が存在することを証明するのではなく、人々の命を奪うためにあのような手段を用いる、これらの人々の邪悪さを罰するのである。帽子を三度回してブズーと叫ぶと人の命を奪うことができると誰かが表明する場合、本当にはそのようなことはできないにせよ、誰かの命を奪う意図をもって帽子を三度回してブズーと叫ぶ者が死刑に処されることは、国家が制定した正当な法律というべきであろう。(25)」

しかし国王は、これらの論拠に耳を貸すには、フランス教会の忠実さにあまりに固執していた。一六七二年四月二十六日の国務会議決議は、ノルマンディ地方全土で、魔術の罪で拘留されている者を監獄から釈放することを命じた。同じ決議で国務会議は、「魔法と魔術の裁判の予審において裁判官が従うべき手続を規定するためにフランスのすべての裁判所に(26)」声明を送ることも約束したのである。いやむしろ、高等法院から提案されたときには国王権力が採用しないように思われる論拠を、国王はよく聞き入れたのである。この弾圧の処置を通常の裁判所に委ねないほどに、あまりに良く聞き入れたというべきかもしれない。魔術にきわめて近い「毒薬」の大事件は、アルスナル法廷に任された。日常の弾圧は警察長官に割り当てられた。悪魔憑き、魔法使い、魔術師と呼ばれる者たちは、総合救貧院と留置所に置かれた。彼らの責任の分割の問題は、もはや提起されない。異端と正しい信仰、病気と陰険な企図、巧妙に示唆された幻覚と素朴に受け入れた幻覚、これらすべてが裁判所の決定から離れて、収容所の雑多な世界の中で混ぜ合わされることになった。一七〇四年にビセットルに入れられたルイ・ギユーなる者について、驚くべき矛盾の要約のかたちで記録書は述べている。「彼はあの偽の魔法使いのひとりである。彼らの冒瀆的な無信仰は、その秘密が突飛で滑稽であるのと同じ程度に現実のものである(27)」と。魔術はもはや、近代国家の秩序との関連でしか考えられてはいない。作用の効力は否定されているが、それが前提とする意図、引き起こす混乱は否定されていない。魔術の現実性の領域は、倫理と社会の世界に移されたのである。

この変遷の最終段階は、さらに単純である。十七世紀末のフランスは、宗教的少数派の弾圧が席巻している。その弾圧に対してジャンセニストとプロテスタントは、預言、奇蹟の組織化、恍惚、神憑りへと熱心に展開する一連の高揚運動によって答えた。これは、抑圧される宗教の大半に伝統的に見られる現象である。常に合致するとは限らない様々な理由から、王権と教会は、プロテスタントへの厳格さを欠き、ジャンセニストに対して甘いとしばしば疑われた高等法院に対立して連合した。宗教当局と世俗の当局は、そこで医学の証言に助けを求めた。しかし、それには明確な理由があった。まず、大衆の目前で諸現象の超自然的な性格を否定するため、狂気とペテン、病気と詐欺の間にひそむ曖昧さを利用して、すべてが自然に可能な領域に入る現象だと大衆を説得するため、いかなる宗教信仰もこれらの現象に支えを求めてはならないと示すためであった。しかし他方、高等法院が介入する可能性と、寛大さを示してしまう危険を回避するためでもあった。狂気を告発すれば、裁判なしに収容所に犯人を送ることができるのだ。狂信と狂気の間に、実質的な等価関係が確立し、留置所の記録はしばしばそれを証言している。サン・ラザールの記録書に、「預言のような口調で、ミサは供犠ではなく秘蹟だと」宣言したために監禁された男が言及されている様をわれわれは見ないだろうか。このような男に関して、「彼は狂人か狂信者であり、その理由のいずれによってであれ、現在いる場所に長くとどまることはできない[28]」と言う以外に、何を言うことができるだろうか。

　しかし教会は、この「狂信者か狂人」で満足することはできなかった。狂信者が狂人で「ある」、彼を取り囲むすべての「奇蹟」、すべての異常な現象が自然の最もよく確立されたメカニズムによって説明可能であると証明しなくてはならない。今度は教会自体が、恍惚現象に対する医学の証言を求めるのに最も熱心になった。悪魔の影響は、異端を説明するのに容易に援用できたであろうに、教会は今回はそれに不信感を示し、十分縮小させる価値をそこにおそらく見出さなかったのであろう。カミザール派の戦争の際にフレシエはそれを理解しており、したがって、彼の司教区の司祭たちに呼びかけるときしか悪魔による説明を用いていない[29]。信徒たちに語るときは、狂気や錯乱を引き合いに出すのである。「幻覚と虚偽に満ちた一味、［……］子供たちの想像力と口の中に夢と幻視を入れ、みずからの興奮と夢想を聖霊の作用と思いこむ一味[30]」と。彼は、預言現象の半ば社会学的、半ば生理学的な説明さえ試みている。「これらの哀れな人々は、この種の信心しか耳にしたことがなく、彼らの想像力はそれで満たされ、集会で見た見世物を、絶えずみずから反芻していた。彼らは何日も断食するよう命じられたため、脳の働きは弱まり、あの空虚な幻視、空しい信心を受け入れやすくなった。小教区から小教区へ、山から山へ移動し、そこで昼も夜も過ごし、いくつかの林檎か胡桃以外の食糧をとらない。選ばれた者たちや忠実な者たちの集会に参加するためにすべてを放棄し、そこで他の人々と同じように架空の説教をするように絶えず勧められ、見世物を見せられる。舞台に乗せられ、神託のように聞いてもらい、いわば自分の逸脱行動を聖化し、聖書から勝手にとられた文章の寄せ集めによってみずからの狂気を敬うべきものにするという小さな誇りを得る。これらすべては、ほとんど全面的な堕落の原因になった。[31]」少し後にブルエイスははっきり述べる。狂信の諸現象を「超自然の物事と」見なすのは、「人体の機構」を知らない場合だけである。「[……]しかし、通常それが本当の病気にすぎないことは確実である。[32]」

「病気」は、収容の時代にこの語がもっていた意味で理解しなくてはならない。すなわち、悪意、虚偽、巧みな訓練、詐欺に完全に満ちた世界の意味である。ヴィヴァレ地方の預言者やサン・メダールの痙攣信者たちが病人であるとしても、それは逆に、彼らが偽装する者であることを排除しはしない。彼らの病気は、幻覚の一連の序列に応じて繰り広げられる。最も強い頭脳が示し合わす病気から、最も弱い脳が受動的に受け、身体的な混乱としてしるされる病気に至るまで。ギヨーム・デュ・セールは「男女の若者の集団」を集めたとしばしば非難された。「[……]一カ月間、毎週三日か四日断食させることで、彼らの脳を乾燥させ、精神を乱し、容易に妄想で満たした[……]。民衆により強い印象を与えるため、彼らの身体を訓練し、驚嘆させるような姿勢をとるように教えた。[33]」すべてカトリックの論争から想を受けたこれらの分析は、数年後に同じ問題を取り上げる際の医学文献の口調をすでに予告している。宗教的批判から病理学的還元へと、筋はつながっている。次に挙げる『ガゼット・デピドール』の文章は、ルーヴルルイユが狂信者に関して書いたことの続編をまさに痙攣信者に当てはめているようである。「毒気に蝕まれたある善良な娘が不思議にも大勢の集団の中に入れられたが、そこでは最良の頭脳も彼女と同じくらいのぼせていた。その集会では教会の不幸、攻撃された真理が嘆かれ、全能者の約束が求められた［……］。毒気に満ちた女性たちは、ため息をつき、泣きじゃくる。恍惚に入る者もいれば、痙攣する者もいる。笑う者、泣く者、説教する者もいる。彼女たちは叩かれ、揺さぶられ、抱き締められ、穴をあけられ、焼かれる。しかしどれも、殺したり不具にしたりはしない程度にである。(34)」いつの日か宗教体験をすべて心理的な内在性に還元するよう試みることになる批判的実証主義を医学思想に求めたのは教会自体であった。すでにひどく曖昧な『百科全書』の「狂信」の項の責任者は、ある意味ではフレシエである。「これは、聖なる物事を濫用し、宗教を想像力の気まぐれと情念の変調に従属させる誤った意識の結果である［……］。狂信の名声に歯止めをかけるために、ある警察幹部は有名な化学者と共同で、ペテン師に市で彼らのパロディーをさせることを決めたという。(35)」

医学的実証主義、それが担う懐疑的価値は、この政治的、宗教的紛争の総体の中でしか意味をもたない。「迷信」との単純な対立の中で、独立的に発展したのではない。その起源から、複雑な網の目の中に取り込まれている。医学分析は、いずれの方向にも同じように曲げられていたのだ。一世紀にわたる論争、教会の強い権威すべて[36]、王権の介入があってはじめて、かつて宗教体験を取り囲んでいた超越の世界全体の後継者に、自然のレヴェルで狂気がなることができたのである。

著者註

（1） ここでは、フランスから借りてきた現象だけを例として取り上げる。

（2） Brueys (D. de), *Histoire du fanatisme de notre temps* (1692), Utrecht, H. C. Le Febvre, 3 vol., 4e éd., 1737, t. I, 序文, pp. 6-7.

（3） Lancre (P. de), *L'Incrédulité et mécréance du sortilège pleinement convaincue, où il est amplement et curieusement traité de la vérité ou illusion du sortilège*, Paris, Nicolas Buon, 1622, p. 785 sq.

（4） 不敬虔と狂気と貧困が相互に所属しあうというテーマがすでにこの時代に形成されつつあったことを示す好例である。このテーマは、総合救貧院の創設によって制度的な形態を与えられることになる。

（5） Lancre (P. de), *Tableau de l'inconstance des mauvais anges et démons, où il est amplement traité des sorciers et de la sorcellerie*, Paris, Jean Berjon et Nicolas Buon, 1612, p. 305. (Ed. critique de N. J. Chaquin, Paris, Aubier, coll. «Palimpseste», 1982. ［原書編者註］)

（6） Bodin (J.), *De la démonomanie des sorciers, suivie de la réfutation des opinions de Jean Wier*,

Paris, J. Du Puys, 1580. (Rééd. Paris, Hachette, 1975.［原書編者註］)

(7) Wier (J.), *De Praestigiis daemonum et incantationibus ac veneficiis*, Bâle, J. Oporinum, 1564 (*Cinq Livres de l'imposture et tromperie des diables, des enchantements et sorcelleries*, trad. J. Grévin, Paris, J. Du Puys, 1567, p. 235).

(8) «Antequam ad exorcismum sacerdos se accingat, de obsessi hominis vita, conditione, fame, valetudine atque aliis circumstantiis, diligenter inquirat, et cum prudentibus quibus dam communicet. Falluntur enim aliquando nimium creduli et fallunt exorcistam non raro melancholici, lunatici et magicis artibus impediti, cum dicunt se a doemone possideri atque torqueri, qui tanem medicorum reedio potius quam exorcistarum ministerio indigent.»（「司祭は悪魔祓いを行う前に、憑かれた者の生活、身分、評判、健康その他の状況を速やかに調査しなくてはならない。そして、数名の賢い、知恵のある、正しい意見の持ち主と相談する必要がある。なぜなら、信じやすい人たちは騙されることが多く、メランコリー、月の影響を受ける狂人、魔術をかけられた者は、悪魔に憑かれ苦しめられていると述べて祓魔師を騙すからである。しかしながら、そういった者たちは祓魔師の務めよりは医師の薬の方を必要としている。」［編者註］）Marescot (M.), *Discours véritable sur le fait de Marthe Brossier, de Romorantin, prêtendue démoniaque*, Paris, Patisson, 1599, p. 48 による引用。

(9) 一五九八年九月十七、十八、十九日付け。(Marescot, *op. cit.*, p. 45.［原書編者註］)

(10) 鑑定人としてはマレスコ、エラン、オータン、リオラン、デュレ (*ibid.*, p. 4)。

(11) 一五九九年四月三日付けの報告。その結論は、「われわれは現在まで、この少女が悪魔憑きであり、悪魔が彼女に住みつき、これらすべての結果の張本人であると信じるように、あらゆる推論の法と科学の法によって仕向けられ、ほとんど強制されている。」

(12) 教会自体、マルト・ブロシエの件については意見が一致してはいない。クレルモン司教の兄弟であるサン・マルタン修道院長は、憑依の件を弁護するためにローマに出向いた。しかしそれは空しく、オッサ枢機卿に追い払われた。

(13) 悪魔との契約証書をもっていたところを見つかったという件で一四五三年十二月十二日にポワティエで死刑に処せられた司祭、説教師ギヨーム・ド・リュールの事件は例外的として挙げられた(Lancre, *De l'inconstance*, livre VI, discours 4, pp. 493-494 に引用)。

(14) Lancre, *De l'inconstance*, livre VI, discours 4, p. 493.

(15) Lancre, *ibid.*, livre VI, discours 4, pp. 523-524.

(16) Ducan (M.), *Apologie pour Marc Duncan, contre le Traité de la mélancolie, tiré des réflexions du sieur de La Mesnardière*, Paris, J. Bouillerot, 1635, p. 27 による引用。(これは、Pilet de La Mesnadière, H. J., *Traité de la mélancolie, savoir si elle est la cause des effets que l'on remarque dans les possédés de Loudun*, La Flèche, 1635 への指示である。オッサ枢機卿の文章は、*Lettres au Roi Henri le Grand et à Monsieur de Villeroy*, IIe partie, livre 5, lettre 52, Paris, Joseph Bouillerot, 1624, p. 115 所収の一六〇〇年四月十九日付けの『国王宛』書簡に見られる。「ある個人が悪魔憑きか否かが問題である場合、メランコリー気質の結果と悪魔の作用との類似性ゆえに〔……〕それは大変難しい。」〔原書編者註〕)

(17) Zacchia (P.), *Quaestionum medico-legalium*, livre II, titre 1, question 18, Lyon, 1701, p. 46. (これは、*Disquisitionum magicarum libri sex*, Lyon, Jean Pillehotte, 1608 と *Controverses et Recherches magiques, divisées en six livres*, trad. A. Duchesne, Paris, Régnault Chaudière, 1611 の著者アントン・デル・リオ師のことである。〔原書編者註〕)

(18) その質問表は次のものに関わる。「頭が足の裏につくこともある身体の曲げ方、しならせ方、揺さぶり方。頭を前後に動かす速さ。舌と喉の突然の腫れ。身体全体の静止。犬の吠え声に似た叫びないし吠え声。ラテン語でされた質問にフランス語で答えること。身体の様々な部分を小型メスで刺しても血が出ないこと。」

(19) たとえば一六八一—八二年のトゥールーズの事件では、四名の若い女性が「痙攣的な動き、伸び、しゃっくりをし、吐いたものの中には鉤型の針があった。」トゥールーズ司教総代理は偽の悪魔祓いを使い、医師に助けを求めた。高等法院はそれに従わざるを得なかった。

(20) ラブール地方の裁判におけるように。

(21) おそらくルーダンの事件がそうであった。

(22) 魔術ゆえの大規模な断罪の最後は、アンリ四世とマリー・ド・メディシスの摂政時代のものである。すなわち、一六〇八年のルソーとプリュの断罪、一六一五年のルクレールの処刑、一六一六年のレジェの断罪。cf. La Ménardaye (abbé J.-B. de), *Examen et Discussion critique de l'histoire des diables de Loudun, de la possession des religieuses ursulines et de la condamnation d'Urbain Grandier*, Paris, Debure, 1747, p. 408.

(23) *Ibid.*, p. 405 による引用。

(24) *Ibid.*, pp. 405-406 による引用。

(25) Huxley (A.), *Les Diables de Loudun* (trad. J. Castier), Paris, Plon, 1953, p. 161 による引用。

(26) Bayle, art. «Grandier», in *Dictionnaire historique et critique*, Rotterdam, R. Leers, 1697, t. II, p. 591.

(27) B. N., fonds Clairambault, 985, p. 56. その他の場合については、Arsenal, archives Bastille, ms. 10441, 10545, 10557, 10590, 10607, etc. を参照。

(28) B. N., fonds Clairambault, 986, pp. 21-22.

(29) Fléchier, *Lettre du 3 septembre 1703 aux prêtres de son diocèse*.「彼らは誘惑者の騙す声に耳を

傾け、悪魔の囁きが聖霊の息吹きと彼らには思われた。震える技と空しい物事を予言する技を子供たちに教えたし、彼らの集会では陰謀がたくらまれたのである。」(*Œuvres posthumes*, t. I : *Mandements et Lettres pastorales*, Paris, J. Estienne, 1712, p. 35.)

(30) *Ibid.*, pp. 15-16.

(31) Fléchier, *Fidèle récit de ce qui s'est passé dans les assemblées des fanatiques du Vivarais*, in *Lettres choisies*, t. I, Lyon, De La Roche, 1735, pp. 370-371.

(32) Brueys (D. A. de), *Histoire du fanatisme de notre temps*, Paris, F. Muguet, 1692 ; 2e éd., Utrecht, H. C. Le Febvre, 1737, t. I, 序文, p. 11.

(33) L'Ouvreleuil (père J.-B.), *Le Fanatisme renouvelé, ou histoire des sacrilèges, des meurtres et des autres attentats que les calvinistes révoltés ont commis dans les Cévennes et des châtiments qu'on en a faits*, 1704-1706, 4 vol. ; 3e éd., Avignon, Seguin, 1868, pp. 10-11.

(34) *Gazette d'Epidaure* の著者に宛てられたプリュドームと署名された書簡。n° XV, t. I, 4 mai 1761, pp. 115-116.

(35) Deleyre, art. «Fanatisme», in *Encyclopédie, ou Dictionnaire raisonné des sciences, des arts et des métiers*, Paris, Le Breton, t. VI, 1756, pp. 393-401.

(36) 似たような現象はプロテスタント諸国でも起こっていた(クエーカー教徒が十七世紀後半に英国とオランダでいかに扱われたかを参照)。

原書編者註

＊1 La Ménardaye 前掲書(著者註(22))、p. 414.

12

文学・狂気・社会

「文学・狂気・社会」（清水徹及渡辺守章によるインタヴュー）、『文芸』十二号、一九七〇年十二月、二六六―二八五ページ。

«Kyôki, bungaku, shakai» («Folie, littérature, société» ; entretien avec T. Shimizu et M. Watanabe), *Bungei*, nº 12, décembre 1970, pp. 266-285.

――『思考集成III』No. 82

西欧社会の原理的選択

清水――このたび来日されたミシェル・フーコー氏を囲んで、お話を伺う機会をもてたことをうれしく思います。フーコー氏の著作活動は、あの『言葉と物』の刊行以来、日本でも、いろいろなかたちで紹介されています。『精神疾患と心理学』と『臨床医学の誕生』の二冊は神谷美恵子夫人の翻訳があり、また、最近河出書房から『知の考古学』が刊行されたばかりです。今回の滞在中は、短期間ではありましたが、東京、名古屋、大阪、京都において、「マネ」、「狂気と社会」、「歴史への回帰」の三つを講演され、ともすれば難解とされる氏の思想を、極めて明快なかたちで述べられました。

ところでフーコー氏は、すでに輝かしい業績をもつ哲学者であり、ルネッサンス以後の西欧世界を支えてきた思考基盤に対する精密かつ新鮮なアプローチを一貫して企ててこられました。しかしこの場所では、文芸雑誌という性格を考えて、主として氏の思想と文学との関係を伺いたいと思います。

渡辺――一つには、氏の論文のうちで、いまも言われましたように精神疾患に関する二論文以外では、翻訳のあるのがモーリス・ブランショを論じた『外の思考』と、ジョルジュ・バタイユを論じた『侵犯行為への序言』とですし、それがかなり難解なものであるにもかかわらず、日本の読者のあいだにも、強い関心をひきおこしているものだからでもあります。それに、そのような正面から一作家を論じた場合ではなくても、氏のいわゆる〈考古学〉が分析の対象とする〈アルシーヴ（文書の集蔵庫）〉のなかでは、文学はほとんど特権的な位置を占めていて、サドを始めとして、ヘルダーリン、マラルメ、ニーチェ、レーモン・ルーセル、アルトーそしてバタイユ、ブランショなどの作家群は、フーコー氏のテクストにライトモチーフのように出現して、氏の思考の導きの糸のようになっていると思います。ですから、フーコー氏の思考において文学の果たしてきた、そしていまなお果たしつつある役割は非常に大きいものだと考えて、このような次元に問題をしぼったわけです。

そしてできれば、文学と社会あるいは政治との関り方にも触れていただければ幸せだと思います。

清水――実に大ざっぱなやり方かもしれませんが、あなたの思考体系内における文学は、三つの軸に従って構成されているのではないかと思います。第一の軸は〈狂気の問題〉で、これはヘルダーリンやアルトーによって代表されています。第二の軸は〈性の問題〉で、これはサドとバタイユに代表され、第三の軸は〈言語の問題〉で、これはマラルメとブランショに代表されています。もちろんこれは大ざっぱなわけ方ですが、この三つの軸に沿ってお話をすすめていただけるでしょうか。

フーコー――あなたの分析は大変正しいし、私の主要な関心事であったことをよく捉えていると思います。それは単に私の場合ばかりではなくて、過去百五十年来、西欧全体にとって極めて重要であった事柄にほかなりません。

ところであなたは始めに私が哲学者であるとおっしゃったけれど、そう言われるとまったく恐縮で、まずそのことについてお答えしましょう。その最初の言葉でまずひっかかってしまうというのは、私は、自分は哲学者でないと思っているからです。それは別に謙遜しているわけではなくて、というのも私は謙虚ではないからですが、むしろこれは百五十年来の西欧文化の最も根本的な特徴の一つなのですが、つまり、独立した活動としては哲学が消滅してしまったということなのです。自律的な独立した活動としての哲学が消滅した、このことについては、注目に値する一つの社会学的徴候があります。それは哲学というものがいまや大学教授の仕事にすぎないものになったということです。ヘーゲル以後、哲学は大学の内部にいる人々によって教えられているのであって、そういう人たちはみずから哲学というよりは、むしろ哲学を教えることを役割としています。かつて、西欧において最も高度な思考であったものがいまや教育の領域で最も価値のないものと見なされている活動に転落してしまったという事実が、おそらく哲学がすでにその役割と機能と自律性を失ってしまったことを証明していると言えるでしょう。

ところで、哲学とは何かと言うと、まず大ざっぱに言って、私は一つの文化の根底にある原理的選択の場を哲学とよべると思っています。

清水――その「原理的選択」という概念について、もうすこし詳しく説明していただけませんか。

フーコー――私が「原理的選択」と言う場合、それはあくまで純粋観念の領域にある思弁的な選択のことではありません。それは人間の知を、人間の行動を、知覚や感性を、そうした全体を拘束するような選択のことなのです。

ギリシア文化における原理的選択と言えば、パルメニデスでありプラトンでありアリストテレスです。ギリシア文化における政治的、科学的、文学的な選択は、少なくともその大部分はこうした哲学者たちによってなされた根底的な認識原理を出発点として、そこから出てきたものです。同じような理由で、中世の原理的選択もまた、哲学者によってなされたのではないにせよ、少なくとも哲学との関連においてなされたものです。十一世紀、十二世紀におけるプラトン哲学がそうだったし、続いて十三世紀、十四世紀におけるアリストテレス哲学がそういうものだった。デカルト、ライプニッツやカントもまた、あるいはヘーゲルもそうですけれど、彼らはこのような原理的選択の代表であり、そのような選択は一つの文化というもの全体、知の領域というもの全体、思考形式というもの全体との関連で、哲学を出発点として、かつ哲学の内部でなされた選択なのです。

多分、ヘーゲルとは、自律的な哲学の行なった原理的な選択の最後の場合だと言えるでしょう。というのは、大まかに言ってしまえば、ヘーゲルの哲学というものの本質は、選択しないこと、要するにかつて歴史においてなされたあるゆる選択を自分の哲学の内部に、その言説《ディスクール》の内部に取り返すことにあるからです。

私の印象だと西洋世界においては十九世紀以来、いやもしかしたらすでに十八世紀からと言えるかもしれませんけれど、真に哲学的な選択、言いかえれば原理的選択は、哲学とは異なる領域を出発点とし、またその内部でなされております。たとえばマルクスの行なった分析は、彼自身の考えでは哲学的な分析ではなかったし、またわれわれもそれを哲学的分析と見なしてはならない。マルクスによる分析は、純粋に政治的な分析であるけれど、それはわれわれの文化にとって根底的かつ決定的な原理的選択のいくつかを必然ならしめるものです。同様にフロイトは哲学者ではなかったし、自分は哲学者だという意志はもっていなかったけれど、彼があのようにして性を語ったという事実、神経症や狂気の特性をあのように明らかにしたという事実は、それこそまさに原理的選択であり、更によく考えてみれば、彼によるそうした選択は、われわれの文化にとってはベルクソンや更にはフッサールのような彼の同時代人によってなされた哲学的選択よりはるかに重要なのです。

一般言語学の発見、ソシュールによる言語学の確立は、同じく極めて重要な原理的選択であって、同時代の本来的な哲学的活動であった新カント派哲学よりはるかに重要なものです。

だからこんなふうに言えるのではないでしょうか。私たちの時代、つまり十九世紀と二十世紀が哲学を捨てて政治あるいは科学を選んだと考えるのは全く間違っている、と。次のように言わなければいけないのです。原理的選択はかつて自律的な哲学の活動によってなされていたけれど、それがいままでは、それとは違う様々な活動の内部で、科学的、政治的、文学的な活動の内部でなされているのだ、と。ですから、私のこれまでの著作は本質的に言って歴史に関するものですが、そのなかで私は十九世紀、二十世紀を扱う場合、哲学作品の分析よりはむしろ文学作品の分析を手がかりにするほうを好んでいるのです。たとえばサドの行なったいくつかの選択は、十九世紀にとってよりもはるかにわれわれの時代にとって重要なものであり、そうした選択の束縛をうけながら、われわれはいくつかの全く決定的な選択を強いられるのです。こうしたわけで、私は文学に関心をよせる。われわれの文化が原理的選択のいくつかを行なったような場として文学を考えてのことです。

狂気と文学

渡辺——ここで具体的に狂気の問題にはいりたいと思いますが、哲学者が——哲学者という言葉を使って申しわけないのですが——狂気の問題を扱うこと自体は特別なことではないようにも思えます。特にヤスパースのことを考えるわけですが、彼の『一般精神病理学』は一九一三年ですし、『ストリンドベルイとファン・ゴッホ』は一九二二年です。しかし、いわばこのような〈狂気の哲学〉とも呼べるような精神病理学的内実についての哲学的考察と、あなたの探究の方法とは全く違うように思います。あなたの場合は、『臨床医学の誕生』を「医学的まなざしの考古学」と副題されたように、その分析は社会学的視野からなされていますね。このような方法的選択の動機などについてお話しいただけますか。

フーコー——私がこれまでやろうと思ってきた分析は、いまあなたがおっしゃったとおり、本質的には様々な制度の社会学的分析をめざしています。その意味では私のしていることは、ヤスパースとかもう少し前でピエール・ジャネ、リポーのような人々に見られたような、狂気の哲学、精神疾患の哲学とは全く違うことです。ヤスパースやジャネやリポーの分析においては、狂気に問いかけることによって、病理学的な行動を通して、たとえばリポーの場合は、正常心理に関する何物かを発見しようとめざし、ヤスパースの場合は——このほうがはるかに重要で深い意味をもつのですが——実存の暗号そのものとでも言えるような何物かを発見しようとめざしているのです。それではそもそも人間的実存とはなんなのか、もし狂気であるところのこの何物かによって実存がおびやかされているのなら。もし実存が狂気を通じて初めてある種の至高の経験をなし得るのだとするならば、人間的実存とはなんなのか。ヘルダーリン、ファン・ゴッホ、アルトー、ストリンドベルイの場合がそれであり、まさにヤスパースが研究したものです。私の課題は全く違います。というのも、私はすでに申しあげたように哲学の外で生まれた原理的選択という問題にいつでも捉えられていたからです。

社会体制を作り上げている様々な活動のなかに、しかも最も目立たない、最も隠れた、最も慎ましい行動のなかにも、われわれの文化やわれわれの文明にとっての最も本質的な原理的選択がいくつかあるのではないか。私はそれを見ようと試みてきました。全く普通の歴史的な素材に純粋に歴史的なまなざしを向けたとき、十七世紀の半ばごろに、これまでの歴史家が取りださなかった一つの現象が見えてくるように私には思えました。単なる社会的・経済的事実よりははるかに重要な一つの現象が見えてきたのです。歴史の資料を探ってみると、十七世紀の半ばごろまでは、西欧は狂人に対して、また狂気というものに対して、まさに注目に値するほど寛容であった。狂気という現象は、いくつかの排除と拒絶のシステムによって明示されているけれども、それにもかかわらず、いわば社会や思考の織り目のなかに受入れられていた。狂人と狂気は社会の周縁に追いやられてはいたが、それでも社会の内部に広く分布し、かつ動きまわっていた。周縁的存在ではあるけれども完全に排除されていたわけではなく、社会の機能のなかに組み込まれていました。ところが十七世紀以降というもの、一大断絶が起こり、一連の方式によって、周縁的存在としての狂人を完全に排除された存在へと変えてしまいました。その方式というのは、監禁、強制労働といった警察力に基づくシステムです。これまでの歴史家たちによっては、ほとんど指摘されることのなかった警察の設置とか監禁方式の確立という現象を通して、そのとき、西洋世界は最も重要な原理的選択の一つを行なったのだと、私には思えるのです。そのことを私は分析しようと考えたのであって、そういう場合に人間の本性や人間の意識がどうなるかという問題ではないのです。つまりこのような狂人を監禁するといういささか下等な、あまりみっともよくない措置によって西洋世界の行なった原理的選択、私はそれを分析したかったのです。

渡辺——狂気と文学というテーマを立てるとき、われわれはともすると、狂気も永遠不変の本質、文学も永遠不変の本質というような見方をしやすいと思います。しかし、あなたのお考えでは、狂気と文学との関り方は、少なくともヨーロッパ世界においては、極めて時代性を担ったものだと思われますが、この点をもう少し具体的に話していただきたいと思います。

フーコー——そうですね、あなたはまず狂気についての問いを出し、ついで文学についての問いを出されたけれども、それは全く必然的な順序ですね、私たちはいわば宿命的な斜面を下っていくのです。というわけは、私が文学に興味をもつのは、十七世紀に、政治、社会、経済、警察組織の領域でさきほど申し上げたようないろいろな措置がとられたわけですが、そうした狂人や狂気という現象を排除するに至るこの原理的選択というものが、十九世紀以降、文学において問題にされるに至るからです。つまり、サドは私の考えではある意味で現代文学の創始者の一人だと思います。もっとも彼の文章はまさしく十八世紀に属していますし、彼の哲学は十八世紀のある種の唯物思想や自然主義からの完全な借りものですが。現実には、サドはその出生において、全く十八世紀に属しています。つまり貴族階級に、封建制の遺物に属していた。

ところが、サドの作品が牢獄内で、しかも内的な必然性に基づいて書かれたという意味で、彼は現代文学の創始者なのです。つまり、ある種の排除のシステムがあり、それがサドという人間全体を襲い、彼の人間を通して、性的なものすべて、性的異常、性的怪物性、要するにわれわれの文化から排除されているもの一切の上に襲いかかった。そのような排除のシステムがあったからこそ、あのような作品を書くことができたのです。十八世紀と十九世紀の境目の時期に、このようにして排除されたものの内側から文学が生まれた、あるいは再生したという事実、これこそ私の考えでは最も根源的な何物かであります。そしてそれと同じ時期における最も偉大なドイツの詩人ヘルダーリンは狂人でありました。ヘルダーリンの晩年の詩こそまさにわれわれにとって現代の詩の本質そのものに最も近いものなのです。ヘルダーリンにおいて、サドやマラルメにおいて、あるいはレーモン・ルーセルにおいて、アルトーにおいて私の関心をひくものはまさにそれなので、つまり十七世紀以来遠ざけられていた狂気の世界、祭りのような狂気の世界が文学のなかに突然侵入してきたということです。こうしたわけで私にとって文学に対する関心と狂気に対する関心とは結びついているのです。

渡辺――『狂気と社会』の講演は、二つの軸に基づいて構成されていました。一つは共時的《サンクロニック》な軸で、社会が狂人を排除する四つの方式――生産関係からの排除、家族からの排除、言語伝達からの排除、遊戯からの排除――であり、もう一つの軸は、通時的《ディアクロニック》な軸で、十七世紀における狂人の強制収容という変革の意味と、ついで十八世紀末のピネルによる強制収容の一部解放と、それに伴う〈精神疾患〉という新しいカテゴリーの確定とが問題にされました。

ところでこの四つの排除方式について質問があるのですが、第四の〈遊戯からの締め出し〉というのは、他の三つとは少し性質が違うのではないか。たとえば、講演のなかでは、ヨーロッパ中世における「狂人の祭り」が問題になりましたし、特にルネッサンス期やバロック期の演劇における道化の例をひかれ、それは「真実を語る人物」だと言われました。日本の伝統演劇、特に能には、狂人あるいは狂気と言われるものがたくさん出てきますし——物狂いとか、憑依とか——それらは、意識の錯乱を経ることによってある宇宙的感覚に到達する体験でもあって、いわば〈聖なるもの〉の顕示の場となるわけです。この場合でも、狂人を遊戯から締め出すと言えるのかどうか。少なくとも、「物狂い」というようなかたちで狂気なり狂人なりを演劇の内部に取り込んでいることは事実だと思いますが。

フーコー——狂人が遊戯から締め出されるということは、確かにあなたのおっしゃったとおり、狂人が家庭から、生産関係から締め出されるのと同じものではありません。狂人は働かない、それだけのことです。場合によっては、狂人になにかちょっとした仕事をあてがうことはありますが。同様に、狂人は家族から除外され、あるいは、家族の構成員としての権利を失う、これも単純なことです。ところが遊戯に関しては話はずっと複雑になります。私が遊戯というとき、アクセントは祭りのほうにおかれているので、きっとこう言ったほうがよかったのでしょう。遊戯から狂人を排除する方式は、正確に言って締め出すのではなくて、遊戯のなかで特別な場所をあてがうということなのです。たとえば、祭りにおいて遊戯の犠牲者にされる場合があります。それは、〈贖罪の羊〉に類するある種の儀式とか、あるいは、演劇において笑いの対象になる人物というかたちで狂人が表現される場合です。すべての人の敵意と不信に取り囲まれた狂人という作中人物のなごりは、『人間嫌い』のような作品のなかにもある程度は見出されるものです。ですから、狂人は遊戯の対象となり得るし、同じく、遊戯のなかで、ある意味では特権的な役割を演ずる者となり得るわけですが、しかし、この人物は、その役割と機能において、他のすべての登場人物の占める位置と決して同質のものではありません。ヨーロッパ中世の演劇や、ルネッサンス演劇では、あるいは更に十七世紀初頭のバロック演劇においては、この狂人という人物が、真実を語るという役割を担わされていることがしばしばあります。あなたはさきほど、日本の伝統演劇では、狂人は「聖なるものの代弁者」だと言われたが、西欧の少なくとも十六世紀や十七世紀の演劇では、狂人はむしろ「真実をもたらす者」だと言ったほうがよいと思います。あなたがたの国では狂人が「聖なるものの代弁者」であり、われわれの国では「真実の代弁者」であるということは、日本の文化とヨーロッパの文化との間にある意味深い相違点ではないかと思います。狂人は「真実の代弁者」であり、真実を実に奇妙なやり方で語ります。というのは、まず、彼は気の違っていない人々よりはずっと多くのことを知っており、いわば次元を異にした視力を備えている。その意味で、確かにいくらかは聖なる人物に似ています。たとえばヨーロッパの例で言えば預言者に似ています。しかしユダヤ・キリスト教的伝統における預言者とは、自分が真実を語っていると知りながら真実を語っている人です。それに反して、狂人は、いわば、それと知らずに真実を語っている素朴な預言者なのです。真実が彼を通して現われるだけで、彼のほうではそれを所有していない。真実を語る言葉が彼のなかで彼の責任なしに展開されていくのです。しかし、十六世紀および十七世紀初頭の演劇においては、このようなかたちで真実の担い手である狂人は、他のすべての人物から全く離れたところに位置を占めています。つまり、事件が起こるのは狂人以外の登場人物たちにおいてであり、互いになんらかの感情を抱き、互いに企みをしたりするのもそういう人物たちであって、彼らはいわば真実を分かちもっている。ある意味で、彼らは自分の欲するところを正確に知っていますが、しかし、自分にこれから何が起こるのかは知らない。彼らの外に、彼らのかたわらに、彼らの上に、狂人がいて、彼は自分の望むところも、自分が何者であるかも知らないし、また自分の行動や意志を支配してもいないが、しかし真実を語る。一方の側には自分の意志は支配しているが真実は知らない一群の人物たちがおり、もう一方の側には、その人々に向かって真実を語るが、自分の意志は支配していないし、自分が真実を語るという事実さえも所有していない狂人がいる。意志と真実との間のこのような乖離、つまり意志を奪われた真実と、いまだ真実を知らない意志と、これこそまさに狂気と狂人ならざる人々との乖離にほかなりません。つまり、おわかりになったと思いますが、演劇の仕組みのなかにおける狂人は、特異な位置を占めているわけです。完全に締め出されているのではなくて、こう言ってよければ、締め出されていると同時に繰り込まれている、締め出されているけれども、あくまである役割は演じている。

このことに二つのことをつけ加えておきたいと思います。その第一は、十七世紀なかばつまり古典主義時代以来というもの、少なくともフランスでは、いや多分イギリス文学やドイツ文学でも同じだと思いますが、登場人物としての狂人は消えてしまったということです。さきほど『人間嫌い』の話をしましたが、アルセストは古典劇の狂人の最後のかたちであって、彼はある程度まで真実を語り、ほかのすべての人物たちよりも人間や事物に関する真実をずっとよく知っているが、しかしモリエール劇のほかの人物たちと同等の資格をもってはいます。彼の占める位置は本当の意味で枠外にあるのではなく、単に彼の性格のためわずかに他の人物から離れているにすぎません。この戯曲は人間嫌いアルセストと他のすべての人間たちとの関係を主題にしているのですからね。彼は作品との関係で言えば、あの責任のない、予言者的声ではありません。ここで、ある連想が働くのですが、つまり、中世、ルネッサンス、バロック期の文学における狂人は、自分が真理を語っていると知らずに真実を語る人であり、つまり、現実には真理への意志をもたず、真理を自分のものとして所有することもないような、しかし真実な言説《ディスクール》の一つだった。ところで、このテーマは、西欧的思考の上に、実に重く、実に長い間のしかかっていたものではなかったのか。なぜなら、結局のところ、フロイトがその患者に求めたことは、患者を通してなにか真実であるところのものを出現させること以外のいったいなんであったのでしょう。患者の神経症的存在の真相、つまり患者がみずから支配していない真実を出現させることが問題だったのです。だから、西洋文化の俯瞰的歴史を試みてみるなら、このような真理と狂気との相互帰属性、十七世紀初頭までは認めることのできた狂気と真理との近親性は、以後一世紀半、二世紀にわたって否定され、抹殺され、拒絶され、隠蔽されてきた。ところが十九世紀になるや、一方では文学によって、他方ではそれより遅れて精神分析によって、狂気において問題になっているのはある種の真理であるということがいまや明らかになったのであり、真理そのものとしか言いようのない何物かが、狂人の現わす仕草や行動をとおして、おそらくは現われてくるということなのです。

いまなお書くべきか

渡辺——人間嫌いアルセストの退場のあとには、もはや登場人物としての狂人ではなく、狂気におちいる可能性を前にした恐怖と眩惑の体験に基づく、一種の悲劇的自覚というものが文学の前面に押し出されてくるわけですね。ロマン派の詩人の場合はその典型でしょうし、ユゴーは近親のなかに狂人になった人がいたはずです。しかし、ディドロとかルソーとかに、すでにそういう徴候があったのではないでしょうか。

フーコー――古典主義時代の作家はある意味では狂人になり得ない作家であり、狂人となる恐怖を抱き得ない人間なのです。ところが十九世紀以降、反対に、大詩人たちのエクリチュールの下から、狂気におちいる危険が湧き出すのが常に見えてくるのです。しかし、奇妙なことには、ルソーの場合は、自分が狂人になる可能性を執拗に拒んでいるのです。彼は気が狂うという恐怖に眩惑されてはいず、自分は気違いではないのに、人から気違い扱いをされるに違いないという確信にとりつかれていました。ところが、それに反して、ユゴーのように完全に正常な人間において、狂気に対する恐怖というものがあって、それはいわば知的経験の枠を出ない類のものでした。しかし、現在では、狂気の危険と対決することなしには、人は、エクリチュールというあの奇妙な経験を企てることはできません。ヘルダーリンが、そしてまたある程度まではサドが、われわれに教えてくれたのはこのことなのです。私の考えでは哲学についてもことは同じだと思います。『省察』の始めのほうでデカルトははっきりと次のようなことを言っています。「あるいは私は夢を見ているのかもしれない、感覚が私を欺いているのかもしれない、しかし確実に私に生じるはずのない一つのことは、私が狂気におちいるということだ」、と。彼はそのことを彼の理性的思考の原理において拒絶します。狂気が彼の理性的思考に危害を加えるかもしれぬということを拒否する。理由というのは、「万が一自分が狂気であるなら、ちょうど夢で見るような幻影が見えてくるに違いないが、そんな幻影は現実の夢で見る幻影に比べてはるかに重要でないし奇想天外でもないから、狂気などというものは夢の一部だと考えることにしよう」と言うのです。しかし彼にとって大いなる危険があるとしたら、自分でこう思うことです、「もし私が狂人だとしたら、理性的思考を始めることを望まなくなるのではないか、いま行なっているような理性的思考を狂気について行なうこと、夢について行なうことができなくなるのではないか」と。内側にしかも始めから狂気という地雷が仕掛けられているのかもしれないという事実は、デカルトが直視することのできなかった何物かであり、それを直視しても、すぐにそれを拒絶するような何物かであったのです。

ところでニーチェとともに、ついにあの瞬間がおとずれるのです、すなわち、哲学者が、「結局のところ、私は狂人なのかもしれない」と考えるような瞬間が。

渡辺――つまりそれは、エクリチュールというものが、言葉《パロール》の支え・補助手段にすぎないものであることをやめて、それ自体で存在するものとなりはじめていた時代と、文学におけるあのような狂気の侵入というものがある根本的な関係にあるということを予想させるのではないでしょうか。

フーコー――十七世紀末までは、書くということは、誰かのために書く、人を教え、楽しませ、消費されるような何かを書くことでした。書くということは、一社会グループの内部における流通を目的とした言葉《パロール》の支えにすぎなかった。ところが今日では、エクリチュールは違う方向を向いている。もちろん、作家は生計を立てるために、世間的成功を収めるために書きます。心理的な次元で考えれば、このような書くという企ては昔と変わりません。しかし、私たちの関心を惹くのはそのことではない。問題は、エクリチュールを織りなす糸がどのような方向に向いているかを知ることです。この点で、明らかに、十九世紀以降のエクリチュールは、それ自体で、それだけのために存在するものであり、必要とあらば、一切の消費、一切の読者、一切の享受、一切の有用性から独立して存在するものです。ところで、このような、エクリチュールの垂直的な、ほとんど伝達不可能な活動は、まさに、どこか狂気に似ています。狂気とは、いわば垂直に立って、伝達不可能なものである限りの言葉《パロール》、通貨としての価値を失ったものとしての言葉《パロール》であります。言葉が誰からも欲しがられないほどにまで一切の価値を失ってしまったにせよ、あるいはまた、余りにも高度な価値を担わされているので、それを通貨のようにして用いることを人々がはばかるにせよ、です。しかし、結局、この点で、両極端は合致するのです。このような非流通的エクリチュール、このような屹立するエクリチュール、それはまさに狂気の類同物であって、従って作家が狂人のなかにいわば自分の分身《ドゥーブル》、あるいは亡霊とも言うべきものを見出すのは当然のことでしょう。あらゆる作家の背後に、狂人の影が言わば控えていて、その影が作家を支え、作家を支配し、作家に覆いかぶさっている。おそらくは、作家が書く瞬間には、彼の語ること、書くという行為そのものにおいて産出することは、狂気以外の何物でもないと言えるでしょう。

このように、書く主体が狂気によって収奪される危険、狂人という分身が重なってくる危険、それこそ書くという活動の特性をなすものだと思います。ここで、私たちは、エクリチュールの〈体制破壊的性格〉のテーマに出会うわけです。バルトの言う「エクリチュールの自動詞的性格」を、このような〈侵犯〉の機能に結びつけ得ると思います。

もっとも私は、このテーマには警戒を要する点があると思っています。というのも、現在フランスでは、ある種の作家たち——ほんの僅かに左翼的な作家たち、というのも、彼らは共産党員だからなのですが……——その人たちは、いかなるエクリチュールも体制破壊的であると断言しています。これは警戒を要するので、なぜなら、フランスでは、こんなふうな発言をするだけで、いかなるかたちにおける政治活動にも加わらないための言訳になっているからです。全くのところ、もし書くということが体制破壊的であるならば、一枚の紙の上にどんなつまらない文字を一つ置いても、それで世界革命に役立つことになってしまうでしょう。

こういう意味でエクリチュールが体制破壊的だと言うべきではないので、思うに、この書くという行為——流通や、価値形成や、社会経済のシステムの外に置かれた行為ですが——それが、これまでは、そういう行為の存在自体によって、社会への異議申し立ての力として働いていたのです。このことは、書く側の当の人間の政治的立場とは無関係です。サドは無政府主義的だったとはいえ、あくまで貴族であったし、確かに革命に対してはその犠牲にならないような方策を講じはしたが、ジャコバン党に対する嫌悪は決して隠さなかった、いや、隠したにしてもそれは僅かな期間でしかなかった。たとえばフローベールは、真底から中産階級《ブルジョワ》的意見の持ち主であったし、パリ・コミューンに対しては、いまからみて政治的な次元ではとても許せないような判断しか抱いていなかった。それにもかかわらず、サドやフローベールのエクリチュールは、西欧的社会への批判という点ではジュール・ヴァレスのはるかに極左主義的なテクストがとうてい果たすことのできないような役割を果たしてきた。従って、エクリチュールこそが、その存在をつうじて、少なくとも百五十年間、体制破壊的機能を持ち続けてきたと言えるでしょう。

問題は、だから、こういうことです。それに第一、現在フランスの知識人が極めて困難な状況に置かれていて、彼らを、絶望とまでは言わないまでも、ある種の眩暈にまでも至らせているのは、中国の文化大革命以来、そして、特に、ヨーロッパのみならず全世界で革命的運動がくりひろげられて以来、次のような問いをみずから発せざるを得ないからなのですが、すなわち、エクリチュールの体制破壊的機能はいまなお存続しているのだろうか、むしろ、書くということ、みずからのエクリチュールによって文学を存在せしめるという行為だけで、現代社会に対する異議申し立ての活動を生み出すのに充分であり得るような時代は、もはやすぎ去ってしまったのではないか、という問いなのです。いまや、真に革命的な行動に移るべき時がきたのではないか。いまやブルジョワジーが、資本主義社会が、エクリチュールのこのような活動を完全に収奪し、そのため、いまや書くということはブルジョワ的抑圧体制をひたすら強化するようになってしまったのではないか。書くことをやめるべきなのではないか。私がこう言うとき、どうか冗談だと思わないでいただきたい、現に書き続けている人間として、なおこう言うのです。しかし、私に親しい友人たち、私よりも若い友人たちは、決定的に、少なくとも私の感じでは決定的に書くことを放棄してしまった。そして政治活動のためのこのような放棄を前にして、正直のところ私は、感嘆の念に捉えられるばかりでなく、自分自身、激しい眩暈に捉えられるのです。結局のところ、私は、いまやもう若いとは言えなくなった自分の年齢のために、いまもってこの活動を——おそらくは私がそれらに与えたいと望んでいた批判的意味はもはや失ってしまっているかもしれないこの活動を、継続しているにすぎないのではないかと思うのです。

私が『狂気の歴史』を書いたとき、私は、一種の社会批判を行なおうとした、それが成功したか失敗したかはわかりません。目下、私は、ヨーロッパにおける刑罰体系と、ヨーロッパにおける犯罪の定義に関する書物を書こうと思っていますが、このような批判的な書物が、十年前に『狂気の歴史』を出版したときにそれがもっていた意味をもち得るかどうか、その自信はありません。私は、『狂気の歴史』は十年前に有用であったと思いたい。いま私の考えている刑罰と犯罪に関する書物が、今日、有用であるだろうという自信はありません。

フランスにおける作家は、いま、二つの誘惑の間にはさまれている。書くことを放棄して、すべてのエクリチュールの外側で、革命的行動に直接とりかかるという誘惑か、フランス共産党に入党して、作家としての社会的身分を保証してもらい、社会主義社会やマルクス主義イデオロギーの内部でも、書くという作業はなお存続し得るということを保証してもらいたいという誘惑です。この二つの誘惑にはさまれて、多くの人々が眩暈にとらえられているのは当然で、また彼らはそのどちらかを選んでいるということを私は知っているが、そのどちらも選んでいない私が、どんな困惑のうちに置かれているか、想像してみてください。

文学の侵犯力の喪失＝〈性〉について

清水——狂気についての話から、「エクリチュールには本当に体制を転覆させる力があるのか」というようなお話が出たところで、第二の問題、つまり〈性〉の問題に移りたいと思います。というのは、「エクリチュールの衝撃性」ということから、ピエール・ギヨタの新作『エデン、エデン、エデン』について最近あなたが書かれた文章を思い出し、この小説のことが、あるいはあなたのギヨタ論が、〈性〉の問題に入ってゆく手がかりになると思えるのです。そこであなたは、この小説において「個人と性欲との関係は初めて決定的に転倒され、個人の統一も、主体の優位性も破壊されたあとに、性のみが巨大な層となって残っている」というような意味のことを言っておられる……。

フーコー——そうですね、ここであなたの言われたように〈性〉の主題に移っていくのがよいと思います。で、あなたはギヨタのことを手がかりに選んだけれど、実はこの話にはいささかこみいった事情があります。こういう場で果たして口にするにふさわしいことかどうかよくわかりませんが、社会学的に言って興味のあることなのです。

ギヨタは、まさに大胆この上もない言語で一冊の本を書いた。フランス小説においてもイギリス小説においても、いかなる文学においても、かつて私の出会ったことのないような作品です。これまでなんぴとも、ギヨタの語ったようなことを語ったことはない。ところでフランスにはまだ検閲制度があって、この本が禁止されるかもしれなかった。それでミシェル・レリスとロラン・バルトとソレルスがこの本にそれぞれ序文を寄せ、私が例の記事を書いたのは、少なくとも一年以上、いや一年半以上前から考えられていた一種の陰謀の結果なので、この本が出版されるにあたって文学的な保証をたっぷりとまとわせてやれば、まず押収されることはあるまいと考えたわけです。レリスとソレルスと私があの本について思うことのすべてを語ったかどうかとなるとなんとも言えないが、とにかくあの序文や記事にはフランスの法律に対する戦略的な役割があったのです。もちろん、だからと言って、なにもあれらの文章の価値を貶めるつもりはいささかもないのです。私はこうした処罰と弾圧の問題は全く身にしみるほどよくわかっているし、文章の戦略的・戦術的重要性もはっきりと信じているのですから、きわもの的文章だからと言ってあまり重要ではないなどとは決して言いません。いやほとんど反対のことを言いたい。あれらの文章はきわもの的であるからこそ重要なのです。面白いことにフランスでは、ある種の単語や言いまわしやイメージや幻覚をテクストのなかに導き入れるためには、それらが文学というアリバイをもつことが必要なのです。そしてそのとき——ここで私たちがさきほど話した問題に戻るわけですが——文学は、一方では可能な限りの侵犯がなされ得るような場となるわけです。これまで、ギヨタ以前には、この本のなかで言われていることを誰も言わなかった。そうやって限界が乗り越えられ、われわれの語彙、国語の内部における表現可能なものの限界が、ギヨタのテクストにおいて乗り越えているからには、このテクストはまさしく侵犯的テクストだと言い得るわけです。しかし同時にわれわれの社会において、文学は、それ以外のいかなる場所でも可能でないような侵犯が、そこでは可能となる、そのような制度になっているのです。だからブルジョワ社会は、文学内部で起こることに対してはまったく寛容なのです。いわば文学はブルジョワ社会によって、全く消化され同化されてしまっているからこそ許容されている。文学とは家出娘みたいなもので、馬鹿なことをしでかすけれど家へ帰ってくればいつでも許してもらえるというわけなのです。ここで私はギヨタとの関連で『ボヴァリー夫人』の例を取り上げてみたい。『ボヴァリー夫人』は姦通と自殺の話です。十九世紀では姦通と自殺はどこにでもざらにあった。ところが小説のほうは起訴されてしまったのです。ところがギヨタの小説は、文学的お墨付をきらびやかにまとって出版されると、一週間に一万五千部も売れ、告訴などは全く行なわれなかった。ところが一方で同性愛は、フランスでは性的軽犯罪で、相変わらず一週間ばかりくらいこむことになります。わかるでしょう、『ボヴァリー夫人』と正反対の状況がここにある。『ボヴァリー夫人』が出版されたときは、文学はみずからのなかに侵犯力を充分にもっていたので、ブルジョワ家庭の日常的現実を作品内に置きかえるだけでスキャンダルになり得ました。ところが反対にいまでは、文学はおそらくはパリで男色家たちがしていること以上を物語っているけれども、そういう書物のほうは処罰されず、男色家たちは必ず処罰されるというわけです。文学の侵犯力はこれほどまでに失われてしまった。だからあの命題にまた戻ってくるのです。今日において、果たして文学による体制破壊の試みを続けようと努めるべきなのか。そういう態度はいまなお正しいのだろうか。文学がこれほどまで体制内に組み込まれてしまったために、文学そのものによる体制破壊はすべて幻影と化してしまったのではないでしょうか。

渡辺——文学に現われた性的倒錯——ここでは同性愛が問題になっていますから、同性愛と限ってもいいのですが——それと現実の社会における性的倒錯との関係というのは、もう少しはっきりさせておいてもよいと思いますが……つまり、現代社会に氾濫している性に関する様々な情報から判断すると、少なくとも古い禁忌はかなり破棄されつつあって、そのような意味での性的自由はかなり拡大したというような印象をもつことがあります。ですから、私たちは、現実のほうがこの領域で、いわば文学より遅れているというふうには必ずしも考えないかもしれない。ところが、いま申しましたような情報化されたものとしての性的倒錯というのも、私たち一人一人の本当の現実とは違い、それを覆いかくすものなのでしょう。

フーコー——そうですね。私たちの生きている社会は、性的自由を直接的にあるいは間接的に非常に制限している社会だと思います。もちろん一七二六年以後ヨーロッパでは、同性愛者を処刑したりしなくなっていますけれども、それにもかかわらず、同性愛についてのタブーは、いまなお非常に強いのです。われわれのヨーロッパ社会における同性愛を例にとったのは、それが最も広く存在し最も抜きがたいタブーであるからです。同性愛についてのタブーは、少なくとも間接的にはその人の性格にも影響を及ぼすので、たとえばある種の言語表現の可能性から彼を締め出すし、彼に対して公的な社会的な認証を拒絶するし、同性愛的な行為の当初から彼に罪の意識をあたえるなど、様々なかたちでの影響があります。同性愛のタブーは同性愛者を処刑するなどという場合でなくても、単に同性愛者の行動のみならずすべての人に重くのしかかっているので、異性愛そのものもこのような同性愛のタブーによって、なんらかのかたちで影響を受けずにはいられないのです。

渡辺——別に同性愛とその処罰が話に出たので言うわけではありませんが、広く〈侵犯行為〉としての書く実践という意味で、ジュネの作品のことが頭に浮かびます。特にジュネの演劇の政治的機能を考えているのですが、そこでも、狂気が祭りに、スペクタークルになった場合には、ブルジョワ社会によって〈取り返され〉てしまうことへの鋭い自覚があると思いますが。

フーコー——ただその場合、現実の狂気と文学とは区別する必要があるでしょう。現実の狂気の場合には、それが社会の側からの〈締め出し〉によって定義づけられているということをもう一度繰り返しておきます。従って狂人というのは、その存在自体によって、常に〈侵犯的〉なものです。彼はつねに〈外側〉にいます。ところが、文学はこのような〈締め出しの方式〉の外にあるわけではなく、社会制度の内側にあり得るからです。すでに述べたように、文学は、十七世紀には規範的なものとして、社会的機能に属していた。十九世紀になると、文学は反対側に移ってしまったわけですが、しかし、現在では、文学自体の一種の磨滅によって、あるいはブルジョワジーの備えている強大な同化力のために、文学というものが通常の社会的機能に復帰しつつあるのではないかと思えるのです。というのも、忘れてはならないのは、帝国主義が張り子の虎だとしても（笑）、ブルジョワジーは、強大な適応能力をもつ体制であるということです。ブルジョワジーが文学に打ち勝つところまできているのではないかということなのです。西洋世界における文学の〈体制組み込み〉――それは出版社やジャーナリズムの世界で行なわれるわけですし、文芸雑誌の座談会でこういうことを申し上げるのは心苦しいわけですが（笑）――このような〈体制組み込み〉は、おそらく、ある意味では、ブルジョワジーの勝利ということになると思います。

渡辺――そうすると、ジュネの最近の政治的な実践――ブラック・パンサーとの協力――は、あなたの目には全く正当なものであり、それどころか、ジュネ自身の文学探求の延長線上に必然的に位置するとお考えになるわけですね。

フーコー――そのとおりです。私は、ジュネの世界があのようなものである以上、作品の次元に限っても、彼がどうして、自分の作品が――ある時点において彼の作品であり得たものが――レカミエ座で上演されるという事実を我慢できるのか理解に苦しむのです。私に言わせれば、ルノーとバローのレカミエ座は最も現状順応的な劇場であるし、そこで、『死刑囚の監視』が上演され、美少年が全裸になり、それにパリ中の若い男女が喝采を送るというような事実が、どうしてジュネの作品と相容れ得るのかわからない。もちろん、さきほどエクリチュールの機能の変質について述べたときのように、作家としてのジュネの心理というものは、この際、大して問題ではないのです。ジュネの作品がこのような美少年のストリップというようなショーにまで堕落するのを見るとき、むしろ書くのをやめないでいることがどうして可能なのかがわからなくなります。というのも、『死刑囚の監視』が書かれた時点では、ジュネがそれを書いた時点では、それは真に体制破壊的な行為でした。それがこのような寄席のショーとして演じられてしまうということは、ジュネの作品に内在する弱点を意味するものではなく、むしろ、ブルジョワジーの〈取り返しの力〉の強大さを意味するものだと言いたい。つまり、われわれが闘うべき敵の強大さと、文学という武器の弱さとを意味している、と。

渡辺——ルノーとバローについては必ずしもあなたと同意見ではありませんが、しかし、レカミエ座の『死刑囚の監視』についてあなたが憤激されるのは大変よくわかるような気がします。現在、欧米で流行している裸体演劇が、単にその商品価値によってのみもてはやされているのではないかという疑いをもつからです。最近ポーランドの演出家グロトフスキがニューヨークでした講演を読みましたが、そのなかで、彼は自分の実験室劇団の男性の裸身と、ニューヨークの前衛的な試みの「商業化された」裸体との差を強調しています。その違いはよくわかりますけれど、すべてを商品化したショーに変質させてしまう現代社会では、この差異は常におびやかされているように思います。文学のエクリチュールだけではなく、すべての〈侵犯行為〉について、これは言えるでしょうね。

フーコー――その点では、われわれの西欧社会の文化形態、文化的価値観の次元で、興味深い一時期があるということになります。過去百年ぐらいの間、ヨーロッパにおいては、女の裸体はいかなる〈体制破壊的〉価値ももたなかった。女を絵に描くために裸にしたし、舞台の上でも裸にしましたからね。しかし、男の裸体というのは、実際に〈侵犯行為〉になっていたので、ジュネ文学のような文学が、現実に男を裸にし、男同士の愛を描いたときに、そのような破壊力をもっていた、しかし、いまはもはやそうではありませんね。

清水――文学だけの力で体制を破壊することは可能かということから、話はジュネの作品に移ってきたわけですが、ジュネがあるインタビューのなかで、さきほどのあなたの「もう私の年ではない……」という発言と微妙に重なることを言っています。つまり、「私の年ではもう何もできないから、せめてフランス語を腐敗させてやる、いつの日かフランス社会を腐敗させるために」と言うのです。このジュネの態度はじつに明瞭で、彼の社会呪詛がはっきりと現われていると思いますが、このジュネの態度についてどうお考えですか。

フーコー――正直言って、「フランス語を腐敗させる」という言い方でジュネが何を言おうとしているのか、私にはあまりよくわからない。もしそれがフランス語のなかに、文学言語のなかに、まだ市民権を得ていないような言葉の使い方を導入することだとしたら、彼は数年前と同じ仕事を、過去の例で言えばセリーヌと同じ仕事を続けているにすぎないと思います。そういうことをやりながら、彼は結局のところ、文学のもつアリバイとしての役割を強化しているのではないか。一人の作家が俗語的な言いまわしやプロレタリアの言葉づかいを模倣したり、取り上げたり、あるいは好意的な態度を見せるような言語を用いだすときから、いったい何が変わるのでしょう？　プロレタリアの地位が変わるでしょうか？　ただ単に、文学が現実の階級闘争との関係で、いつのまにか自己欺瞞的な仮面をかぶり、そういう仮面を、文学のレトリックのほうも身につけるというだけではないでしょうか？　そういうとき、文学はブルジョワ世界のなかに組み込まれながら、こう語るわけです。「見てくれ。私はプロレタリア的なものを私の言語から締め出してはいない。本当は私はブルジョワ的ではない。本当は資本主義体制と結びついてなんかいない、なぜなら労働者のような話し方をしているだろう」。こう語ることで、文学は仮面を取りかえ、その表現を、その芝居がかった姿勢を変えるでしょう、だが、そんなことをしても社会において現実に文学の果たしている役割にはなんの変わりもないでしょう。ジュネの言葉がこういう意味だとしたら、私はげらげら笑いだすしかないですね。

しかし、ジュネのフランス語を腐敗させるという言い方が、もし、われわれの言語のシステムが——つまり言葉が社会のなかでどうやって機能するか、テクストがどうやって評価され受け入れられるか、どうやって政治的有効性を帯びるか——そうした一切が考え直され、変革されねばならないという意味だとしたら、それならもちろん言語の腐敗は革命的価値をもつでしょう。しかし、周知のように、いま言った言語とその諸様態の全般的状況は、社会革命によってしか変革され得ません。言いかえれば、言語の諸形態と諸価値の全般的再分配がもたらされるのは、言語の内的腐敗によってではない。まさに言語の外にある一変革によってです。言語の内部に民衆的言いまわしや用語や文章構造を導入することを本分とする文学的企てなどは、だんじて、異議申し立てとして、革命的企てとして見なされることはできません。

清水――確かに、おっしゃるとおり、作家がいかに努力しようと、その結果が社会によってやすやすと消化され、取り入れられてしまうかもしれません。外側から、いわば社会学的視点から見れば、現代の文学はそういう状況にあるのでしょう。しかし、文学を内側から見れば、特に性の領域での〈侵犯行為〉には重要な意味があるのではないか、――つまり、いま、世界のいたるところで、一方ではいわゆる〈フリー・セックス〉の動きがあり、他方では性の領域における作品内での冒険があります。そしてこの両者は奇妙な関係を結んでいるわけですが、実は文学上の問題としての〈侵犯行為〉に意味があるのは、それが人々によって咀嚼されて、〈フリー・セックス〉を、つまり性の日常化あるいは無性化をもたらすということではなく、新しい〈聖なるもの〉を産み出すための契機に性がなるということではないでしょうか？

フーコー――そうですね、結局のところは、〈聖なるもの〉とはそういうものでしょう。しかし未開社会ではなくそれ以後のヨーロッパ社会の段階では、聖なるものの経験とは社会の諸価値のなかの最も中心的なものへと接近することにあった。つまり聖なるものの経験とは、この神性あるいは絶対的な力の中心、あるいは聖性と諸価値のつくりなす階梯の絶頂に、つまり神にできる限り近づくことでした。

聖なるものの経験は中心的経験だったのです。ところがついで、西欧は神を信ずることをやめます。このとき、聖なるものの経験とはもはや中心に、焦点に、全存在を照らしだすあのいわば太陽のようなものに接近することではなく、反対に、絶対的禁忌を乗り越えることとなったのです。この意味で、狂気が、締め出されていたもの、しかも常に締め出されていたものであった限りは、狂気の経験はある点までは聖なるものを経験することだったのです。

結局、神々が身をそむけてしまったこの方向へと前進すること、それがわれわれにとって真の経験となったのです。性は、特に十九世紀以来、それまでのいかなる世紀においてよりも抑圧され、口にしてはならぬもの、ブルジョワ社会によって限定されたやり方でしかやってはならぬものとなっていた。それだからこそ性は聖なるものを経験するための特権的な場となったのです。性において限界を乗り越える、これが同時に聖なるものを経験することとなったのです。

渡辺――〈侵犯行為〉としての〈聖なるもの〉の経験が、一つの〈極限の経験〉と言えるとすれば、テクストの次元で遂行される〈極限の経験〉と、実存の次元で遂行されるそれとの合致ということだってあるわけではありませんか。

フーコー――ジュネの場合にはその合致があるという気がしますが、この点については、逆に言って、一個人の行動における実際の性的侵犯行為と、文学における性的侵犯行為との間の差、ずれの問題にもなるわけで、さきほども言いましたように、私の考えでは、文学における性的侵犯行為や、性道徳の侵犯とかは、ごく最近までは、まさにそれが文学の内部で生起するという事実によって、一層重要性を増すかのようでした。個人の行動としては許容されていた侵犯行為は、その舞台となるのが文学であるという瞬間から、もはや許容不可能のものとなっていたのでした。性的侵犯行為が演じられる舞台としての文学が、それを一層耐えがたいものにしていたわけです。ところが反対に、現代では、性的侵犯行為の舞台としての文学はまさにこの侵犯行為そのものを色褪せたものにしてしまい、それが文学の舞台で、文学空間において展開されるようになるや、はるかに耐え得るものになってしまうということです。まさにこの点でブランショは、私には最後の作家だと思われるのですし、おそらく彼は自分でもそう思っているのではないでしょうか。

最後の作家ブランショ

清水――いまちょうどブランショの名前が出ましたが、聞くところによるとあなたは二十年来ブランショに深い尊敬を抱き続けておられるとのことです。そこで、「ブランショは最後の作家である」という命題を敷衍しながら、あなたのブランショ観をお聞かせいただけませんか。

フーコー――いかなる作家も心の底では最後の書物を書きたいと願っているということを見抜いた人、なるほど確かにブランショはそういう人です。だがブランショが最後の作家だというのは、彼は十九・二十世紀の文学について、おそらく他に比肩しうるなんぴともいないほど鮮やかに語りながら、社会空間であれ日常言語の空間であれ、いかなる現実的空間にも還元し得ぬあの文学空間を、この十九・二十世紀文学のために、完璧に定位したという意味においてです。エクリチュールのドラマが、戯れなのか戦いなのか、とにかくそういうものが繰りひろげられるあの〈場をもたぬ場〉、それを完璧に定位したのが彼なのです。それにまた、彼の書物のうちの一つが『文学空間』と名づけられ、一つが『火の地帯〔1〕』と名づけられているという事実が、私には、文学の最良の定義をなしていると思えるのです。そうです、はっきりと理解しなければいけない、文学空間とは火の地帯なのです。言いかえれば、一つの文明が火へと委ね、破壊へ、空虚へ、灰燼へと帰せしめるもの、文明がもはやそれによっては生きながらえることのできぬもの、まさしくそれが彼の言う文学空間です。そして、文学作品が次々とやって来ては、いわば納屋に貯えるように蔵《しま》いこまれる、あの図書館のなかのいささかいかめしい場所、言語の最も豪奢な財宝の一切を完璧に保存した博物館とでもいうように見えるあの場所、あの場所こそは実は、永遠の火災現場なのです。あるいは、いわばそれは、あれらの作品が、ただ火のなかで、火災のなかで、破壊のなかで、灰燼のなかでしか生まれることのできなかったような場所なのです。文学作品はいわばすでに燃えつきたものとして生まれてくるのです。ほぼこうしたテーマをブランショは鮮やかに語りました。そして私は思うのですが、十九・二十世紀の西洋社会ばかりか、その時期の全西洋世界の文化との関係において文学はなんであったかを定義するためには、これは最も美しく根源的な表現でありましょう。ただし、ブランショの描いたのは、今日までの文学がなんであったかということではなかったか、そしていまや文学ははるかに謙虚な役割を演じているのではないか、あらゆる作品を、その誕生のとき、いやそれが生まれる前にすでに焼きつくしていたあの大いなる火は、今や消えてしまったのではないでしょうか？　文学と文学空間は社会的な流通と消費の空間のなかへと戻ってしまったのではないでしょうか？　そうだとすれば、向こう側へと移るためには、焼きはらい、燃えつきさせるためには、われわれの空間には還元し得ぬ空間のなかに入り、われわれの社会の内部には場所をもたぬような場のなかに入るためには、文学とは違うことをしなければならぬのではないでしょうか？

ブランショは、いわば文学のヘーゲルであり、同時にヘーゲルと対蹠点にあるものです。文学のヘーゲルだというのは、ドイツ文学、イギリス文学、フランス文学などの重要な作品で――残念ながら、日本文学のことは語っていないと思いますが――西洋世界の文化が生み出した重要な作品でブランショのなかになんらかの反響を残していないものは、いや単に反響ではなく、その意味を残していないものはない、という意味合いにおいてなのです。つまり、ヘーゲルは、結局のところ、すでに歴史のつぶやきによって語られてきたものを単に繰り返しただけの人物ではなく、このつぶやきを変貌させて、そこから近代性の意味そのものを作り上げた人物です。同じようにして、ブランショは、西洋世界のすべての重要な作品から、その作品が、今日、語りかけてくるだけではなく、今日、実際にわれわれの語る言葉の一部となっていることを可能にしているあの何物かを引き出した人物です。われわれの語る言葉のなかに、ヘルダーリンが、マラルメが、カフカが、はっきりと現存しているのは、まさにブランショのおかげなのです。それは、ヘーゲルが、十九世紀に対して、ギリシア哲学やプラトンを、ギリシア彫刻を、中世の大聖堂を、『ラモーの甥』を、その他諸々のものを現前化したのにいささか似ています。

従って、ブランショは文学のヘーゲルなのですが、それと同時に、ヘーゲルの対蹠点にあるものです。というのも、ヘーゲルが、すべての哲学の内容を、そして結局は、歴史のすべての偉大な経験の内容を提示するのは、それを現在というものに内在化させるためにほかならず、これらの歴史上の経験がわれわれのうちに現前しており、あるいはわれわれがそれらの経験のなかに現前していることを証明するためにほかならなかった。記憶というかたちでの内面化の偉大な綜合だったのです。結局のところ、ヘーゲルは、まだプラトン的なので、なぜなら、彼にとって世界史は知の記憶のなかに存在しているのだからです。ところが、ブランショの場合は、その反対だと言えます。ブランショが世界の文学上のすべての大作品に問いかけ、それらをわれわれの言葉のなかに織り出すのは、いわば、決して人はこれらの作品を内在化することはできないということ、これらの作品はわれわれにとって外側にあるということ、それは外部で生まれたということ、われわれにとっては、われわれが作るいかなる言説《ディスクール》においても、これらの作品は常に外部にあり、ちょうどこれらの作品がわれわれの外部にあるようにわれわれもその外部にいるということを証明するためにほかならないのです。そして、われわれがこれらの作品となんらかの関係を保有しているのは、それらの作品を否応なしに忘れざるを得ず、われわれの外へ落ちていくままにせざるを得ないという必然性によって、いわばそのような謎に満ちた散乱のかたちにおいてであって、球体のなかにすべてを内在化するというかたちではない。これがブランショにとって文学作品の現存性が完了するあり方なのです。ブランショ自身がこうした作品の一切の外にある人なのです。彼はかつてあれらの作品をみずからの世界に取り込もうとも、また外側からそれをふたたび語らせようとも望んだことがない。彼は最大限にはなれたところに身を置くのであり、あれらの作品に対する彼の外在性を、彼は〈中性的〉という語を用いて示します。彼は、かつて書かれた全作品をみずからのなかに、自分の主観性のなかに取り込む人ではない、みずからを忘れ、そして結果としてあれらの作品があの忘却のなかから浮かび上がるような人なのです。まさに語るその瞬間において、ただ忘却についてしか語らぬ人なのです。忘却というかたちで作品について語るこの人と作品との関係は、ヘーゲルにおける再現前化、記憶というかたちで行なわれるこの作用と、まさに正反対なものなのです。

つきつめて言えば、ブランショとは、彼の語る一切の書物の外にある人であるばかりか、文学全体の外にある人であるのです。この点でも彼はヘーゲルに対立します。というのは、ヘーゲルは自分をまさしく哲学者の集約的なかたちであり、また哲学そのものであると見なしていた。全哲学が彼において内在化したからです。ヘーゲルは哲学の外には出なかった。もし彼が何ものかの外に出ていたとしたら、時間の外に、つまり哲学を破壊するもの、哲学の永遠性を侵蝕するもの、哲学をさながら砂のように散乱させてしまうものの外に出ていたのです。ヘーゲルは時間の外に出た、だがそれは哲学のなかに入るためなのです。それに対してブランショは、文学について語るたびごとに、絶えず文学の外へと滑り出していく者であり、結局、ブランショとは、文学の内部には全くいないで、完全に外部にいる人なのです。

現在、われわれが文学の外に出なければいけないということ、文学というものを、その内部ではわれわれが互いに伝達しあい、互いに認知しあうような比較的快適なこの場としては考えるべきではないことを発見し、また、文学の外へ出て、文学はその薄い歴史的な命運にゆだねてしまう、つまり文学が帰属している現代ブルジョワ社会によって規定されているような命運にゆだねてしまえばよい、ということを発見するとき、その道をわれわれに示してくれたのはまさにブランショなのです。まさしく、文学がこれまでにあった姿について最も深い事柄を語った人物であり、しかも絶えず文学からのがれつつ、われわれに、おそらくは、文学の外に立たねばならぬことを示してくれた人物なのです。

渡辺――それは、ブランショの最近のテクストの中心的な課題である「無神論的エクリチュール」や、そこにおける「叫び」とか「壁に書かれた落書」などの問題につながるわけですね。

フーコー――そのとおりです。

さっき私が「書くのをやめるべきではないか」と言ったとき、私が言いたかったことはこうです。現在まで極めて高い価値を担わされていた文章《エクリチュール》のすべての形態が、文学のそれであれ、哲学のそれであれ、いまや一時中止されなければならないものではないか、ということだったのです。エクリチュール〔書くこと、文章〕の体制破壊的機能についての疑いが私のなかで生じたとき、その疑いは文学だけに関するものではなく、ただ文学の例をとったのは特権的な例だからであり、この疑いは当然、哲学にもあてはまります。哲学は、十八世紀以来、大学教師の仕事となってしまっているから、なおさらのこと、このような体制破壊的な力を失ってしまったという意味でです。これは理論的な、つまり理論的分析を使命とする文章《エクリチュール》活動すべてにあてはまることでしょう。

私が文学を例にとったのは、それが現在までは、最も体制側に組み込まれることが少なく、最も体制破壊的な文章《エクリチュール》活動の形態であったからで、もし文学がいまやそのような破壊力を失ったというなら、他の文章活動の形態がはるか以前から破壊力を失ってしまっていたというのは当然すぎることでしょう。私は、エクリチュールが、文字によらない伝達手段によって置きかえられるべきだと言っているのではありません。いまここで問題にしているのはマクルーハンではないので、ここでいまエクリチュールと私が言っているのは、マクルーハンや、あるいはバルトがエクリチュールという言葉で理解しているものと少し違う。むしろ、資本主義社会、ブルジョワ社会の極めて特性的なシステム、つまり知と、象徴の諸体系を生産し、それに価値を与え、それを分配し、あるいはそれを伝達するシステムのことを言っているのです。それが、大ざっぱに言って、われわれの〈エクリチュールのシステム〉と呼び得るものでしょう。全く異なった社会構造のなかでは、これらの象徴の諸体系の生産と価値決定のシステムもまた、全く異なったものとなるだろうことは確かです。確かに、人は紙の上に、ポスターの上に、文字を置くこと、あるいは壁新聞を作ることは続けていくに違いありませんしね。

最後に、ちょっとわき道にそれるかもしれませんが、一つつけ加えておきたいことがあります。日本ではどうか知りませんが、西欧社会では、学生も大学人も、つまり、知識を分配することを任務とし、またそれを受けとることを使命としているすべての者が、例の五月の事件以来、彼らの行動が、ブルジョワ社会の現在の動きに深く結びついていたのだということを理解したのです。このことは発見しながらも、彼らは、このような社会の内部で教育すること、あるいは教育を受けとることがどういうものであり得、どういうものであるべきかということは発見しなかったし、しかもこのような教育が、所詮は、ブルジョワ社会とその価値とその知識の更新と再生産にすぎないことを理解することはなかった。教え、教えられるいかなる人間も、ヨーロッパのみならず世界のすべての国々において、危機を通過しつつあるので、そこでは、彼の語る言葉や彼の聴き取り方の意味そのものが、再検討を迫られているのです。

私が侵犯行為としてのエクリチュールの価値の鈍化を語ったのは、どうも、ヨーロッパの多くの作家たちが、彼らの文章《エクリチュール》活動によってこのような状況に対して自分たちは庇護されていると思っているように見えるからです。そして彼らのうちのある者は、これは確信をもって言えますが、次のように考え、広言している。すなわち、自分がものを書いているときには、自分の書いているものは体制破壊的でしかあり得ない、なぜなら、それはあの外側の空間、必然的に社会から除外されたあの空間、ブランショならばエクリチュールの「中性的な場」と呼ぶであろうようなあの空間で生起しているのだから、と。もちろん、ここで私が攻撃しているのはブランショのことでは全然ないのですよ。そして、確かに〈エクリチュールの中性的な場〉というものはあるし、少なくとも最近まではあった。しかし、私は現在では、この〈場〉がその中性的本質をいまもなお保有しているかどうか自信がなくなってきたのであり、——もちろん、このような〈エクリチュールの場〉が歴史的・社会的な立地条件において中性的だったわけではないのですが、要するに社会との関係で外側にあったということなので——このような外在性を〈エクリチュールの場〉が保有しているかどうか、わからなくなっています。そして現在、世界中の大学で、大学人も学生も感じている、教えることの、あるいは教えられることの不可能性というものを、ものを書くすべての人が、ものを読むすべての人が、いまや感じるべきではないかと考えるのです。もちろん、これからも教えることは必要でしょうし、知識を受けとることも相変わらず必要でしょう。しかしその方法はどういうものであるべきか。それはわれわれには全くわかっていないのです。とにかく現在われわれを捉えているような不安——あなたがたもよくご存知だと思いますが、それが、現在、講義をしたり授業をしたり、あるいはそれを聴くことを極めて困難にしているところのものですが——このような困難さというものは、おそらく必要でもあり、かついつの日か豊かな結果をもたらすものでもありましょうが、このような困難さを転移して、文章《エクリチュール》活動についても、同じかたちで感じるべきではないか。作家は、資本主義社会において、教育や知識の体系に対してなされた強大な政治的異議申し立てから離れた安全な場所にいるわけではないのです。いずれにせよ、中国では、作家は、教師や学生と同様、作家としての地位のゆえに保護されはしなかった。われわれの社会でも、文章活動がアリバイとなり、その口実のもとに、大学においては攻撃されていることが覆いかくされ、温存されるようなことがあってはならないはずです。

ところで、書くことをやめるべきではないかという問いを出してから、すでに随分、語ってしまったように思います。このへんで、語ることをやめるべき時ではないでしょうか(笑)。

訳者註

〔1〕邦訳書においては『焰の文学』とされている。原題 *Part du Feu* は極めて訳しにくいのだが、われわれはフーコー氏の明晰な解釈に従ってここでは『火の地帯』という訳題を試みてみた。

〔ミシェル・フーコー氏とは、氏が初めて来日された一九七〇年の秋に、日本で識り合った。共通の友人モーリス・パンゲの紹介である。

実は、その数年前に、モーリス・パンゲが東京大学の教職を離れるに際して、フーコー氏が後任になりたいという話があってそれは残念ながら実現しなかったのだが、そんなことも幸して、短い滞在期間に、何回か氏と話す機会を得た。当時は、極めて表面的に《構造主義論争》が紹介されているだけで、たとえば、サルトルの「構造主義はブルジョワ・イデオロギーの最後の砦」という批判と、『言葉と物』の最終章に読まれる「人間の終焉」ばかりが喧伝されていた。しかもフーコーの著作は、この座談会でも触れているように、『臨床医学の誕生』を除けば、文学に関する短いエッセイの類が——勿論それは重要なものには違いないが——訳されていただけであり、記念碑的大作『狂気の歴史』も、また発売されるや「プチ・パンのように——と言うことは、飛ぶように——売れて、たちまち売り切れた」あの『言葉と物』も、その実態においては知られていなかった時である。

この座談会は、その当時の最新著作『知の考古学』を中村雄二郎氏の翻訳で刊行するに当って、河出書房新社が、その雑誌『文芸』の企画として実現させたものである。私自身は、『狂気の歴史』と特に『言葉と物』は興奮して読んだし、『知の考古学』の発端となる方法論的議論も、当時、フランス中央科学研究所研究員としてパリに居て、読んではいた。しかし、特に〈フーコー読み〉というわけでもなく、また哲学の専門家でもないのであるから、雑誌『文芸』から対談を依頼されて大いに困惑した。そこで、常日頃、フーコーや構造主義のことなどを語り合っていた清水徹氏に加わっていただき、いわば二人がかりでこの現代における知の変革者に立ち向かうことにしたのである。

手前味噌めいて恐縮だが、フーコー自身もこの座談会には満足していたらしく、後にパリで会った時も繰り返しそのことを語っていたし、この対話集（『哲学の舞台』朝日出版社）に収録するについても快く承知してくれた。

この座談会におけるフーコーの発言によって、少なくとも、マラルメやブランショについてのその考え方や、一般にその関心の所在もよく分かると思うが、話をすすめる都合上、こちらが要約した〈狂人を成立させる四つの排除の原理〉とフランスにおける〈狂気の歴史の二つの重要な転換点〉については——それは東京大学教養学部における講演、『狂気と社会』の二つの軸をなすものであったが、他所には発表されていないので——当時のフーコーの方法を要約するものとして、ここに繰り返しておいてよかったと思っている。

（渡辺守章）

13

狂気と社会

「狂気と社会」(神谷美恵子訳)、「みすず」一九七〇年十二月号、一六―二二ページ(一九七〇年九月二十九日、京都日仏学館における講演)。

«Kyôki to shakai» («La folie et la société»), *Misuzu*, décembre 1970, pp. 16–22. (Conférence donnée le 29 septembre 1970 à l'Institut franco-japonais de Kyōto.)

――『思考集成III』No. 83

〔以下は、本年九月二十九日に京都日仏学館でおこなわれた「狂気と社会」という講演の通訳メモを骨子とし、十月七日に東京大学教養学部でおこなわれた同じ題の講演内容でこれを補ったものです。これを公表することをお許しくださったフーコー教授に厚くお礼申上げます。

(神谷美恵子)〕

はじめに

西欧思想史を研究するにあたり、今までの伝統的なやりかたでは、ただポジティヴな現象のみに注目してきました。ところが最近になってレヴィ＝ストロースが民俗学において一つの社会なり文化なりのネガティヴな構造を明らかにする方法を開拓しました。たとえば、ある文化の中で近親相姦が禁止されているとしても、それはある種の価値が肯定されているということに拠ってきたるわけではない、という事実を明らかにしました。つまりそこにはあまりはっきり目にはとまらない灰色または水色の「碁盤縞《ごばんじま》」case があって、それがある文化のありかたを規定しているわけですが、私はこの灰色の碁盤縞の目を思想史の研究に適用してみたわけなのです。ということはつまり、ある社会とか思想体系の中で何が肯定され、何が評価されているかを探究するのではなく、その中で何が拒否され、何が疎外されているか、ということを研究しようとしたのです。民俗学ですでにみとめられた研究方法を思想史研究に使ってみたにすぎません。

狂気というものはいつの世においても疎外されてきましたが、過去五十年ほどのあいだ、いわゆる先進国の民俗学者や比較精神医学者たちは、自分たちの国にある狂気、たとえば強迫神経症、パラノイア、分裂病などと同じ精神障害がいわゆる未開社会にも存在するかどうか、ということを第一に研究してきました。また第二には、そうした未開社会では狂人に対して、自分たちの社会とは異なった身分や地位を与えているのではないか、ということをしらべてきました。つまり、自分たちの社会では狂人は疎外されているが、原始社会ではポジティヴな価値をみとめられているのではなかろうか、たとえばシベリアや北アメリカのシャーマンは精神障害者なのではなかろうか、といったことが研究されてきました。第三には、ある種の社会はそれ自体病んでいるのではなかろうか、という疑問が提出されました。たとえばルース・ベネディクトは、アラペッシュ・インディアンの種族全体がパラノイア的性格を持っている、と結論しました。

今日、私は以上の学者たちとはさかさまのアプローチをとってお話ししたいと思います。第一に、原始社会では狂人の身分はどうであったかをしらべ、第二に、われわれの産業社会ではどうであるかを検討し、第三に、十九世紀に起った変化の原因を考え、結論として、狂人のおかれている地位は現代産業社会においても実質的には変っていない、ということを述べたいと考えます。

一　原始社会における狂人の地位

だいたい、人間の活動領域は次の四つに分けてみることができます。

一　仕事、または経済的生産。
二　性、家庭。すなわち社会の再生産。
三　言語《ランガージュ》、パロール。
四　あそびや祭など、遊戯的活動。

ところで、どの社会においても、この四つの領域において一般にきめられているルールからはずれて、他人とはちがった行動をとる人びと、いわゆる周辺的 marginal な個人が存在します。一般人口の中でもすでに男女老若によって仕事に対する関係が異なりますが、多くの社会では、政治的な権力者とか宗教的な任務をおびた人たちは一般人の仕事を支配したり、超自然的な力との間のとりなしをしたりこそすれ、自らは直接仕事をせず、生産のサーキットに関与しません。

第二の社会的再生産のサーキットからはずれている人びともいます。独身者がその例で、宗教家にはとくに多くみられました。また、北米のインディアンには同性愛者や、異性の服装をする人たち travestis が存在することがわかっていますが、この人たちは社会的再生産に対しては周辺的な位置を占めているといわねばなりません。

第三の言語《ディスクール》においても、日常性から逸脱している人たちがあります。この人たちの使うパロールには、他人とはちがった意味があります。たとえば予言者の場合のように、あるシンボリカルな意味を持ったパロールがいつの日にかその隠れた真実を白日のもとにあらわにすることもありましょう。また詩人の使うことばも審美的なもので、日常性からは逸脱しています。

第四のあそびや祭からも疎外されている人たちが、どこの社会にもあります。それは、その人たちが危険視されるための場合もあり、その人たち自身が祭の対象にされている場合もあります。たとえば昔のユダヤの贖罪山羊 bouc émissaire のように、ある人が人びとの罪を負わされていけにえにされ、人びとの間から追放される儀式がおこなわれ、そのあいだ皆は祭を祝う、などということがあります。

以上の場合、疎外される人びとは、それぞれの領域で別の人ですが、全領域にわたって疎外される人というのがあります。それが狂人です。あらゆる社会、またはほとんどすべての社会で、狂人はすべてにおいて疎外され、場合によっては宗教的、魔術的、遊戯的、または病理学的な地位を与えられています。

たとえばオーストラリアのある未開民族では、狂人は超自然的な力を持っている者として、社会にとっておそるべき存在とみなされています。また狂人のなかには社会の犠牲になる者もありますし、いずれにしても、仕事、家庭、言語、あそびにおいて一般の人たちとはちがった行動をとるものとされています。

二　産業社会における狂人の地位

次に私が言いたいのは、現代の産業社会においても、まったく同形《イソモルフ》の疎外体系によって狂人が一般社会から排除され、周辺的性格をになわされている、という事実です。

第一の仕事という点についていえば、現代でも、ある人を狂気と判断する第一の基準は、「仕事のできない人」ということにあります。フロイトがいみじくも言ったところによると、狂人（フロイトは主として神経症の人のことを言ったのですが）とは働くことも愛することもできない人である、とのことです。この「愛する」ことについてはあとでまた述べるつもりですが、ともかくこのフロイトの考えには深い歴史的真実があります。ヨーロッパの中世紀においては、狂人の存在は許容されていました。彼らはときに昂奮したり、情緒不安定だったり、怠け者だったりしたわけですが、あちこち放浪することが許されていたのです。ところが、十七世紀頃から産業社会が形成されはじめ、このような人びとの存在は許されなくなりました。産業社会の要請に応じて、フランスとイギリスでほとんど同時に彼らを収容するための大きな施設がつくられました。そこに入れられたのは精神病者だけでなく、失業者や不具者や老人など、すべて働けない者が収容されたのです。

歴史家の伝統的な見かたによると、十八世紀の終り、つまりフランスでは一七九三年に、ピネルがサルペトリエール病院で狂人を鎖から解放したとされ、イギリスではほぼ同年に、クェーカー教徒のテュークが初めて精神病院をこしらえたとされています。それまで狂人は犯罪者とみなされていたのを、ピネルやテュークが初めて彼らを病人として扱ったのだ、ということになっています。しかし、この見かたはまちがっている、と言わざるをえません。第一に、フランス革命以前に狂人が犯罪者と考えられていたという事実はないのです。第二に、狂人が昔からの地位から解放されたと考えるのは偏見です。

右の第二の考えのほうが第一の考えよりも、なおいっそう大きな偏見でしょう。だいたい、未開社会にも産業社会にも、また中世紀にも二十世紀にも、狂人に与えられた普遍的地位というものがあります。ただ一つのちがいといえば、十七世紀から十九世紀にかけて、狂人の隔離収容を要求する権利は家族にありました。つまり家族がまず狂人を疎外したわけです。ところが、十九世紀以来、家族のこの権限はだんだん失われ、医者の手に移されました。狂人を収容するには医学的鑑定が必要とされるようになり、いったん収容されれば、狂人は家族の一員としての責任も権利も奪われ、市民権をも失い、禁治産者となりました。つまり、医学よりも法律のほうが先に狂人に周辺的地位を与えた、ということもできます。

第二の、性とか家族制度とかという点について述べますと、一つの注目すべき事実があります。十九世紀の初め頃までの欧州の文献をみると、性的な逸脱、たとえばマスターベーション、同性愛、ニンフォマニアなどは少しも精神医学的なものとして扱われていません。ところが十九世紀の初めから、こうした性的逸脱が狂気と同じものと考えられるようになり、ヨーロッパのブルジョア家庭に適応できない人間の示す障害とみなされるようになりました。ペールが進行麻痺を記述し、これが梅毒によるものであることが明らかになるに及んで、狂気の主な原因は性的逸脱にあるのだ、という考えが、ますます強められることになりました。フロイトがリビドーの障害をもって狂気の原因または表現と考えたことも、同様の影響を与えたといえましょう。

第三の、言語に関する狂人の地位は、ヨーロッパでは奇妙なものでした。一方では狂人のパロールは価値なきものとして拒否され、他方においては、それはけっして完全に抹殺されはしませんでした。つまり、いつまでも特殊な注意を受けてきたのです。

例をあげれば、第一に、中世紀からルネサンスの終りまで、貴族たちの小社会で道化師bouffonという者が存在してきました。ブッフォンとは、いわば狂気のことばの制度化であると言えます。それは道徳や政治とは関係のないもので、しかも無責任に、シンボリカルなかたちで、ふつうの人が言ってはいけない真実を語るものであったのです。

第二の例をあげれば、十九世紀までは文学は社会の道徳を支えるために、または人びとに楽しみをあたえるために、強く制度化されてきました。ところが現代では、文学のパロールはそうしたものからまったく離れて、完全にアナーキーなものになってきました。すなわち、現代では文学と狂気との間に奇妙な親近性があるのです。文学的言語は日常的言語のルールに拘束されません。たとえば、つねに真実を語らねばならない、というきびしいルールに縛られることはないし、また、語る人が自己の考えることや感じることに対してつねに誠実であらねばならない、という規則にも強制されることはありません。すなわち、文学のことばは、政治や科学のことばとはちがって、日常的言語からみれば周辺的な位置を占めるものです。

ヨーロッパ文学に関して言えば、次の三つの時期において、文学的言語がとくに周辺的であったといえましょう。

(1) 十六世紀。この時期には中世紀におけるよりももっと周辺的で、叙事詩や騎士道的小説など、社会の風俗に対して破壊的であり、異議申立てをおこなうものでした。エラスムスの『痴愚神礼讃』とかタッソーの作品とか、英国エリザベス朝の劇とかがその例です。フランスでは狂気の文学まで現れました。たとえば、ブイヨン公爵は自費である狂人の書いた作品を印刷させ、フランス人たちは好んでそれを読んだのです。

(2) 第二の時期は十八世紀の末期から十九世紀の初めにかけてであって、狂人の文学としてヘルダーリンやブレイクの詩が現れたし、レーモン・ルーセルもあらわれました。ルーセルは強迫神経症で精神病院に入り、精神医学の大家ピエール・ジャネの治療をうけましたが、ついに自殺しました。しかし現代のフランス作家ロブ・グリエがルーセルを出発点としたことは、ロブ・グリエが処女作をルーセルに献じていることをみてもわかります。またアントナン・アルトーも分裂病でしたが、彼こそはシュールレアリスム衰退のあとで、詩の世界に突破口 percée をつくり、新しい世界をひらいた人であります。その他、ニーチェやボードレールを考えても、文学において新しい境地をひらくためには、狂気を模倣するか、またはじっさいに狂気になる必要があると言えそうです。

(3) 現代において人びとは文学と狂気の関係にますます注目しています。結局、狂気も文学も、日常的言語に対しては周辺的な形のもので、一般の文学的生産の秘密を狂気というモデルの中で探ろうとしているわけなのでしょう。

さいごに、産業社会において、狂人はあそびに関してどういう状況におかれているかを考えましょう。伝統的なヨーロッパの演劇では——おそらく日本でも同じだと思いますが——中世紀から十八世紀に至るまで狂人は中心的役割を担っていました。狂人は観客を笑わせます。なぜかというと、彼は、他の役者たちには見えないことを見ているからであり、芝居のすじの結末を他の役者に先んじて暗に示すからなのです。つまり、狂人はものごとの真実を輝くばかりにあらわにする存在なのです。そのよい例がシェイクスピアの『リア王』です。リア王は自らの幻想の犠牲者ではありましたが、同時に真実を語る人でもあります。つまり、演劇における狂人とは、他の役者や観客には意識されない真実を身をもってあらわす人物、彼を通して真実があらわれる人物である、と言えます。

また、中世紀にはたくさんの祝祭がありましたが、そのなかでただ一つ、宗教的でない祭がありました。いわゆる狂気の祭典 fête de la folie がそれです。この祭においては、平生の社会的・伝統的な役割がことごとくさかさまになりました。たとえば貧乏人が金持の役割を演じたり、弱者が権力者の役をしたりしました。男女の役割も逆転し、性的禁止令も破棄されました。庶民はこの祭のときには、司教や市長など権力者に向って何を言ってもいいことになっていました。それはたいていの場合、罵倒なのでしたが――。つまり、この祭典においては、社会的・言語的・家庭的なあらゆる制度がひっくりかえされ、あらためて問われたわけです。教会では宗教家でない人がミサをおこない、そのあとでろばを連れてきて、その鳴き声がミサの読経に対する皮肉な真似をあらわすものとして受けとめられたのです。結局この祭典は、日曜日とかクリスマスとか復活祭などの祭とは正反対の contre-fête であって、ふつうの祭のサーキットからはずれたものであったわけです。

現代では宗教的・政治的な祭典の意味は失われ、その代りに、社会的秩序に対する異議申立ての方法として、アルコールや薬物という技術にたより、それによって、いわば人工的な狂気をつくり出していると言えます。これはいわば狂気の模倣であり、これによって狂気と同じ状態をつくり出し、それによって社会を燃えあがらせようとしている試みである、とみることができます。

三　十九世紀における変化の原因

私はけっして構造主義者ではありません。構造主義というのは、ただ分析の一形態にすぎないです。たとえば、狂人のおかれている条件が中世紀から現代に至るまでになぜ変化したのか、その変化に必要であった条件は何か、ということを分析する方法として、私は構造主義的な分析をおこなっているにすぎません。

中世紀とルネサンスにおいては、狂人は社会の内部に存在することを許されていました。いわゆる村の狂人は、結婚もせず、遊びにも参加せず、他人によって養われ、支えられていました。彼らは町から町へと放浪し、ときには軍隊に入ったり、行商をしたりもしましたが、あまり昂奮して他人にとって危険になると、他人が町のはずれに小さな家をたてて、一時的にそこに入れられたこともありました。アラブの社会では現在でもなお狂人の存在に対して寛容です。十七世紀になると、ヨーロッパの社会は狂人に対して不寛容となりました。その原因は、前にも言ったように、産業社会が形成されはじめたからだと考えられます。一七二〇年から一七五〇年にかけてハンブルク、リオン、パリなどの都会では、狂人だけでなく、老人、病人、失業者、怠け者、売春婦など、すべて社会的秩序をみだす者を収容する大きな施設がこしらえられたことも、すでにお話ししました。資本主義的産業社会では、浮浪人の集団の存在を許容することはできないからです。パリでは二万五〇〇〇人の人口中、六〇〇〇人が収容されました。こうした施設では治療的意図はまったくなく、人びとはみな強制的に労働させられたのです。一七五〇年にパリに警察ができ、ここに社会形成のための「碁盤縞」ができ、警察がたえず監視の眼をひからせて浮浪者の収容にあたったわけです。

皮肉なことに、現代の精神病院では、さかんに作業療法がおこなわれています。ここで働いている論理は明白です。仕事ができない、ということが狂気の第一基準だとすれば、病院で働くことを教え、身につけさせれば、それはとりもなおさず狂気の治癒にむすびつくだろう、という論理なのです。

さて、十八世紀末から十九世紀初頭にかけて、狂人のおかれた状況が変ったのはなぜでしょうか。一七九三年にピネルが狂人を解放したといわれているが、彼が解放したのは不具者、老人、怠け者、売春婦などであって、狂人だけは施設内に残したのです。そして、この時期にこうしたことが起ったのは、十九世紀初めから産業の発達の速度が大きくなり、資本主義の第一原則として、プロレタリア失業者の大群は、労働力の予備軍たるべきものとされたのです。そのため、仕事をする能力があるのに働いていない人たちは、収容施設から外へ出されることになりました。けれども、ここに第二の選択過程がおこなわれて、この働きたくない人ではなく、働く能力のない人、すなわち狂人たちが収容所に残され、この人たちは器質的または心理的原因による病人とみなされることになったのです。

こうして、それまでは単なる収容施設であったものが精神病院となり、治療機関となりました。したがって、㈠身体的理由で働く能力のない者を収容する病院の組織と、㈡非身体的理由で働けない者を収容する病院の組織とができたわけです。このときから精神障害が医療の対象とされ、精神科医という社会的カテゴリーが生れました。

私はべつに精神医学を否定したいと思う者ではありませんが、この狂人に対する医療化médicalisation du fouは、歴史的に言ってずいぶんおそく起ったものであって、その成果が狂人の地位に深い影響を与えるにいたっているとは思いません。だいたいなぜこの医療化が起ったかといえば、主として前述の経済的・社会的原因のためであって、このために狂人イコール精神疾患者ということになり、精神疾患という一つの実体entitéが発見され、切りぬかれたのです。そして精神病院は身体病のための病院と相称的symétriqueなものとしてつくられました。狂人とはわれわれの資本主義社会の化身avatarともいうべきものであって、根本的にいえば、先進国においても狂人の地位は未開国におけるものと少しも変っていないと思います。それはわれわれの社会の未開性をあらわしているというほかはありません。

おわりに

結局、本日私はわれわれの社会がいまなお持っている外傷的性格 caractère traumatisante を示したかったのであります。現代において狂人の地位をある程度再評価したものといえば精神分析と向精神薬の出現といえましょう。しかし、この突破口 percée もまだやっと始まったにすぎません。われわれの社会はまだ狂人を疎外しているのです。資本主義社会だけがこうなのか、社会主義社会ではどうなのか、について判断するには私の社会学的知識は充分ではありません。

編者解説　分割線上のフーコー（1）

小林康夫

ミシェル・フーコーについてなにごとかを語るということになると、わたしとしてはどうしても、私事に亘ることが避けられない。

いや、特に親しかったというわけではなく、つねに驚異と憧憬の「距離」を隔てて、一個の途方もない、きらめくような知の輝きが出現し、疾走し、そして不意に消失するのをただ茫然と見ていたというだけの話なのだが、しかしいまから振り返ってみれば、わたしにとっては、フーコーこそ、自分がその人と同時代にいるということを、書物ではなく、その生身の姿を通じて、しかしなにか信じられないような思いとともに興奮しながら確認した、おそらく最初の（異邦の）知の人ではなかったか、と思う。

そうしたあるいは個人的にすぎるとも思えよう確認の出来事は、明確な日付をもっていて、それが本巻の最後に収録されている「狂気と社会」のもとになっている一九七〇年一〇月七日東京大学教養学部におけるフーコーの講演（そしてまた、同時期に、東京日仏学院で行われたマネの絵画についての講演）であった。三十数年前のその出来事を鮮明に覚えているわけではない。なにしろ、大学に入ってまだ二年あまり（しかも大学ではほとんど授業が行われていなかった時代の直後だ）、習いたてのフランス語でいったいなにを理解したのだったか、覚束ない限りだが、しかし漠とした記憶の底にそれでも、いまでは自分が教員として勤務するキャンパスで行われたその思いっきり高度で知的な輝きを放っていた講演会のいちばん後の席に自分が身を小さくして座っていたことをはっきりと思い出す。

これはフーコー論集の解説という場の文脈からは多少、逸脱することになるが、とりわけ若い読者の方々には、理解できるできないは別にして、そのような現場に立ち会う経験が無意識に働きかける力の大きさをわたしとしては強調しておきたい。あくまでもいまから振り返って言うことだが、わたしがその後、マネを卒業論文のテーマに取り上げたことに、このときのフーコーの日仏会館における講演が影響していないとは言い切れまい。また、その後の数年のあいだ、わたしは友人たちとメルロ＝ポンティの『知覚の現象学』と並んでフーコーの『言葉と物』をどちらも仏語の原書で読み続けたのである。そして、七八年にフーコーが二度目の来日をしたときには、今度は、映画『ピエール・リヴィエールの犯罪』の上映に伴ってアテネ・フランセを訪れたフーコー自身にかろうじて「空間と権力」に関して質問をする機会を得た。流暢とは言えない質問に対して、フーコーが返答の前にわたしに向かって返してきた、どこか人間離れをしたあの不思議な微笑をわたしは後々までけっして忘れないだろう。その後パリに留学し、コレージュ・ド・フランスの講義も、溢れるばかりの聴衆に交じって聴講することになるのだが、しかし生身のフーコーにわたしが最接近したのは、七八年東京であったのだ。

もちろん、このようなことは、まったく個人的な些事にすぎない。だが、わたしがこの些事を語ることを通して標識づけておきたいのは、ミシェル・フーコーという名が、いまから三十数年前には——他の幾つかの名とともに——六八年のパリの五月革命がその歴史的な徴であるような、と乱暴に言っておきたいが、まったく新しい時代の到来を告げる名であった、ということなのだ。

六八年に大学に入学したとき、わたしたちが夢中になって読んでいたのは、サルトルであり、カミュであった。そこでは「実存」という言葉が絶対的な魔力をもっていた。ところが、そのたった二年後には、サルトルもカミュも決定的に「時代に乗り越えられた」と映ってしまっていた。そして、われわれは、ミシェル・フーコーを、ロラン・バルトを、さらにはジャック・デリダあるいはジャック・ラカン、クロード・レヴィ＝ストロースを、新刊やその紹介が出るのを追いかけるようにしながら——ということは、同時代的に、しかもけっして遠い西欧の思想としてではなく、「わたしたち自身の時代」の思想として（念のために強調しておくなら、この「時代」こそ、まさにそれまでのように「西欧の思想」を輸入するというオクシダンタリズム（！）が通用しなくなったことがひとつの徴候であるような「時代」にほかならなかったのだ）——熱狂的に読むようになっていたのだ。「実存」という言葉に「記号」、「言語」、あるいは「構造」という言葉が置き換わった。まったく新しい知の言語、歴史の見方、人間の捉え方が登場したのである。いや、より正確に言うならば、歴史の主体としての「実存」という人間的な考え方にかわって、「人間」という理念そのものが——きわめて最近の！——歴史的な所産であるという認識、知を含めて歴史の諸制度を構成しているのは、実は個人の「実存」には還元できない非人称的な構造的規制（現時点ではそれを「構造」と言うのは留保しておくが、フーコーも含めて当時、まずはそれは「構造」という言葉で紹介された）であるという認識が、突然に出現したと思うや瞬く間にわれわれの人間と文化と歴史の理解の根底を形成したのである。それは、まさにフーコーが言う「エピステーメの断絶」という歴史上の不連続な出来事そのものであった。わたしたちは、その不連続を生きていた。とすれば、その時代のわたしたちにとって、フーコーの名がどれほど特権的であったかは理解されるだろう。かれはまさに、そのような同時代の歴史的な経験そのものを位置づける理論的枠組みを構築していると思われたからである。

　すなわち、ミシェル・フーコーとは、六〇年代の後半から七〇年代にかけて、人間科学の領域において生起した、知の不連続線を指示するひとつの名であり、しかもそのような不連続の歴史を理論化しているという意味において特別な名であったのだ。

もちろん、同時代的理解というものは、つねに同時代故の限界を背負っている。同時代が、無意識的・前意識的に「同じ」エピステーメに属していることによって、かえってひとつの作品(群)が潜在的に孕んでいる別種の豊かさを見失っているということはありえる。しかも真正の仕事というものは、かならずそれが属する「時代」のなかで消化されきることはなく、つねに——便宜上、それが過去であれ未来であれ——「別の時代」へとすでに(／いまだに)属しているものだ。とすれば、没後すでに二〇年あまり、ミシェル・フーコーに対してもそのような「新しい読解」が企てられてもよい時なのかもしれないが、そうだとしても、それはかれとの少し遅れた同時代性を生きてきたつもりでいるわたしの仕事ではないし、いや、わたしとしては、——今回「コレクション」という形でフーコーの仕事の全体像への新しいアプローチが可能になったこの機会に——あらためてその同時代にとって、フーコーの衝撃がどのようなものであったのか、を思い起こしておくことにこそ意味があるのではないか、と思うのだ。

フーコーの衝撃を、もしひと言で言わなければならないとしたら、わたしとしては、やはり知と歴史とのあいだに、それまで誰も考えなかったような実定的《ポジティフ》な関係空間を構想したことにある、と言いたい。その仕事——ここではもちろん一九六六年の『言葉と物』を中心に考えざるをえないのだが——は、新しい操作概念、人間存在への根源的な考察、論理的な組み立てなどは明らかに哲学的ではあるが、しかしけっして哲学ではなく、というのも具体的な歴史へと思いっきり開かれているからだが、かといって今度は歴史学かといえば、それにしては、あまりにも理念的であるだけではなく、その記述の方法は、いわゆる歴史学が暗黙のうちに前提しているものとは根本的に異なっている。それは哲学でもなければ、歴史学でもない。人間科学を構成するさまざまなディシプリンの一覧表《タブロー》（それこそ理念としての《大学》というものだ）があるとすれば、そのどれにも関係しながら、どれにも属さない、しかしあきらかにそのどれにも増して高度に学的であるような、フーコー自身の言葉で言うならほとんど「不可能なディシプリン」（この「不可能な」という言葉は、「そこで限界にかかわる」という意味であることに注意せよ）であったのだ。

周知のように『言葉と物』の冒頭の序文で、フーコーはボルヘスのテクストのなかにある「ある中国の百科事典」の《動物》という項目の奇妙な、いや、もはや「矛盾」という言葉などではカヴァーできないような異質混淆の分類表の例を引きながら、みずからの本の出生地はそこなのだ、と明言していたが、まさにフーコーの仕事は、その歴史的な起源＝誕生に問いかけることを通じて、近代的な人間科学のタブローそのものを攪乱し、それを構成している、それ自体は意味のないように思われるかもしれないさまざまな線——分割線、不連続線、横断線——の空間を批判的に可視化するような仕事であったのだ。この仕事は、タブローそのものを問題にすることにおいて、タブローのなかには場をもたず、登録されない。フーコー自身、後には、その場なき「学」を、起源《アルケー》の学という含意を含めて「アルケオロジー」という名を使うこともあったが、しかしそれよりは、その「中国の百科事典」のなかの「(h)この分類に含まれるもの」の直後に置かれた「(i)狂人のように騒ぐもの」のほうが、より適切な命名=分類であったのかもしれない。

だが、名の問題はここまでにしよう。より重要なことは、フーコーの仕事を通じて浮かびあがってきた奇妙に非人称的な歴史の空間である。歴史と言いながら、しかしそれは通常、歴史家たちが描き出すような歴史とはまったく異なった様相をしている。というのも、歴史家たちが考える歴史は、本質的には、人間が「為したもの」にある。人間の行為の結果としての出来事の総体——それが歴史ということになる。だが、フーコーが考えようとしていることは、そうした人間の行為がいったいどのような規定・条件づけに従っているか、ということなのである。どんな行為もけっしてア・プリオリに無前提に行われるわけではない。行為はかならずある種の場の規制にそって行われるが、しかし本質上、事前的であるこの場はかならずしも行為主体によってつねに明確に意識されているわけではない。行為主体にかならずしも意識されることなく、しかし行為がそれにおのずから従うようなさまざまな規制・規定の空間、法律とは異なってかならずしも誰かが定めたというわけでもないような準・法的な空間、つまり実定的な空間——たとえばごく単純に、すでにそれに触れた学問のディシプリンのタブローは、学問という行為が書き込まれるべき、かつそれに先立つ規制の場にほかならない。そこでは人間の主体的な行為は、こうした非人称の規制の空間の、むしろ「効果」のように認識されるのである。そして、そのような非人称の歴史的な空間性こそが、実はフーコーによって「知」と呼ばれたものなのだ。

日本語で「知」と訳される「savoir」は、少しでもフランス語を学んだ者には明らかなように、動詞がそのまま名詞になったものであり、しかもその動詞は単に「知る」ことだけではなく、能力として「できる」ことを指し示す。それは単純な知識とか学問とかではないのだ。フーコーはけっしていわゆる科学史や制度史の研究を行ったわけではない。そうではなく、フーコーは、われわれの生、われわれの行為の可能性をあらかじめ書き込んでいるような歴史的な認識の条件付けや規制としての「知」を研究しようとしているのである。それは、それに従って社会的な制度が生み出されたり、また消えたりするような「知」なのであり、それ故に、ほとんど「権力」（フランス語では、「savoir」と同じように動詞「pouvoir」の名詞形で言われる）と隣り合い、浸透しあっている「知」なのである。

「実存」という立場に立てば、歴史とは、なによりも主体がそこでみずからを「意味」つまり「共＝意味」として実現する場ということになる。投企であれ政治参加《アンガージュマン》であれ、歴史は、自己にとっての実現すべき意味の地平にほかならない。それに対して、フーコー的な立場に立てば、歴史はすでにわれわれの前に、あるいは足もとに、われわれの行う意味の行為があらかじめそれに従うべき規則や規律の非人称的な空間を拡げているということになる。とすれば、まずは、みずからがすでに、否応なく、そのなかに棲みついている歴史的な「知」の空間そのものを認識し、分析し、そして批判することがなければならないのだ。われわれをある行為に駆り立てたり、逆にある行為を禁止したり、抑制したりするその無意識的な規則の集合こそが問題なのである。ちょうどレヴィ＝ストロースが対象とした、歴史のダイナミズムから相対的に引きこもっているようないわゆる「冷たい社会」において、社会の成員の直接的な意識を超えた水準に、たとえば交叉イトコ婚という交換の構造が見出されるのと同様に、いわゆる「熱い社会」においては、とりわけ近世以降、「知」と「権力」の二重性の諸関係・諸規制の空間が、主体からも、下部構造からも相対的に独立しているような非人称の水準において、見出されるのである。しかも、「冷たい社会」における構造の場合とは異なって、このような準・構造は、それ自体がほとんど自律的に、歴史のなかで変形していくのだ。それは、言ってみれば、誕生と消滅とが織りなす無数の不連続線の絶えず変形し続ける集合のような錯綜した空間なのである。そのなかから、いくつかの特徴的な線を選んで記述することによって、われわれはそれでも、まるで番号順に点を結んでいくと最後にはひとつの形が浮かびあがる隠し絵のように、われわれがいまだに属する歴史の層にひとつのフィギュールを与えることができるのだし、『言葉と物』のとりわけ後半でフーコーがやってみせたことは、まさに「人間」という

「顔《フィギュール》」がそのようにして歴史的に生み出され、書き込まれたものにすぎないという衝撃的な事実であったのだ。

　言うまでもないが、このような立場は、けっして「実存」という立場を溶解したりはしない。むしろ一九六七年に「エスプリ」誌が構造主義の特集号を組んだときに、編集長だったジャン＝マリー・ドムナックがフーコーに発した質問のひとつ（そしてフーコーがただそれにだけ答えた質問（『思考集成』No.57を参照のこと））――「非連続性と拘束の思考から出発してどのように政治的な介入が可能か」――が顕在化しているように、「熱い社会」におけるこのような「冷たいシステム」とも思われる非人称の歴史性に対して、どのように実存的な意味を位置づけるのか、という問いは、六八年という熱い時代にとっても、そしてフーコー自身にとっても、きわめて重要なものであったはずである。

　少し先回りして触れておくなら、六八年以降、フーコーは、みずからのある種の政治参加を通して、その問いに実践的に答えているようにわたしには思われる。いくつもの政治的なマニフェストに署名し、政治集会に加わり、デモの先頭に立ち、海外、とりわけ東側諸国の知識人たちとの連帯を組織し……しかし同時に、その参加はあくまでもひとりの個人の知識人として、という相対的に控えられたもので、そうしようと思えばできる立場にあったのに、かれは、サルトルのようには、華々しく啓蒙的なイデオローグの役を果たしたりはしなかった。しかも、――これは今後、きちんと検討してみなければならない問題だが――その参加の「意味」の方向は、あくまでも自己を他者へと開くものであったのではないか。

実際、フーコーの根源的な倫理というものがあるとすれば、それは、西欧という「同じもの」le Même の歴史の境界《リミット》=限界においてそれを「他なるもの」l'Autre へと開き、限界突破をすることであったように思われる。だが、同時にかれは、かならずしもその倫理のなかに人びとを巻き込むような啓蒙的な態度を採りはしなかった。みずからの「知」の仕事は、監獄、処罰、監視、生-権力、統治性、性の規律とますます歴史的な権力空間の詳細な分析を展開しつつ、しかしそれを、単純な二項対立的な権力批判へ短絡させることはなく、むしろ中心性をその最大の特徴とする従来の権力観とはまったく異なる、分散マトリックス的な権力の考え方を導入していくのだが、その権力論とかれの実存的な政治参加はおそらく通底しており、支え合っているのだとしても、しかしかれはそれをそのまま「思想化」しはしなかったように思われる。むしろ「実存」は、フーコーにおいては、個々の主体の選択に委ねられ、任されていたようにわたしには思われるのだ。

だが、少し先を急ぎすぎたのかもしれない。わたしとしては、このようにして、ミシェル・フーコーの仕事の全体が、その同時代において、なによりも「知」、「権力」、「歴史」――それぞれの概念の根本的な再定義を要請しつつ――といった根源的な次元がたがいに交錯し、重なり合い、干渉し合う非人称的な、しかしあくまでも――具体的な歴史資料体《アルシーヴ》によって定位可能な——実定的な空間を浮上させた衝撃として出現したことを確認できればよいのである。それは、「学」や「知」や「思想」のタブローを構成する分割線そのものに問いかけるが故に、それ自体はかならずしもタブローのなかに場をもたず、いつまでも「場違いな」ままとどまっているのでもある。その仕事は、タブローのなかに正規の場をもつそれぞれのディシプリンの視点から見た場合には、ときには異議を申し立てたくなるような大胆な手続きや論理によって構成されていることもありえよう。それは、「同じもの」としてあろうとするそれぞれのディシプリンにとっては、重要な問題でもあっただろう。だが、フーコーにとっての問題は、なによりもサルトルなら「実践的惰性態」のひと言で片づけたかもしれない、この歴史的規制の空間を見つめるまったく新しい批判の眼差しを浮かびあがらせること、そしてその空間の大きな見取り図を分析的に提起することだったと思われる。

眼差しと空間——フーコーの思考のもっともオリジナルな特徴こそ、その空間的なアプローチ、人間的な意味の以前にある、そこから意味が生まれてくるような空間へと注がれた眼差しではなかったか。そして、さまざまな不連続線や力線、垂直線、さらには空白のタブロー、奇妙な立体といったほとんど幾何学的な対象空間を見つめる眼差しは、意味以前というその位相に正確に対応して、それ自身、まだ身体を持たないような眼差しではなかったか。わたしは、フーコーのことを考えると、いつでもなぜか、自分が身体をもってこの世界に存在していることを――お望みならカラヴァッジョが描いたあのメデューサのようにと言ってもいいが――驚愕に満ちた眼差しでみつめているミシェルというイマージュを想像しないわけにはいかない。身体こそ、フーコーが生涯、みずからの思考の秘密の中心であったというのが、わたしのフーコー論の変わることのないライト・モチーフである（これについては、たとえば拙著『表象の光学』（未来社、二〇〇三年）所収の「無の眼差しと光り輝く身体――フーコーのインファンス」等を参照されたい）。身体的な実存は、けっして無垢ではなく、すでにその誕生に先立って、「歴史」と「権力」と「知」の共同作業がつくりあげているさまざまな力――しかも否定的で抑圧的な、ときには排除的な、さらには抹殺的な力――によって囲いこまれ、貫かれている。それはフーコーにとっては、理論的な仮説ではなく、かれのすべての思考がそこから要請されるような実存的な根拠ではなかったか。

『ミシェル・フーコー思考集成』に含まれる「年譜」（本コレクション別巻収録予定）によれば、フーコーは高等師範学校に入学してすぐに、復習教師（レペティトゥール）だったモーリス・メルロー＝ポンティの講義に出席している。しかも四九年の記述には「かれ（メルロー＝ポンティ）は私たちを強く魅了していた」というフーコー自身の言葉が伝えられている。そのときかれはまだ二二歳。すなわち、フーコーという一個の特異な思考の誕生――（もちろん誕生とはこのような場合、長いプロセスを要求するものだ）――、そのもっとも早いモメントは、メルロー＝ポンティという、これもまた輝かしい「身体の哲学」に分有されてもいるのだ。とはいえ、後者のそれにおいては、世界と共＝誕生し、共生する、徹頭徹尾「生ける身体」が問題になっていた。現象学の格率に忠実に、メルロー＝ポンティは、権利上、死を知らない「野生の身体」をこそ追求するのである。それに対して、フーコーにとっては、身体とは、「世界の肉」のうちに織り編まれる生き生きとした《わたしはできる》je peux の領野に属するものではなく、むしろそれを生きることがつねに社会＝歴史からの否定性に曝されることである禁止された場、つねに消滅や排除へと方向づけられてしまう受動の場としてあったのではないだろうか（ここには、もちろんかれの同性愛の問題があることはまちがいない。だが、それはこの「負の身体」のむしろひとつの「効果」であって、それが根拠であるわけではない、とわたしは考える）。

こうして、わたしは、フーコーの仕事にいわば先立ってひとつの（事後的な）「アルケー」のように分割の線が走っていることを暗示しようとしている。それは、身体的な実存と歴史的な、構造的な権力場とを分かつ線、生と生の禁止とを対立させる線、意味（ロゴス）を通しての自己回帰と他者の反復的な侵犯とを分離しつつ関係させる線、そしてついには、理性と非理性（狂気）とを分割する線なのだ。

「アルケーとしての分割」——あたかも、それを記念し、あるいは祝するかのように、フーコーは、その最初の著作のひとつを、分割へと捧げられた詩句を置くことで開始している。周知のようにフーコーの最初の著作は、どちらも一九五四年の出版になるが、小さな単行本の形で出版された『精神疾患と人格』（題を含めて大幅に改訂されたその第三版が『精神疾患と心理学』として邦訳されている）と本巻に収められた最初の論文「ビンスワンガー『夢と実存』への序論」だが、後者は、まさにルネ・シャールの詩集『断固たる分割』（！）からの次のような詩句の引用からはじめられているのだ——「人間の時代に、私は、生と死を隔てる壁の上に、次第に裸形の度を深めるむき出しの一本の梯子が立ち延びていくのを見た。その梯子は、比類ない引き抜きの力を帯びていた。その梯子こそ、夢であったのだ……。かくして、暗闇は遠ざかり、〈生きる〉ことは、過酷な寓話的禁欲の形をとって、異常な諸力の征服となる。われらは、それらの力に横切られていることをひしひしと感じてはいる。だが、われらは、誠実さ、厳しい分別、忍耐を欠くがゆえに、それを不完全にしか表現しない。」

これは、ひとつの序論のためのエピグラフなどというものではないだろう。読みようによっては、フーコーのすべての思考、すべての仕事に対するエピグラフにもなりうるのではないだろうか。生と死とのあいだの分割、その分割そのものの尺度（échelle）であるかのような一本の梯子（échelle）、異常な諸力の横断、生という寓話的な禁欲、表現の困難……すべてがつねに、断固として、分割線上に存在しつづけるフーコーの宿命的なフィギュールをあますところなく予告しているように思えるのだ。

いや、エピグラフだけではない。この序論は、単にビンスワンガーの著作の解説などではなく、むしろ「夢と実存」というその文脈を借りて、若きフーコーが、「実存」そして「イマージュ」、「想像力」という時代の最重要の問題系に対してみずからの根本的な立場を標識づけた最初の論考であり、その意味で、その後に続くかれの全仕事への序論とも見なすことができるものなのだ。実際、そこではすでに、夢の意味作用は、「空間性の諸形式」によって記述されている。しかも、それらの形式は「現象学的なスタイル」の分析を超えた「表現行為」の方向性の分析へと推し進められている。その途上で、フーコーははからずも次のような文を書きつけているのである――「じっさい問題となるのは、表現の諸々の構造を無意識的動機付けをめぐる決定論へと還元することではなく、人間の自由が運動する線に沿って、それらの表現の諸構造を復元してみることなのである（傍点、小林）」。もちろん、「表現」という言葉も「構造」という言葉も、後のフーコーは用いなくなるかもしれない。それなりに時代の刻印はその影を落としている。だが、ここで言われている「線」は、まさに以後、フーコーが「復元」しようと試みるすべての歴史の「線」をあらかじめ鋳込んでいないわけではないのだ。

そしてその結語――フーコーは次のように締めくくる。「ビンスワンガーが夢において明るみに出したのは、実存の運動が、実存が病的な主観性のなかに自己を疎外する諸々のイマージュと、実存が客観的歴史のなかに自己を成就する表現との間で、決定的な分岐点を見出す根源的な瞬間なのである。想像的なものとは、この中間の地帯、この選択の「境位《エレメント》」なのである。」すなわち、フーコーは、ビンスワンガーの仕事を、分割において読んでいることになる。実存が、「病的な主観性」、言い換えれば「非理性」、「狂気」と「客観的な歴史」とに分岐する根源的な分割。実存は――「自己」と「歴史」のあいだで、言い換えれば「同じもの」と「他なるもの」のあいだで――分割される。それこそが、ビンスワンガーを通して語り出されたフーコーの第一テーゼとでも呼ぶべきものなのだ。

しかも、このテーゼは、この序論においてすでに、すぐに別な仕方で変奏されている。右の引用の直後に――しかもそれが序論の文字通り最後の文なのだが――フーコーは、「というのも、実存の不幸とはつねに自己疎外［狂気］に属し、実存の幸福とは、経験的な次元においては、表現の幸福［芸術］に他ならないからだ」と書きつけているのだ。すなわち、実存は、狂気と芸術へと分割されているのだ。ここにはすでに、フーコーの第二テーゼとでも言うべき、狂気とは「作品の不在」であるという『狂気の歴史』全体に轟きわたっているあの断言の最初の形態があると言ってよい。

「作品の不在」とは、すぐには理解し難い言葉であるかもしれない。しかし、われわれは「ビンスワンガーの『夢と実存』への序論」のこの結語から出発して、「作品」がまさしく、表現そして言語《ランガージュ》を通じて、実存を歴史へと結びつけ、歴史のなかでのその成就を可能にする形式であることを理解するだろう。つまり、一般的には、歴史とはつねに「作品」の歴史、「なされたこと」、「成就されたこと」の歴史なのである。それに対して「作品の不在」とは、そのような歴史のなかでの場をもたないもの、その意味で歴史の構成要素とは見なされない空白そして沈黙のことなのである。しかし、実は、この「作品の不在」なしには、歴史は可能ではなかったし、可能ではないのだ、とフーコーは断言するのだ。『狂気の歴史』初版への序」でかれは、これ以上ないほど明確に言い切っている――「世界の歴史の大いなる作品は、ひとつの〈作品の不在〉に消しがたくつき従われている。その不在は、それぞれの瞬間ごとに更新され、しかし、全歴史を通してその不可避の空白のなかを変わることなく巡り続ける。歴史以前に、最初の決定の時からすでに、その不在はそこにあり、歴史が発するであろう最後の言葉においてはそれが勝利をおさめるであろうから、歴史以後においてもまだ、その不在はそこにあることになろう。歴史の十全さは、これらすべての言語なき語たちの、同時に空虚にして蝟集した空間においてのみ可能なのである」。

なんということだろう。このテクストが言わんとするところを正しく理解しながら、ある種の戦慄を覚えないでいるということがどうして可能だろうか。すべての歴史、つまり歴史のなかのすべての「なされたこと」は、同時に、どうしても消し去ることのできない「作品の不在」、その空白、その沈黙につねにつきまとわれ、つき従われている、というのだ。歴史は、まさに作品と非=作品、理性と非=理性、さらには意味と非=意味というある根源的な分割なしにはけっして可能ではなかった。「要するに、狂気の必然性は歴史の可能性に結びついている」と言われているのである。そして、さらにかれは、歴史の十全性のために、その「それ自身のうちに沈みこみ、喉にからみつき、いかなる表現に達するよりも前に崩れさり、そこから決して脱したことのない沈黙に音もなく戻って行く」ような「作品の不在」の「歴史」(!)つまり、けっして歴史にならなかったものの歴史を企てるのである。

とするならば、――フーコーの意図に忠実であるとして――『狂気の歴史』という表題そのものがすでに大いなるパラドックスを内包していることを理解しないのなら、われわれはフーコーのなにも理解しなかったということになる。そこでは確かに、一六五七年という歴史的な指標をもつ「大監禁」制度の創設、そして一七九四年のビセートルにおける「鎖につながれた者たちの解放」という歴史的な事件に目くばせをしつつ、狂気の監禁・閉じこめの歴史が詳細に語られている。だが、それはあくまでも、そのような「歴史の大いなる作品」を、そしてそれを生み出した理性を、それらを可能にした根源的な分割線のごく近くにまで、すなわちフーコーが「境界＝極限《リミット》」と呼ぶ限界域へと連れだし、それらをあらためて、けっして言語化されないその沈黙の同伴者の顔なき存在に直面させるためだったのだ。

フーコーは、歴史の可能性＝必然性そのものであるこの分割線を、あらためて辿り直し、跡づけ直す。そうすることによって、かれは、——狂気の詩人ヘルダーリンを論じた「父の〈否〉」の結語をなぞって言うことがゆるされるなら——はじめから歴史の一部であった抑圧された沈黙のなかで、歴史を歴史そのものの不在へと、歴史そのものの永遠の廃絶へと結びつけるひとつの分割を置くのである。

ギリシア以来の「西欧」の、という留保はつくが、こうしてフーコーは、歴史がそこから誕生し、また消滅する一本の、そして同時に無数の「線」を書き続けたのである。

編集

小林康夫　東京大学名誉教授〔本巻編集〕
石田英敬　東京大学名誉教授
松浦寿輝　作家・詩人

第1巻翻訳〔上記以外〕

増田　真　京都大学名誉教授
湯浅博雄　東京大学名誉教授
山田広昭　東京大学名誉教授
慎改康之　明治学院大学教授
松村　剛　東京大学教授
清水　徹　明治学院大学名誉教授
渡辺守章　東京大学名誉教授・演出家（2021年没）
神谷美恵子　精神科医（1979年没）

ビギナーズ 倫理学

デイヴ・ロビンソン文 クリス・ギャラット画 鬼澤忍訳

正義とは何か？ なぜ善良な人間であるべきか？ 倫理学の重要論点を見事に整理した、道徳的カオスの中を生き抜くためのビジュアル・ブック。

ビギナーズ『資本論』

マイケル・ウェイン チェ・スンギョン画 鈴木直監訳 長谷澪訳

『資本論』は今も新しい古典だ！ むずかしい議論や概念を、具体的な事実や例を通してわかりやすく読み解き、今読まれるべき側面を活写する。（鈴木直）

宗教の哲学

ジョン・ヒック 間瀬啓允／稲垣久和訳

古今東西の宗教の多様性と普遍性は、究極的実在に対する様々に異なるアプローチであり応答である。「宗教的多元主義」の立場から行う哲学的考察。

自我論集

ジークムント・フロイト 竹田青嗣編 中山元訳

フロイト心理学の中心、「自我」理論の展開をたどる新編・新訳のアンソロジー。「快感原則の彼岸」「自我とエス」など八本の主要論文を収録。

明かしえぬ共同体

モーリス・ブランショ 西谷修訳

G・バタイユが孤独な内的体験のうちに失うという形で見出した〈共同体〉。そして、M・デュラスが描いた奇妙な男女の不可能な愛の〈共同体〉。

フーコー・コレクション（全6巻＋ガイドブック）

ミシェル・フーコー 小林康夫／石田英敬／松浦寿輝編

20世紀最大の思想家フーコーの活動を網羅した『ミシェル・フーコー思考集成』。その多岐にわたる思考のエッセンスをテーマ別に集約する。

フーコー・コレクション1 狂気・理性

ミシェル・フーコー 小林康夫／石田英敬／松浦寿輝編

第1巻は、西欧の理性がいかに狂気を切りわけてきたかという最初期の問題系をテーマとする諸論考。〝心理学者〟としての顔に迫る。（小林康夫）

フーコー・コレクション2 文学・侵犯

ミシェル・フーコー 小林康夫／石田英敬／松浦寿輝編

狂気と表裏をなす「不在」の経験として、文学がフーコーによって読み解かれる。人間の境界＝極限を、その言語活動に探る文学論。（小林康夫）

フーコー・コレクション3 言説・表象

ミシェル・フーコー 小林康夫／石田英敬／松浦寿輝編

ディスクール分析を通しフーコー思想の重要概念も精緻化されていく。『言葉と物』から『知の考古学』へ研ぎ澄まされる方法論。（松浦寿輝）

ちくま学芸文庫

フーコー・コレクション1 狂気《きょうき》・理性《りせい》

二〇〇六年 五 月十日 第 一 刷発行
二〇二四年十二月十日 第十一刷発行

著者 ミシェル・フーコー
編者 小林康夫（こばやし・やすお）
石田英敬（いしだ・ひでたか）
松浦寿輝（まつうら・ひさき）

発行者 増田健史
発行所 株式会社 筑摩書房
東京都台東区蔵前二―五―三 〒一一一―八七五五
電話番号 〇三―五六八七―二六〇一（代表）
装幀者 安野光雅
印刷所 信毎書籍印刷株式会社
製本所 株式会社積信堂

ISBN978-4-480-08991-5 C0110